黄土高原种植业生态效率：
格局·机制·调控

薛东前　宋永永　著

国家重点研发计划项目（2018YFD1100101）
国家科技基础性工作专项（2014FY210100）

联合资助出版

科学出版社
北　京

内 容 简 介

本书面向国家生态文明建设、黄河流域生态保护和高质量发展战略需求，围绕实现碳达峰碳中和目标过程中，典型生态脆弱区农业绿色低碳转型发展面临的重大现实问题、理论问题、科学问题与战略问题，聚焦黄土高原地区，构建种植业生态效率评价理论方法体系，科学核算种植业碳排放强度与生态效率；从黄土高原全域、省域和县域三个层次，探究种植业碳排放与生态效率的时空变化规律，揭示种植业生态效率时空演变机制，设计种植业生态效率优化调控模式，提出促进种植业生态效率提升的具体策略。本书成果对科学认知种植业碳排放与生态效率演变规律，因地制宜制定和完善种植业绿色低碳发展政策，促进生态脆弱区种植业高质量发展与生态环境保护具有指导意义。

本书可供地理学、生态学、环境科学和资源科学等领域的研究人员和学生阅读，也可供农业部门、资源管理部门、生态环境保护部门的工作人员参考。

图书在版编目(CIP)数据

黄土高原种植业生态效率：格局·机制·调控 / 薛东前，宋永永著.—北京：科学出版社，2023.5
ISBN 978-7-03-074041-0

Ⅰ. ①黄⋯ Ⅱ. ①薛⋯ ②宋⋯ Ⅲ. ①黄土高原－种植业－生态经济－经济效率－研究 Ⅳ. ①F327.4

中国版本图书馆 CIP 数据核字（2022）第 227411 号

责任编辑：祝 洁 / 责任校对：崔向琳
责任印制：张 伟 / 封面设计：陈 敬

科 学 出 版 社 出版
北京东黄城根北街 16 号
邮政编码：100717
http://www.sciencep.com

北京中石油彩色印刷有限责任公司 印刷
科学出版社发行 各地新华书店经销
*
2023 年 5 月第 一 版　开本：720×1000　1/16
2023 年 5 月第一次印刷　印张：11 1/2
字数：230 000
定价：128.00 元
（如有印装质量问题，我社负责调换）

前　言

　　实现碳达峰碳中和目标愿景，是我国政府应对气候变化、推动绿色发展，构建人类命运共同体和实现可持续发展的重大决策部署，是我国对国际社会作出的庄重承诺，这既对我国经济发展和产业转型提出了新的挑战，又为我国生态文明建设和美丽中国建设提供了重大战略机遇。农业作为重要的碳源和碳汇系统，有望成为我国实现碳达峰碳中和的重要支撑。种植业在农业碳排放源中长期占据较大比重，特别是与种植业相关的农业机械化等带来的能源消耗已成为影响农业碳达峰碳中和的重要不确定性因素，这严重制约了我国农业绿色低碳化发展进程。

　　黄土高原作为我国生态安全战略格局的重要组成部分，是黄河中上游流域生态保护和高质量发展的核心区，也是落实国家乡村振兴战略的重要承载区，在保障国家生态安全、粮食安全和能源安全方面具有重要地位。近年来，随着种植方式、资源投入和种植强度的加大，区域种植业生产直接或间接引起的碳排放量逐渐增加，对生态环境施加的压力明显增大。为此，本书面向国家生态保护与高质量发展重大战略需求，聚焦黄土高原地区种植业在实现绿色低碳发展目标过程中面临的重大现实问题、理论问题和战略问题，在全面梳理国内外种植业生态效率相关研究成果基础上，集成区域种植业生态效率研究的基础理论与分析方法，评估种植业碳排放量与生态效率，研究区域种植业碳排放量与生态效率的时空变化特征，揭示种植业生态效率时空演变机制，构建种植业生态效率优化模式，提出区域种植业生态效率调控策略，旨在为因地制宜制定种植业绿色低碳发展政策，实现区域种植业绿色低碳转型与可持续发展提供科学依据。

　　全书共 8 章，第 1 章由薛东前、宋永永撰写；第 2 章由宋永永、薛东前撰写；第 3 章由宋永永、唐宇、弓颖撰写；第 4 章由宋永永、万斯斯撰写；第 5 章由薛东前、唐宇撰写；第 6 章由薛东前、弓颖撰写；第 7 章由宋永永、马艳艳撰写；第 8 章主由薛东前、宋永永撰写。全书由薛东前、宋永永构思并统稿。

　　本书撰写过程中，课题组马蓓蓓教授、陈瑛教授、李武斌博士、孙媛媛博士，博士研究生王剑、代兰海、杨贺、赵昕、高尚，以及硕士研究生贾金慧、吕玉倩、刘精慧、江军、李海玲、马中平、孟繁丽、顾恺、陈恪、陈棋、李想、孙梦雨、钟堃等参与了基础数据的调查和收集工作。在野外考察和实地调研过程中，黄土高原地区各省（区、市、县）政府、村委会和农户等都给予了大力支持和积极配合，提供了大量基础资料，为本书研究工作的开展奠定了坚实基础，在此对他们一并表示感谢。

  本书出版得到了国家重点研发计划项目"村镇建设资源环境承载力测算系统开发"（2018YFD1100101）和国家科技基础性工作专项"黄土高原生态系统与环境变化考察"（2014FY210100）的联合资助，在此谨致谢意！

  本书撰写过程中，参考并引用了大量国内外研究成果和文献资料，在此向所有文献作者表示最真挚的感谢。

  由于种植业碳排放与生态效率研究涉及内容广泛，书中难免存在疏漏和不妥之处，恳请同行专家和读者提出宝贵意见和建议！我们也期待着更多的同行专家关注、支持和参与种植业生态效率研究，共同探索和深化种植业碳排放研究领域，为我国应对气候变化、实现碳达峰碳中和目标贡献学者力量和智慧！

薛东前 宋永永
2022 年 9 月于古城西安

目 录

前言

第1章 绪论 ··· 1
1.1 研究背景与意义 ··· 1
1.1.1 理论背景及意义 ··· 1
1.1.2 现实背景及需求 ··· 3
1.2 研究进展与评述 ··· 5
1.2.1 农业碳排放研究进展 ·· 6
1.2.2 农业生态效率研究进展 ·· 10
1.2.3 种植业碳排放与生态效率研究进展 ···································· 15
1.2.4 研究评述 ·· 18
1.3 本书主要内容及逻辑框架 ·· 23

第2章 种植业生态效率评价理论与方法 ······································· 27
2.1 基本概念 ·· 27
2.2 生态效率评价理论基础 ··· 28
2.2.1 生态经济理论 ·· 29
2.2.2 绿色发展理论 ·· 30
2.2.3 低碳经济理论 ·· 31
2.2.4 人地关系理论 ·· 32
2.3 碳排放核算方法体系 ·· 33
2.3.1 碳排放体系构建原则 ··· 34
2.3.2 碳排放清单构成设计 ··· 35
2.3.3 碳源核算与分析边界 ··· 36
2.4 生态效率核算方法 ·· 37
2.5 生态效率分析方法 ·· 40
2.5.1 空间自相关模型 ··· 41
2.5.2 多元线性回归分析模型 ·· 42
2.5.3 地理探测器模型 ··· 42
2.6 本章小结 ·· 43

第3章 黄土高原种植业发展的地理基础与环境条件·················45

3.1 黄土高原的地理位置·················45
3.2 种植业发展的地理条件·················46
3.2.1 自然地理条件·················47
3.2.2 社会经济条件·················53
3.3 种植业发展的现状与挑战·················62
3.3.1 种植业发展的现状特征·················62
3.3.2 种植业发展面临的挑战·················66
3.4 本章小结·················69

第4章 黄土高原种植业碳排放量时空变化与区域差异·················70

4.1 种植业碳排放量的时序变化·················70
4.1.1 种植业碳排放总量变化·················71
4.1.2 种植业碳排放结构变化·················72
4.2 种植业碳排放量的区域比较·················74
4.2.1 碳排放总量的省际差异·················74
4.2.2 碳排放强度的省际差异·················75
4.2.3 万元GDP碳排放量的省际差异·················76
4.2.4 碳排放结构的省际差异·················77
4.3 种植业碳排放强度的时空分异·················80
4.3.1 种植业碳排放强度空间分布·················81
4.3.2 种植业碳排放强度重心演变·················85
4.3.3 种植业碳排放强度空间模式·················86
4.4 本章小结·················89

第5章 黄土高原种植业生态效率时空格局与提升路径·················91

5.1 种植业生态效率时空演变特征·················91
5.1.1 全域尺度种植业生态效率格局演变·················92
5.1.2 省域尺度种植业生态效率格局演变·················93
5.1.3 县域尺度种植业生态效率格局演变·················96
5.2 种植业生态效率时空分异模式·················98
5.2.1 种植业生态效率空间集聚模式·················98
5.2.2 种植业生态效率空间关联模式·················99
5.3 种植业生态效率的提升路径·················102
5.3.1 种植业生态效率损失的原因·················102

5.3.2　种植业生态效率的改善路径 ································· 104
　5.4　本章小结 ··· 105
第6章　黄土高原种植业生态效率影响因素与演变机制 ················ 108
　6.1　种植业生态效率影响因素理论解析 ······························· 108
　6.2　种植业生态效率影响因素模型探测 ······························· 111
　　6.2.1　普通最小二乘法拟合 ··· 111
　　6.2.2　多元线性回归分析 ·· 113
　　6.2.3　地理探测器识别 ·· 115
　6.3　种植业生态效率时空格局演变机制 ······························· 133
　　6.3.1　种植业生态效率的影响因素 ································· 133
　　6.3.2　种植业生态效率的演变机制 ································· 134
　6.4　本章小结 ··· 138
第7章　黄土高原种植业生态效率优化模式与调控策略 ················ 140
　7.1　种植业生态效率优化调控机制 ······································ 140
　7.2　种植业生态效率优化框架构建 ······································ 144
　　7.2.1　种植业生态效率优化目标 ····································· 145
　　7.2.2　种植业生态效率调控模式 ····································· 148
　7.3　种植业生态效率优化调控策略 ······································ 153
　7.4　本章小结 ··· 157
第8章　主要结论与展望 ··· 159
　8.1　主要结论 ··· 159
　8.2　展望 ··· 162
参考文献 ··· 165

第1章 绪　　论

1.1　研究背景与意义

1.1.1　理论背景及意义

1. 碳排放引起的全球变暖成为世界各国面临的全球性科学难题

全球变暖已成为当今世界最大的环境问题和政治议题之一。工业革命以来，全球气温呈现显著上升趋势。2007年，政府间气候变化专门委员会（Intergovernmental Panel on Climate Change，IPCC）发布的第四次评估报告显示，近百年（1906~2005年）全球地表平均温度升高0.74℃（方精云等，2011）。基于气候模型的预测结果表明，未来20年全球温度将每10年升高约0.2℃，对全球生态系统和人类生存环境提出了严峻挑战（ICSU，2010）。已有研究表明，由人类活动引起的温室气体和气溶胶排放是全球变暖的主要原因，自然因素的影响是次要的，并被人为因素影响所掩盖。人类对气候系统的影响是明确的，并且这种影响还在持续加强（周波涛，2021；赵宗慈等，2021）。

科学家们观察到，近百年来大气中的二氧化碳浓度显著增加，由工业化前的约280ppm[①]增加为2016年的403ppm（International Energy Agency，2017）。大气中二氧化碳浓度的增加直接导致全球温度上升。2006年，斯特恩报告指出，如果再不采取必要的减排措施，2035年温室气体浓度将上升至工业化之前的两倍，全球平均温度也将上升2℃。如果超过2℃的阈值，人类与生态、环境系统之间已经建立起来的相互适应关系将受到严重扰动，人类生态系统可能面临无法挽回的灾难性后果（Stern，2007）。2021年，IPCC发布的第六次评估报告指出，2019年全球二氧化碳浓度达到410ppm，高于200万年以来的任何时候，2011~2020年全球地表温度比工业革命时期上升了1.09℃，其中约1.07℃的增温是人类活动造成的。未来在低排放情景中，实现将升温控制在2℃以内的目标，需在2050年之后实现净零排放；实现将升温控制在1.5℃以内目标，则需要在2050年左右实现净零排放，并在之后采取更强有力的负排放措施（王一鸣，2021）。

1992年联合国环境与发展大会召开以来，全球变暖问题已成为国际科学界和主要国际组织关注的热点。国际科学界先后发起了世界气候研究计划（World

---

[①] ppm（parts per million）意为"百万分之一"，这里指二氧化碳在大气中的体积分数，表示百万分率。1ppm=0.001‰。

Climate Research Programme，WCRP）、国际地圈-生物圈计划（International Geosphere-Biosphere Program，IGBP）、全球环境变化人文因素国际计划（International Human Dimensions Programme on Global Environmental Change，IHDP）、未来地球（Future Earth，FE）计划、全球干旱生态系统国际大科学计划（Global Dryland Ecosystem Programme，Global-DEP）等大型国际研究计划与活动，均将全球气候变化列为核心研究领域。如何有效控制碳排放量，从而应对全球气候变暖带来的生态环境与人类生存问题，已成为学术界和政府部门面对的全球性科学难题和世界性战略问题。

2. 农业碳减排是应对全球变暖问题研究的前沿与热点领域

农业碳排放是指农业生产过程中因各种资源消耗而产生的碳排放，主要包括化肥、农药、农膜、柴油的使用和土壤翻耕、农业灌溉等方面（杨果和尚杰，2014）。根据全球碳预算的统计，2019 年全球碳排放量是（11.5±0.9）亿 t（Global Carbon Budget，2020）。其中，化石能源排放量（9.7±0.5）亿 t，占 84.3%，剩余（1.8±0.7）亿 t 来源于土地利用和土地利用变化领域，包括动物养殖、作物种植、森林砍伐等人类活动产生的排放，占 15.7%。当年陆地生态系统的碳汇总量是（3.1±1.2）亿 t，占总排放量的 27.0%；海洋生态系统碳汇总量是（2.6±0.6）亿 t，占 22.6%（Friedlingstein et al.，2020）。因此，无论是碳排放还是碳汇，农业系统都具有极大的体量和不可忽视的影响（李劼和徐晋涛，2022；FAO，2016；刘明明，2012）。发展低碳农业是实现农业碳减排和高质量发展的必然选择。20 世纪 90 年代以来，全球农业碳排放量增加了 14%（USEPA，2006），受资源环境基础、能源结构、经济发展水平及政策的影响，全球农业碳排放量呈现明显的地区差异（田云和尹忞昊，2022；刘月仙，2013）。发达国家农业碳排放主要来自于动物（包括牛、家禽和猪）、氮肥与粪肥施用，发展中国家农业碳排放主要来自于水稻种植和生物质燃烧。目前，全球农业碳排放量规模最大、增长最快的地区位于发展中国家。随着温室效应加剧，气候变暖造成的"高温胁迫"效应，对国家乃至世界农业生产及粮食安全造成了严重威胁，这引起了国际学术界和政府部门的广泛关注。

在《联合国气候变化框架公约》指导下，推动应对气候变化《巴黎协定》全面有效实施，是应对全球变暖问题的关键举措。农业作为碳减排和固碳增汇的重要领域，持续推进化肥减量增效、畜禽粪污资源化利用等工作，减少农业领域甲烷和氧化亚氮排放，推广应用以农作物秸秆覆盖还田、免（少）耕播种为主要内容的保护性耕作技术，增加农田碳汇，是落实应对气候变化《巴黎协定》的重要行动。2014 年，世界银行和我国农业部（现为农业农村部）联合实施的"气候智慧型主要粮食作物生产项目"，通过引进国际气候智慧型农业理念、集成国内外相关技术，有效推进了农田固碳减排技术在我国河南叶县和安徽怀远县的集成与示范,是农业碳减排全球尝试的成功案例。因此,积极开展农业固碳增汇重大领域、关键技术、关键产业、重要制度安排和政策研究,是当前及未来世界各国积极应对全球变暖问题、维护全球生态安全的前沿和热点领域。

3. 发展种植业与保护生态环境的矛盾是推进绿色低碳发展亟待解决的问题

种植业作为农业的重要组成部分,为畜牧业和工业提供初级产品,为保障国家粮食安全提供重要支撑。随着我国农业产业化和规模化推进,国家对种植业的重视与日俱增,我国种植业呈现快速发展态势,种植业面积自 2004 年呈现扩大趋势,粮食产量实现"十二连增"。与此同时,农业种植活动带来的资源环境问题不断显现(Chen et al., 2017),水土资源不足、农田温室气体排放、土壤质量退化、生物多样性锐减等资源环境问题已成为制约我国农业绿色低碳可持续发展的关键因素。为了保障粮食安全和种植业可持续发展,亟待优化种植业结构与空间布局,提升种植业生态效益和经济效益。

党的十八大将生态文明建设纳入"五位一体"总体布局,党的十九大报告进一步指出,"建设生态文明是中华民族永续发展的千年大计。必须树立和践行绿水青山就是金山银山的理念,坚持节约资源和保护环境的基本国策"。把生态文明建设和生态环境保护提升到前所未有的战略高度。种植业作为我国生态文明的重要载体,其绿色低碳、可持续发展是生态文明理念的具体落实,推进种植业面源污染防治、土壤污染整治和水土流失综合治理是生态文明建设的重要内容。因此,在推进生态文明建设和保障国家粮食安全的背景下,如何协调种植业快速发展与生态环境有效保护之间的关系,破解发展种植业与保护生态环境的矛盾,实现种植业生态效率和经济效率的协同发展,是地理学面向国家战略与区域需求亟待解决的科学问题,具有重要的理论价值。

1.1.2 现实背景及需求

1. 实现碳达峰和碳中和目标是推进生态文明和美丽中国建设的迫切需要

碳达峰和碳中和是生态文明建设成效的客观反映。碳达峰是指在某一时间点上,二氧化碳排放量达到峰值不再增长,之后逐步回落;碳中和是指在一定时间内直接或间接产生的温室气体排放总量,通过植树造林、碳捕集与封存(carbon capture and storage)技术等形式抵消掉,实现温室气体的"净零排放"(张中祥,2021)。2020 年 9 月,习近平主席在第七十五届联合国大会一般性辩论上首次提出,我国力争在 2030 年前实现碳达峰,努力争取在 2060 年前实现碳中和的目标(习近平,2020)。这是我国政府在应对气候变化、建设生态文明、构建人类命运共同体进程中做出的重大决策部署,进一步向国际社会彰显了负责任的大国形象。

目前，推动实现碳达峰碳中和目标，尽管对我国经济社会持续发展提出了严峻挑战，但也为我国推进生态文明和美丽中国建设提供了重大机遇。

美丽中国建设作为实施生态文明战略的重要举措，是指在特定时期内，将国家经济建设、社会建设和生态建设落实到具有不同主体功能的国土空间上，实现生态环境有效保护、自然资源永续利用、经济社会绿色发展、人与自然和谐共处的可持续发展目标，形成天蓝地绿、山清水秀、强大富裕、人地和谐的可持续发展强国（葛全胜等，2020）。我国作为一个农业大国，农业农村发展深刻影响着美丽中国的建设程度，美丽中国的建设也离不开农业的综合开发和持续发展。长期以来，农业既是重要的碳源，又是有效的碳汇，科学协调农业生产过程中的碳源与碳汇关系，逐步控制碳源，增强农业碳汇功能，是支撑实现碳达峰碳中和目标的重要内容。目前，我国农业碳排放来源已从种植业、养殖业各占"半壁江山"转变为种植业、养殖业、能源消耗"三分天下"，种植业在农业碳排放源中长期占据较大比重，特别是与种植业相关的机械化带来的能源消耗已成为农业碳达峰的重要不确定性因素。

近年来，国家通过推进农业绿色发展，支持化肥农药减量、秸秆利用、地膜回收、国土绿化等资源利用和生态保护工程，在减少面源污染的同时，种植业减排固碳的功效初步显现。因此，种植业在协同减排固碳方面仍有很大的发展潜力，推进种植业系统固碳增汇，是我国应对气候变化、实现碳达峰碳中和目标、加快美丽中国和生态文明建设进程的重要抓手，具有重要的现实意义。

2. 农业绿色低碳化转型是黄河流域生态保护和高质量发展的现实需求

农业绿色低碳化转型是国际现代农业发展的新趋势与新特征。加快农业绿色发展，协同推进碳减排，是实现农业高质量发展的重要内容（Fu et al.，2022）。长期以来，我国农业生产以"高投入、高消耗、高排放、低效益"的粗放型发展模式为主，农业生产的集约化进程缓慢。在建设生态文明背景下，推进农业绿色低碳化转型发展的关键在于，持续推进化肥农药减量增效、畜禽粪污和废弃物资源化利用；实施山水林田湖草沙综合治理，持续开展国土空间绿化和保护行动，持续提高农村生态系统的稳定性和质量；逐步调整优化农牧业生产结构，转变农业生产经营方式，持续减少温室气体排放，提升农业绿色发展水平。

黄土高原是我国农耕文明的发祥地，也是黄河流域高质量发展的重要承载区（宋永永，2021）。区内宁蒙河套平原、汾渭平原水土热条件较好、土地资源丰富，是黄河流域重要的农耕区，也是重要的农业经济区和商品粮基地。在保障区域及国家粮食安全方面具有重要的战略地位。目前，大范围、高强度耕作和灌溉，以及过量施用化肥、农药等生产资料，严重威胁到黄河流域农业经济可持续发展和生态环境有效保护。在落实黄河流域生态保护和高质量发展战略背景下，探索农业绿色低碳化发展模式,促进农业绿色低碳化转型,降低农业生产碳排放量,成为现阶段应对气候变化、落实国家战略的现实需求。

3. 种植业生态效率调控是黄土高原乡村地域系统优化的关键环节

乡村地域系统是乡村地区人类社会经济活动与资源环境相互影响、相互作用形成的乡村空间体系。在乡村内核系统与外部环境系统的交互作用下,乡村地域系统的结构、功能和效益处于动态变化之中(Li et al.,2019)。乡村地域系统研究的核心在于协调乡村地域单元的人地关系,实现乡村地域系统持续健康演进,因此乡村地域系统研究的要点在于乡村人地相互作用形成的结构、功能、过程和效应,以及乡村人地相互作用的地域特征、系统性和可调控性等(刘彦随等,2019)。对于乡村地域系统的研究,既要重视资源环境系统对乡村人文经济要素格局与过程的影响,也要看到人文经济要素对乡村本身格局与过程的影响,同时还应看到社会文化因素与资源环境要素的相互作用。种植业是乡村地域系统的重要组成部分,种植业生产方式的变迁、生产结构的调整、生态效率的优化等均会影响乡村地域结构、功能与效益的变化。

黄土高原地域范围广,乡村资源环境与社会经济地域差异大,乡村地域系统复杂多变。受地形、气候、水文等自然条件的影响和人类活动的长期干预,区域生态环境脆弱,人地矛盾突出,是世界上水土流失最为严重的地区之一。随着退耕还林(草)和治沟造地等工程的持续实施,区域生态环境和农业生产条件显著改善,在国家生态安全战略格局中的地位愈加凸显(刘彦随等,2020)。改革开放以来,黄土高原地区种植业比重逐步提升,种植业生产活动对乡村资源环境要素的作用方式发生明显变化,种植业活动对区域生态环境的影响愈加显著。转变农业发展方式,提高农业生态效率成为乡村地域系统优化调控的重要举措。因此,本书选择黄土高原地区为案例地,基于2005~2019年黄土高原县域种植业基础数据,在阐释种植业生态效率评价基础理论和分析方法基础上,核算区域种植业碳排放强度与生态效率,揭示种植业生态效率的时空变化规律与形成机制,并设计种植业生态效率优化模式与调控策略。

1.2 研究进展与评述

农业碳排放与生态效率是国际学术界长期关注的热点问题和前沿领域。种植业作为农业的重要组成部分,种植业碳排放及其生态效率是学术界开展农业碳排放与生态效率研究的核心领域。因此,本书在全面总结农业碳排放与农业生态效率研究基础上,分析种植业碳排放与生态效率研究成果,梳理了种植业碳排放与生态效率的内在关系及其调控的研究成果,总结种植业碳排放与生态效率研究的主要特征及存在问题，提出种植业碳排放与生态效率研究的薄弱环节及未来有价值的研究方向。

1.2.1 农业碳排放研究进展

1. 农业碳排放测度方法

目前，关于农业碳排放测度的方法较多，主要集中在碳排放量评估、碳排放效率测算等方面。在碳排放量评估方面，West 和 Marland（2002）基于化肥、农药、农业灌溉和种子培育四个维度构建了农业碳排放测算指标体系，并评估了美国农业碳排放量。Johnson 等（2007）认为，农业碳排放主要源于农业废弃物的非正常处理、畜禽养殖、农业能源利用、水稻生长等方面，并据此构建细化的指标体系，测度了美国农业生产碳排放情况。Zhang 等（2019）从农田投入排放、畜牧业生产排放、水稻生长过程排放和作物生长过程中的土壤排放四个维度，核算了我国粮食主产区农业碳排放量。黄祖辉和米松华（2011）构建了五个层级，对农业系统碳足迹进行量化，深度分析了农业碳排放的数量和结构特征。姚成胜等（2017）运用全生命周期评价法，测算了我国 31 个省（区、市）14 年来的畜牧业碳排放。冉光和等（2011）构建了基于农户行为的碳排放评价体系和模型，核算并预测了我国现代农业生产中的碳排放量变动水平及趋势。李颖等（2013）依托农业主要投入要素评估了我国农业碳排放量，分析了农业碳排放与农业总产值的动态关系。程琳琳等（2016）从农用物资使用所引起的碳排放、水稻生长过程所产生的 CH_4 等温室气体排放以及牲畜养殖过程中所产生的 CH_4 和 N_2O 三方面对农业碳排放进行测算。何艳秋等（2018）从农地利用导致的碳排放、人工湿地的碳排放、反刍动物排出的 CH_4 和 N_2O 以及农业废弃物的碳排放四类碳排放源测算了农业碳排放总量，分析了碳排放的空间格局。何艳秋和戴小文（2016）从农地利用导致的碳排放、水稻生长引起的碳排放以及反刍动物养殖带来的碳排放三方面，测算了农业碳排放量。张广胜和王珊珊（2014）基于生命周期的思想构建了我国农业碳排放测算体系，分析了我国碳排放总量的变动特征等。陈红等（2019）基于化肥、农药、农膜、柴油、翻耕和灌溉等六类碳源，采用碳排放系数法测算了黑龙江省 2008~2017 年农业生产碳排放量及其变化趋势。

在碳排放效率测算方面，有学者认为农业碳排放效率是在既定投入要素和经济产出条件下，理论上可以达到的最小碳排放量与实际排放量之比（尚杰等，2022；Zhou et al.，2010），也有学者指出农业碳排放效率就是碳排放约束下的农业生产率水平（田云和王梦晨，2020）。夏四友等（2019）采用农业碳排放总量与农业总产值之比反映农业碳排放效率，分析了我国省域碳排放效率时空跃迁特征。田云和王梦晨（2020）利用 DEA-Malmquist 分解法测算了湖北省农业碳排放效率，并运用 Tobit 模型探究了影响碳排放效率变化的关键因素。吴贤荣等（2014）基于 DEA-Malmquist 指数分解方法，测算了农业碳排放的效率指数，并剖析了农业碳排放效率的动态变化。吴昊玥等（2021）基于 GB-US-SBM 模型测算了我国省域农业碳排放效率及其地域差异化特征。张文秀和苏鸿婷（2021）运用 Matlab 软件，基于规模报酬可变假设下的 SBM 模型评估了 2010~2019 年我国省域碳排放效率。杨龙等（2020）基于杨陵区及周边的微观调查数据，采用随机前沿生产函数模型测算了农户的农业碳排放效率，并尝试建立效率损失模型，揭示了影响农户农业碳排放效率的关键影响因素。通过梳理碳排放效率研究成果可以发现，现有关于农业碳排放效率的研究成果多基于数据包络分析（date envelopment analysis, DEA）方法从输入和输出角度探究相对效率，以达到输入与输出要素最佳的分配比例，该方法下的模型多种多样，灵活多变。因此，结合区域农业生产实际和碳排放基本情况，构建科学合理的投入产出评价体系，选择适宜的农业碳排放效率测算方法，是科学评估农业各门类碳排放效率的关键。

2. 农业碳排放空间分异

农业碳排放空间分异对分区域采取差异化农业碳减排措施具有重要意义。受耕作制度、农业生产部门和农业生产阶段等因素的综合影响，农业生产碳排放及其效率在地理空间上呈现出显著的差异性。从碳排放量的空间差异看，田云等（2014）发现，我国农业碳排放量在空间上呈非均衡性分布特征，西部地区农业碳强度基尼系数较东部、中部地区更为突出。何艳秋等（2018）发现，我国八大区域农业碳排放结构具有一定的差异，且随着时间的变化，结构差异缩小不明显。李远玲等（2022）发现，湖南省县域农业碳排放总量在地理空间上存在显著的同质性，2011~2017 年县域农业碳排放量空间异质性出现减弱趋势，而空间均质性表现出增强态势。田云和尹忞昊（2022）研究认为，我国农业碳排放总量处于波动下降态势，省际差异明显，全国以及粮食主产区、产销平衡区和粮食主销区农业碳排放量的动态演进特征不尽相同。黄晓慧和杨飞（2022）研究认为，我国农业碳排放量在 2007~2019 年存在"快速增长—缓慢增长—加速减少"的阶段变化特征，呈现出中部地区>东部地区>西部地区的空间分异格局，在地理空间上既存在显著的全局空间自相关，又存在显著的局部空间自相关，但集聚效应不断弱化。周一凡等（2022）通过研究河北省县域尺度农业碳排放量的时空变化，发现县域农业碳排放呈现高度空间集聚特征，碳排放热点区分布与农业产业结构密切相关，具有显著的空间溢出效应，邻近县区农业碳排放量对本地区碳排放量具有显著的正向作用。

从碳排放效率的空间差异看，夏四友等（2019）研究发现，我国 31 个省（区、市）的碳排放率的空间差异逐渐扩大、空间趋同性不断减弱。田云和王梦晨（2020）

研究发现,湖北省农业碳排放效率总体处于上升态势,但伴随着年际波动各市(州)碳排放效率存在较大差异,无论是湖北省还是各市(州)其农业碳排放效率的提升,都更多地依赖于前沿技术进步而非技术效率的改善。吴贤荣等(2014)研究认为,农业碳排放效率不仅存在省域差异,其主要贡献因素在三大地区内也存在较大的差异性。程琳琳等(2016)发现,我国大部分省(区、市)的农业碳排放效率与所属地区的经济发展水平基本一致,在空间上存在明显的聚类特点,即低-低集聚主要分布在西部地区、高-高集聚主要分布在东部沿海地区。郭四代等(2018)基于2006~2015年西部地区12个省(区、市)的农业面板数据,研究了西部地区省域农业碳排放效率的地区差异,发现西部地区农业碳排放效率呈明显上升趋势,广西、四川、新疆等省(区、市)的农业碳排放效率处于较优状态,区域整体农业碳排放效率具有β绝对收敛性和β条件收敛性,存在低效率省(区、市)向高效率省(区、市)追赶的变化趋势,西部各省(区、市)农业碳排放效率趋于各自的稳态水平。

3. 农业碳排放驱动因素

有效提升低碳农业发展水平,优化低碳农业产业体系,已成为推进农业供给侧结构性改革和生态文明建设的重要途径之一(陈银娥和陈薇,2018)。为此,学术界对农业碳排放的影响因素和发生机理进行了广泛研究,在农业碳排放、农业碳排放效率和农业生态效率的影响因素分析方面取得了丰硕成果。

在农业碳排放影响因素方面,何艳秋和戴小文(2016)认为,导致我国各区域农业碳排放差异最明显的因素是农业机械化水平,其对西部地区农业碳排放的主导作用最强,是东部地区的五倍,中部地区的两倍。张广胜和王珊珊(2014)研究发现,农业产业结构、农业能源强度、农用化肥结构、农业公共投资与农业碳排放强度呈协整关系。颜廷武等(2014)指出,我国有18个省(区、市)将随着农业经济发展水平的提升出现农业碳排放量下降的变化态势。陈红等(2019)研究指出,农业产值是碳排放强度变化的主要影响因素,而农业生产效率是抑制农业碳排放的主要动力因子。刘杨和刘鸿斌(2022)采用LMDI模型分析发现,农业产业结构、生产效率、劳动力和区域经济结构是影响碳减排放的作用因子,城镇化率和经济发展水平是导致农业碳排放量增加的主要因子。梁漾月和李兰英(2022)选择长三角地区为案例地,证实了农业碳排放量与农业人均国内生产总值(GDP)之间存在环境库兹涅茨曲线(EKC)关系,指出随着农业经济发展水平的提升,长三角地区农业碳排放量将达到顶峰,之后出现农业碳排放量的下降趋势。农业经济发展水平、农业生产效率、农业劳动规模和农业产业结构等因素对区域农业碳排放量的影响不容忽视。

在农业碳排放效率影响因素方面,程琳琳等(2016)研究认为,农业经济发展水平、农业公共投资及受灾程度对农业碳排放效率的影响并不显著,而产业结构、农业开放水平和农村教育水平对农业碳生产效率产生显著影响。进一步指出,农业产业集聚度对农业碳排放效率具有显著的正向作用,同时农村基础教育、农业产业结构、区域经济发展水平与农业碳效率表现出正相关关系(程琳琳等,2018)。吴贤荣等(2014)发现,耕地面积构成情况、劳动力文化水平、农业受灾害程度、产业结构、对外开放程度等对农业碳排放效率具有显著影响。夏四友等(2019)研究发现,经济发展水平、居民收入状况、种植结构、耕地面积以及耕地规模等均对农业碳排放率有显著影响。何艳秋等(2018)认为,农业生产技术和农地利用对农业碳排放影响的重要性靠前。吴昊玥等(2021)认为,农业投资强度、受灾程度、农业产业结构和财政支农力度、城镇化率和有效灌溉率对农业碳排放效率有显著影响。田云和王梦晨(2020)研究认为,农村经济发展水平、用电量、农业产业结构和城镇化水平均对农业碳排放效率有显著影响。与此同时,有学者分别探究了经济增长(李立等,2013)、产业结构(董明涛,2016)、农业生态系统变化(Ali et al., 2021)与农业碳排放之间的相互关系。结果表明,二者均与农业碳排放存在强烈关联,总体表现为双向因果关系。

通过上述分析可以发现,影响农业碳排放及其效率的关键因素,既有经济发展水平、产业结构、农业机械水平的作用,又有种植结构、生产规模、政府政策等因素的影响。农业碳排放及其效率的时空变化是多种因素共同作用的结果,同一地区农业碳排放及其效率受到不同因素的影响,同一因素对不同地区农业碳排放及其效率的影响程度也不尽相同。

4. 农业碳减排基本路径

绿色、低碳是现代农业发展的基本趋向。探究农业碳减排路径是研究农业碳排放时空演变特征、揭示农业碳排放及其效率影响因素的重要目标。为此,国内外学者围绕农业碳减排路径问题,从不同视角和尺度开展了系列研究工作,旨在设计针对农业绿色、低碳发展的科学路径。

从减排技术层面看,Burney 等(2010)认为,依靠农业生产技术创新、提高农业集约化水平是缓解农业碳排放量增加的重要路径。现有研究表明,滴灌技术可以有效降低生长期土壤碳排放,同时降低灌溉能耗(高鸣和宋洪远,2015)。保护性耕作方式在有效保持作物产量的同时可以显著降低温室气体排放。将光伏发电技术应用在设施农业中,可以大大减少对化石能源的需求,达到节能减排的效果。另外,推广秸秆还田和测土配方施肥,根据不同作物类型,按需施肥,减少肥料生产碳排放和因施肥产生的土壤碳排放;推广连栋温室和连栋单层膜温室,减少因土地破碎化造成的农机高能耗,也可以有效降低农业生产碳排放量(尹岩等,2021)。农业低碳发展是生态农业发展的重要内容。Gomiero 等(2008)研究发现，与传统农业相比，有机农业能提高能源利用效率，有效减少农业碳排放量。Asumadu-Sarkodie 和 Owusu（2017）基于因农用品投入产生的温室气体排放量核算结果，认为提高肥料利用率和减少农用品投入可有效降低农业碳排放。骆世明（2021）提出，为助力实现碳达峰碳中和目标，要把握好作为控制论体系的农业生态系统调控途径，探索跨学科的现代农业科学研究及生态友好高新技术研发，将自上而下的激励与自下而上的努力相结合，在传统、民间、现代和高新技术中广开渠道、严格筛选、择优组合、整体优化。设计适宜于不同地区的生态农业低碳模式及其技术体系，助推区域农业绿色低碳化发展（王斌等，2022）。与此同时，国外众多学者研究发现农业系统中的土壤有机碳存在巨大固碳潜力（Kenne and Kloot，2019；Begum et al.，2018），可通过综合管理、改善土壤环境等方式提高固碳能力，降低农业生产碳排放量。

从政策设计层面看，建立完善的生态补偿机制是农业碳减排的关键。张新民（2013）在分析农业碳减排潜力的基础上，从构建农业碳减排的生态补偿保障体系与激励机制、农业碳减排生态补偿的技术创新体系、农业碳减排生态补偿框架三个方面，探讨了农业碳减排生态补偿机制的基本思路，提出了"谁补偿谁""补偿什么""补偿标准"的问题。从补偿主体上看，以政府补偿为主，同时鼓励社会补偿，倡导自我补偿；从补偿方式上看，资金补偿和实物补偿等是目前主要的补偿方式；从补偿内容上看，根据现实生态环境状况、需要完成的任务以及兼顾长/短期利益的原则，区分"成本补偿阶段"和"效益补偿阶段"，分别确定补偿标准。该研究明确了农业碳减排生态补偿的关键科学问题，为完善农业碳减排生态补偿机制、创新农业碳减排政策制度提供了基本依据。另外，政策制度设计必须兼顾市场和政府的作用，在遵循市场规律的同时，要发挥政策对农业碳减排的引导作用。王春荣和吴磊（2021）基于供给侧结构性改革理论、要素禀赋理论、市场失灵理论等，以发展低碳生态高值农业为核心，从政府政策支持、技术扶持、品牌化发展、多功能农业建设等方面设计了农业碳减排的实现路径。

1.2.2 农业生态效率研究进展

1. 农业生态效率评价方法

随着农业经济的快速发展，生态恶化、资源浪费、环境污染等问题逐渐凸显，对农业生产的可持续发展造成不利影响（侯孟阳和姚顺波，2018）。1990 年生态效率概念被提出以来（Schaltegger and Sturm，1990），针对农业生态效率评价方法问题，学术界开展了大量研究，在不同尺度上探索形成了比值法（Huppes and Ishikawa，2005）、生命周期法（Notarnicola et al.，2017）、能值分析法（Liu et al.，2019）、DEA 方法、随机前沿法（stochastic frontier approach，SFA）、非期望 SBM (slack based model)、超效率 DEA 模型、SSBM-ESDA（super-efficiency SBM-exploratory spatial data analysis）模型等多种方法（Orea and Wall，2017；Urdiales et al.，2016；Picazo-Tadeo et al.，2012，2011），取得了良好的评价效果。

在全国尺度上，潘丹和应瑞瑶（2013）采用非径向、非角度的 SBM，分析了我国 30 个省（区、市）的农业生态效率，并提出农业生态效率的改善途径。程翠云等（2014）基于机会成本的经济核算法，分析我国 2003~2010 年的农业生态效率。侯孟阳和姚顺波（2018）基于非期望产出的超效率 SBM，测算了 1978~2016 年我国农业生态效率。陈菁泉等（2020）基于两阶段网络 EBM，分别探究了 2003~2017 年我国各省（区、市）农业生态效率、农业生产率和农业生态防护情况。

在省域尺度上，朱玉林等（2011）基于能值理论，评价了 2008 年湖南省农业生态效率。郑德凤等（2018）采用 SBM，结合探索性空间数据分析法，研究了 2000~2014 年甘肃省县域农业生态效率的时空分异格局。王海飞（2020）采用超效率 SSBM 和探索性空间数据分析（ESDA）相结合的方法，分析了安徽省县域农业生态效率的时空演变过程。岳丽雯（2021）采用传统的 DEA-BCC 模型，通过构建农业生态效率评价指标体系，揭示了 2001~2018 年贵州省农业生态效率及其变化趋势。

在市域尺度上，吴小庆等（2012）基于生态效率理论，建立了综合农业生态效率评价指标体系，实证研究了江苏省无锡市的农业生态效率变化特征。张子龙等（2014）应用数据包络分析中的非期望产出 SBM，分析了庆阳市 2001~2011 年农业生态效率时空演变过程。闫晓冉等（2014）在构建农业生产效率投入和产出指标体系基础上，采用 DEA 法，在 DEAP2.1 软件支持下，开展了湖北省黄冈市 2001~2008 年农业生产效率的实证研究，研究结果为优化农业生态效率提供了科学依据。

在流域尺度上，周亮等（2013）采用 DEA 模型、Malmquist 生产率等方法，分析了淮河流域 35 个地级市在 2000~2011 年的农业生产效率及其时空演变过程，为评估流域农业生态效率奠定了科学基础。曹俊文和曾康（2019）基于非期望产出的超效率 SBM，分析了长江经济带农业生态效率的时空分异。梁耀文和王宝海（2021）运用超效率 SBM-Undesirable 模型，探究了环渤海地区农业生态效率时空演化规律。郭晓佳等（2021）通过构建农业资源环境效率综合评价指标体系，采用超效率 SBM 和空间计量模型，研究了 1990~2017 年黄河流域农业生态效率时空格局与演变过程，并分析了影响流域农业生态效率的关键因素，研究成果为流域农业经济高质量发展与生态环境保护提供了科学依据。

2. 农业生态效率时空差异

由于不同地区的农业生产要素投入、农业经济发展水平、地理区位条件、资源禀赋等方面存在差异,加之区域间开放程度的扩大和农业市场经济的日趋完善,农业生产要素的空间流动越来越频繁,农业生态效率在空间尺度上表现出显著差异性(侯孟阳和姚顺波,2019)。

在全国层面,程翠云等(2014)研究发现,2003~2010年我国农业生态效率水平虽然较低,但空间分布特征较显著,其中北方地区农业生态效率较低,而秦岭—淮河以南的地区农业生态效率较高。侯孟阳和姚顺波(2018)发现,我国农业生态效率整体呈较低水平,但提升空间较大,其中东部地区农业生态效率提升比中西部地区更突出;在地理空间上集聚特性显著,逐渐形成"高高集聚、低低集聚"的空间格局。郑德凤等(2018)分析发现,2000~2015年我国农业生态效率呈现东—中—西递减的变化趋势,空间分布重心东西向移动速度低于南北向移动速度。汪艳涛和张娅娅(2020)研究认为,我国东部地区和西部地区农业生态效率均高于中部地区,但中部地区省际的农业生态效率差异较小。王圣云和林玉娟(2021)研究指出,我国农业生态效率具有区域性特征,华南区农业生态效率最高,而西北、东北及青藏等地区农业生态效率较低,不同区域农业生态效率驱动因素存在明显的差异性。

在省域层面,郑德凤等(2018)研究发现甘肃省农业生态效率全局空间集聚现象显著,而局部空间集聚呈现减弱趋势。Han等(2020)采用前沿分析和不可分离的非期望产出(Meta-Hybrid-U)混合模型及Dagum基尼系数法分析发现,我国各地区农业生态效率水平总体较低,地域差距较大。王海飞(2020)研究认为,2000~2017年安徽省农业生态效率值在波动中上升,但农业生态效率空间分布不均衡,空间变化趋势呈现自东向西递减的变化态势。张荧楠等(2021)采用包含非期望产出的SBM对山东省17个地级市在2000~2017年的农业生态效率进行分析,发现山东省农业生态效率虽然整体较高,但地区差异比较明显,在地理空间上总体上以"低-高"和"低-低"集聚为主,形成中部和东部地区两个高效率集聚区。在市域层面,张子龙等(2014)根据庆阳市在2001~2011年的生态效率变异系数,发现区域农业生态效率的空间差异逐渐扩大,且存在较明显的波动性。吴小庆等(2012)根据生态效率理论,建立了综合考虑经济效益和环境影响的农业生态效率评价指标体系,评估了江苏省无锡市1998~2008年农业生态效率状况,发现无锡市农业生态效率呈现先下降后上升的变化趋势,农业面源污染治理成效显著,农业可持续发展水平显著提高。柳艳超(2017)通过研究西安市2004~2014年都市农业生态效率时空演变过程,发现西安市都市农业生态效率呈现下降趋势,空间差异整体呈现扩大趋势,灞桥区、雁塔区、阎良区、长安区、蓝田县的都市农业生态效率处于良好状态,其余区(县)都市农业生态效率低下。

在流域层面,周亮等(2013)通过研究淮河流域2000~2011年农业生态效率,发现淮河流域农业生态效率普遍较高,技术效率在流域综合效率提升方面发挥着积极作用;在地理空间上,流域生态效率呈现东部高于中部,中部高于西部的空间梯度分布格局。佟金萍等(2015)通过分析1998~2011年长江流域农业用水效率,指出长江流域农业用水效率呈现出波段式上升态势,流域各区段的用水效率呈下游、上游、中游依次递减的分布格局。张鑫等(2019)在时空与效率视角下评估了汾河流域的农业灰水足迹及其效率,发现汾河流域农业灰水足迹总体呈先上升后下降再缓慢上升的变化趋势;农业灰水足迹中以畜牧业灰水足迹为主,但比例呈降低趋势;农业灰水足迹效率呈现先平稳后下降,然后极速上升再下降的变化趋势。研究成果为科学认知流域尺度农业生态效率演变过程及其地域差异规律,设计流域生态农业发展模式和具体路径提供了科学依据。

3. 农业生态效率驱动机制

随着农业产业化的推进和农业面源污染等生态环境问题的逐渐凸显,农业生态效率影响因素及其驱动机制变得愈加复杂,厘定农业生态效率关键影响因素,揭示农业生态效率的驱动机制,成为学术界关注的热点问题。为此,有学者先后运用多种方法从不同角度开展了农业生态效率的影响因素及驱动机制的研究工作。

在宏观尺度上,尽管化肥施用有助于提高粮食产量(Fischer et al., 2010; Huang et al., 2008),但偏低的化肥施用效率成为解决农业面源污染问题、提高农业生态效率的重要障碍,而农业生态效率的变化必然引起农业投入要素结构的调整(侯孟阳等,2021)。王圣云和林玉娟(2021)认为,我国农业生态效率演变的驱动因素存在明显的区域异质性,如农村人均纯收入对西北、东北、青藏地区等具有显著影响,农业市场化程度与黄淮海区和东北区的农业生态效率呈显著负相关,财政支农力度对西北及长城沿线区呈显著的正向影响。潘丹和应瑞瑶(2013)认为,现阶段我国农业生态效率低的主要原因是环境污染物排放过量和资源消耗过多。侯孟阳和姚顺波(2018)认为,农村劳动力转移不仅直接影响地区内农业生态效率,还间接影响邻近地区农业生态效率。郑德凤等(2018)认为,环境污染、土地投入要素和资源环境成本等非期望产出要素冗余率较高是导致我国农业生态效率损失的主要原因。侯孟阳和姚顺波(2019)认为,农村居民可支配收入、复种指数、种植结构和农业机械投入强度对农业生态效率的驱动作用显著。尚杰等(2020)以我国13个粮食主产区为研究对象,分析了城镇化对农业生态效率的影响,发现城镇化对农业生态效率整体上有促进作用,其中城镇经济密度、城镇居民人均可支配收入对农业生态效率正向影响显著。

在区域尺度上,程翠云等(2014)研究认为,农业生产资源禀赋条件、农业政策支持和农资投入对农业生态效率有显著影响,其中农业生产资源禀赋条件有利于农业生态效率的提高。张子龙等(2014)认为,庆阳市部分县区的农业生产要素投入比例失调、非期望产出的过度冗余和资源利用效率低下是导致区域农业生态效率较低的主要原因。曹俊文和曾康（2019）认为，农业公共投资、政府规制、农业机械化、技术进步、农业经济水平、农业劳动力受教育程度对农业生态效率呈正效应，而农业化学化呈负效应。汪艳涛和张娅娅（2020）认为，农业生态效率与产业结构升级存在相互促进作用。陈菁泉等（2020）认为，财政支农水平对农业生态效率有积极影响，农业生态环境防护投资额和农用机械投入强度对农业生态效率有消极影响。梁耀文和王宝海（2021）认为，人均GDP、工业化水平、种植结构、农业研发投入、财政支农水平、人口老龄化程度、农业规模化水平等对农业生态效率产生不同程度的影响。

4. 农业生态效率潜力调控

在科学测算区域农业生态效率、研判农业生态效率现状问题的基础上，开展农业生态效率潜力调控研究，是服务于区域农业低碳化发展、提升农业生态效率的重要内容。为此，学术界围绕农业绿色、低碳、高质量发展问题，从多视角、多层次开展了农业生态效率潜力提升与调控路径研究。

在农业生态效率潜力评估方面，学术界多采用DEA-Tobit模型分析农业生态效率的影响因素（王宝义和张卫国，2018；Xie et al.，2018；杜江等，2016），也有学者基于DEA松弛分析进行无效率分解，揭示农业生态效率的提升潜力（Cecchini et al.，2018；潘丹和应瑞瑶，2013）。张新民（2013）从农田减排潜力、农田增汇潜力、农业间接减排潜力三方面对农业减排潜力进行分析。刘华军和石印（2020）采用全局超效率SBM测算了2001～2015年我国30个省（区、市）的农业生态效率，并借助地理探测器模型厘定了造成我国农业生态效率空间分异的主要原因，从省和区域两个层面考察了我国农业生态效率的提升潜力，发现中部地区投入产出的提升潜力及无效率省（区、市）的占比最大，其次为西部地区，东部地区最小。但是，对于东部地区而言，尽管其农业生态效率较高，但仍有较大的提升潜力。研究成果为全国宏观层面，特别是东部、中部、西部地区农业生态效率的协同提升提供了科学依据。

在农业生态效率调控路径方面，Maia等（2016）通过研究葡萄牙农业生态效率问题，发现规范的节水灌溉技术有利于提高农业生态效率。潘丹和应瑞瑶（2013）认为，我国农业生态效率改善的潜力应包括资源消耗和农业面源污染等方面。尹岩等（2021）认为，有效降低农业碳排放的关键路径在于提高设施农业科技投入、设施面积利用率和物质消耗利用率等。洪开荣等（2016）基于2005～2013年30个省（区、市）的面板数据，利用网络DEA模型，分析发现我国农业生态效率的水平较低，农业生态效率提升潜力巨大。侯孟阳和姚顺波（2018）通过分析1978～2016年我国农业生态效率时空演变及趋势，发现我国农业生态效率较低的省（区、市）具有更大的提升潜力，指出需要探索农业经济增长与环境保护、资源节约之间协调发展的均衡点。于婷和郝信波（2018）以粮食主产区为研究对象，发现农业生态无效率的粮食主产区普遍面临着要素投入冗余、农业污染严重和有效期望产出不足等问题，因此应从减少农业环境负效应和增加有效产出两方面挖掘农业生态效率潜力。张荧楠等（2021）认为农药投入、劳动力投入和农业面源污染物排放是造成农业生态效率损失的主要原因，据此提出从生产要素投入和污染物排放两方面进行管控和改善，建立跨区域农业生态化合作发展机制。

在农业生态效率调控策略方面，学术界从政策补贴、农业技术推广、劳动力素质提升等方面提出了具体建议（骆世明，2022；聂弯和于法稳，2017；赵紫华，2016）。首先，应加大农业财政投入和农业生产性服务业的环保导向功能，强化对生物农药等环保型农资补贴，采用生物农药代替农药防虫杀虫，以低碳、低耗农机代替尾气排放多、高耗能的农用机械；注重区域自身发展优势，减少资源浪费，提倡太阳能、风能的转换，大力推广秸秆粉碎还田等，提高农业生态效率。其次，提高农业劳动力素质，培养农村劳动力科学素养，通过定期培训"科学种植"等课程，增强农村劳动力的低碳环保意识，提高劳动者对先进农业生产技术的运用能力；强化农业科技创新的支撑，促使农业现代化技术快速进步，加快形成现代化农业产业体系。最后，积极宣传绿色、低碳农业发展理念和政策，推动农业可持续发展，提升农业生态效率，挖掘农业生态效率潜力。上述研究成果和对策建议为优化提升区域农业生态效率提供了科学思路，也为贯彻绿色发展理念、推进农业高质量发展提供了决策依据。

1.2.3 种植业碳排放与生态效率研究进展

1. 种植业碳排放研究进展

农田生态系统碳排放占我国温室气体排放总量的16%～17%（陈炜等，2019；段华平等，2011），种植业所造成的碳排放对农业碳排放强度的影响最大（董明涛，2016；李二玲等，2012），有悖于我国农业的绿色低碳、高质量发展。因此，种植业碳排放已成为农业高质量发展关注的焦点。

在种植业碳排放来源方面，我国的化肥生产、消费量居世界首位，农田化肥是种植业碳排放的主要来源之一，其次是农药，农膜是继化肥、农药之后的第三大农业生产资料，使用量持续增加。2000年，全国农膜使用量为133.5万t，2016年达到260.3万t，增幅达到94.98%（中华人民共和国国家统计局，2017）。因此，化肥、农药、农膜是种植业碳排放的主要污染来源，除此之外，能源消耗所致的碳排放也是重要来源。研究结果显示，我国农业碳排放总量持续增长，西部增长最快（庞丽，2014）。例如，甘肃省种植业碳排放量整体呈上升趋势，化肥、农膜对碳排放的贡献率最高（张小平和王龙飞，2014）。河南省种植业碳排放总量、强度均处于上升状态，化肥的贡献率最高（王娜，2018；张志高等，2017）。陕西省2011年种植业碳排放总量及强度较1990年分别增加了1倍和1.5倍，化肥、农膜是主要碳源，省内不同市级单元的空间差异显著（石玉琼和李团胜，2013）。

在种植业碳排放时序变化趋势方面，陈炜等（2019）通过分析1997~2015年我国种植业中农用物资投入所引起的碳排放量变化情况，发现随着时间的推移，种植业碳排放量呈逐渐降低趋势，其碳排放主要来源是化肥的使用，产生的碳排放量占总量的56%。戴小文和杨雨欣（2020）研究发现，2007~2016年我国种植业碳排放量经历"快速上升—缓慢上升—略微下降"三个阶段，认为在我国绝大多数地区农业经济发展水平和城镇化率与碳排放量之间呈正向关联关系。丁宝根等（2021）认为，我国种植业在2001~2018年碳排放量呈下降趋势，并指出降低种植业碳排放量的主导因素是农业生产效率，增加碳排放量的最主要驱动因素是农业产出水平，而农业生产结构是碳排放量增加的驱动因素之一，农业劳动力规模是碳排放量增加的重要驱动因子。

在种植业碳排放量地域差异方面，田云等（2014）认为，我国种植业碳排放具有明显的区域差异，江西省碳排放量最高，北京市最低，种植业的发展与其碳排放量之间存在长期均衡关系。伍国勇（2020）以我国31个省（区、市）为研究对象，采用2001~2017年的面板数据，分析了我国种植业碳生产率的空间关联格局及影响因素，发现我国种植业碳生产率存在区域差异性，整体上呈"低-低""高-高"集聚态势，且农村教育水平、农村电力基础设施、农业经济发展水平对种植业生产效率的提高有显著的促进作用。胡婉玲等（2020）从碳源角度对1997~2017年我国31个省（区、市）种植业碳排放量的区域差异来源进行分解，发现地区内差异是六类碳源碳排放地区差异的主要源泉，与其他碳源相比，化肥对碳排放地区差异贡献度最高。张毅瑜（2015）测算了福建省种植业碳排放量，分析了种植业碳排放量变化特征，以及种植业碳排放量与产出的关系，发现种植业碳排放与其产出之间存在长期稳定的均衡关系，种植业产出变动对碳排放有显著影响。

2. 种植业生态效率研究进展

生态效率最早由Schaltegger和Sturm提出，指增加的价值与增加的环境影响的比值（WBCSD，1996）。经过世界可持续发展工商业联合理事会（World Business Council for Sustainable Development，WBCSD）和经济合作与发展组织（Organization for Economic Co-operation and Development，OECD）的延伸扩展，生态效率的应用逐渐扩展到政府、工业等组织、行业中，现已成为衡量经济、资源与环境是否协调发展的重要指标（李成宇等，2019；OECD，1998）。目前，学者们对工业（Hu et al.，2019；Gómez, et al.，2018）、旅游业（刘军等，2019）、高耗能行业（曾繁荣和吴蓓蓓，2018）等多个行业的生态效率进行了广泛研究。

种植业作为农业的重要门类，在整体农业碳排放体系中占有较大比重。科学评估种植业碳排放效率，厘定种植业碳排放效率的关键影响因素，是种植业碳排放研究的重要内容。种植业生态效率是指在种植业投入一定的情况下，在保证种植业产出的前提下，达到尽可能小的环境污染（潘丹和应瑞瑶，2013）。将种植业负外部性纳入生态效率评价体系中，从投入产出角度刻画种植业生态效率，进而揭示种植业碳排放与生态效率演化机制，是提升种植业生态效率，协调种植业经济产出、环境保护和资源要素投入关系的科学基础（万斯斯，2019；侯孟阳和姚顺波，2018）。

近年来，学术界重点开展了全国及区域尺度种植业生态效率时空演进规律及影响因素研究工作，结果均表明，我国种植业生态效率有所提升，但整体仍处于较低水平（王圣云和林玉娟，2021；贾卫平等，2020；于婷和郝信波，2018；王宝义和张卫国，2016），种植业生态效率提升空间较大。在地理空间上，不同区域的种植业生态效率有显著的异质性。刘应元等（2014）研究发现，相较于东中部地区而言，西部地区种植业生态效率值较低，且省际差异显著。侯孟阳等（2018）研究认为，中西部地区农业生产技术发展缓慢，农业机械化程度较低，农业发展方式相对较粗放，种植业生态效率仍有较大提升空间。受资源禀赋、种植习惯以及政策制度等因素的影响，种植业生态效率地域差异显著（张荧楠等，2021；侯孟阳等，2021；尚杰等，2020）。因此，需要因地制宜制定差异化的调控对策，促进区域种植业生态效率的优化提升。

3. 碳排放与生态效率关系研究进展

种植业生态效率是表征种植业低碳、绿色发展水平的重要指标，种植业碳排放评估是测算种植业生态效率的基本前提。大量研究主要采用种植业碳排放量与种植业产值之比来反映区域种植业生态效率的基本情况，也有学者采用数据包络分析模型，通过种植业投入产出情况分析种植业生态效率变化及其地域差异（Wang et al., 2022；Liu et al., 2021）。就二者关系而言，种植业碳排放与生态效率既有分析逻辑上的顺承关系，又有时空变化方面的协同关系。

碳排放量是衡量生态效率的重要指标。现有研究表明，产业结构因素、效率因素、经济因素和劳动力规模是影响种植业碳排放量的主要因素（汪艳涛和张娅娅，2020；韦沁等，2018），农业科技水平和劳动力素质也具有一定的减排效应（张荧楠等，2021；李秋萍等，2017）。洪开荣等（2016）的研究表明，农业机械投入密度、人均农业生产总值对种植业生态效率有促进作用，农业市场化程度、受灾率、农业政策支持和工业化水平对种植业生态效率均有不同程度的抑制作用。李博等（2016）采用灰色关联度方法分析了全国种植业生态效率的影响因素，发现结构性因素为首要影响因素，受灾情况和农村劳动素质对种植业生态效率产生重要影响。Njikam 和 Alhadji（2017）的研究结果显示，农业科技水平和劳动力经验水平是影响喀麦隆种植业生态效率的重要因素。吴振华和雷琳（2018）研究表明，城镇化率、农业财政支出和产业结构通过影响种植业的投入情况，进而作用于种植业生态效率。Yang 等（2022）研究发现，2015 年以来我国农业碳排放量总体降低主要得益于粮食主产区的碳减排，技术进步、农业基础设施和人力资本的改善对种植业生态效率的增长产生了积极影响。因此，需要根据地区差异性实施绿色农业发展政策，在降低种植业碳排放量的同时提高其生态效率。

总体而言，种植结构、受灾情况、农村劳动力、机械投入等因素对种植业生态效率影响显著，同时也深刻影响着种植业碳排放量。种植业发展深受自然地理因素的综合作用，特别是温度和水分条件等因素对种植业地域分布具有重要的约束作用，这些因素与人文社会经济因素相叠加，强化了种植业碳排放量与生态效率的时序变化趋势及其地域差异格局，这是种植业排放和生态效率优化调控研究需要考虑的基础性因素。

1.2.4　研究评述

1. 研究特点

通过从农业碳排放、农业生态效率、种植业碳排放、种植业生态效率，以及种植业碳排放与生态效率关系等方面，全面梳理国内外研究成果，可以发现，在全球气候变化背景下碳排放研究已成为学术界和政府关注的热点问题。围绕农业碳排放问题，国内外学者开展了大量的理论探讨和实证研究，总体呈现出由宏观变化特征分析向微观机制揭示与调控的研究方向转变。这些成果不仅丰富了农业碳排放与碳减排的基础理论，而且为开展种植业碳排放评估和生态效率研究奠定了理论、方法和技术基础，主要呈现出以下特点。

第一，研究视角多维。农业碳排放及其效率研究具有典型的综合性特征，涉及地理学、生态学、环境科学、农学等众多学科及其交叉领域，学者们分别从本学科的研究视角出发，探讨农业碳排放与生态效率的内涵、过程、格局与机理，以及农业碳排放与生态效率的作用关系，形成了富有学科特点的农业碳排放与农业生态效率研究成果。随着全球气候变化的加剧和国际碳减排任务的逐步落实，从学科交叉角度解决农业发展过程中的碳排放问题，增强现代农业生态效率，减轻农业生产的碳排放压力，服务国家碳达峰碳中和目标的实现，成为农业碳排放领域研究的新趋势。地理学因其综合交叉的学科属性，在解决复杂系统问题中具有显著优势。农业碳排放与碳减排是一项复杂的系统工程，地理学已经且必将在推进农业特别是种植业实现碳达峰碳中和目标中发挥重要作用。

第二,研究方法多样。梳理现有研究可以发现,指标体系法、模型法、单一比值法、传统统计分析方法、空间分析方法、数据包络分析方法、灰色系统分析方法等定量方法,已广泛用于农业碳排放评估、农业碳排放时空变化分析、农业碳排放影响因素探究中,以及用于农业生态效率测算、农业生态效率格局刻画和农业生态效率影响因素探测等研究中,成为定量揭示农业碳排放时空过程及其驱动机制、农业生态效率地域分异机制、农业碳排放与农业生态效率相互作用关系、农业碳排放的生态环境效应的重要方法。特别是随着"3S"(遥感,remote sensing,RS;地理信息系统,geography information systems,GIS;全球定位系统,global positioning systems,GPS)技术集成发展,为从国家尺度、省域尺度、市域尺度、县域尺度和流域尺度研究农业碳排放和农业生态效率,揭示种植业碳排放与种植业生态效率时空演化过程、格局和机制提供了方法和技术支撑,也为开展种植业生态效率优化调控研究提供了科学依据。

第三,研究数据多源。在农业碳排放与生态效率研究中,传统的统计数据和普查数据是重要的数据来源,也是评估农业碳排放量与生态效率,揭示区域碳排放驱动机制、生态效率驱动因素、碳排放与生态效率关系的重要数据支撑。遥感和GIS等技术的发展,为有效获取自然生态环境(如土地利用变化、气象气候、污染物排放)数据,分析农业碳排放与生态效率的内在驱动机制提供了数据保障。近年来,随着信息技术的发展,农业生产碳排放统计与监测数据应用于区域农业碳排放与生态效率研究之中,拓展了碳排放与生态效率研究的数据来源渠道,为种植业碳排放时空过程与生态效率演化深层规律和机制的挖掘提供了可能。

第四,研究内容多面。农业碳排放与生态效率演化受到多种因素的综合影响,开展农业碳排放与生态效率研究涉及多方面内容。从碳排放理论到评估方法等方面,学术界均做了不同程度的探索。在农业碳排放研究中,既有对种植业、畜牧业、渔业等农业单一门类碳排放的研究,又有对农业碳排放总量的综合评估。种植业碳排放研究,既涉及种植业碳排放总量及其时空演化过程的分析,又包含种植业碳排放与生态效率地域差异形成机制的揭示。在种植业生态效率研究中,既有单一比值法的简单测算,又有多种模型综合集成的复杂测算,同时还包括种植业生态效率驱动机制与优化调控模式探讨等内容。总之,国内外种植业生态效率研究内容呈现多面发展趋势。

第五,研究区域多点。自然地理环境地域差异性和人类社会经济活动动态变化性,使农业生产活动及其碳排放量与生态效率呈现出明显的地域差异和动态变化特征。为了全面揭示农业碳排放与生态效率区域性特点,国内外学者针对不同区域农业碳排放问题开展了富有成效的研究工作。从已有研究成果涉及的研究区域可以看出,既有研究成果不仅关注了粮食主产区、快速城镇化地区、农村城镇化地区和重点生态功能区等不同功能区的农业碳排放与生态效率问题的研究，又比较分析了我国东部地区、中部地区和西部地区长时间序列的农业碳排放与生态效率演进过程与区域差异，同时，对全域、省域、市域、县域、流域等不同空间尺度上农业或种植业的碳排放与生态效率进行了评估分析。这些研究成果为制定符合区域农业发展实际的碳减排与生态效率优化模式和调控策略提供了科学依据，也为区域和国家层面制定和实施生态农业发展政策提供了决策支持。

2. 现有研究的不足之处

通过上述分析可以发现，国内外学者在农业碳排放与生态效率研究的理论、方法和技术方面取得了重要进展，形成了许多创新性的研究成果。但也存在以下不足和薄弱之处。

第一，农业碳排放研究内容方面。从因素分解角度看，现有成果多集中在不同因素对农业碳排放总量的影响效应方面，并且影响因素划分不具体，较少针对特定的影响因素进行分析，对指导节能减排帮助较小；从行业角度看，研究成果多集中分析特定农业部门碳排放问题，忽视了其他农业部门的碳排放量，导致碳排放量估算的缺失。农业碳排放量估算多基于土地利用变化，农业投入碳排放量和乡村居民参与所产生的碳排放量较少涉及，对农业中的种植业碳排放及其生态效率研究明显不足。

第二，碳排放研究尺度方面。我国有关种植业碳排放的研究尺度以全域、省域和市域为主，特别是全国和省域宏观尺度上种植业碳排放时序变化过程与空间分异格局研究较多，县域尺度关注普遍较少，且研究深度不够。从区域尺度来看，对我国东部地区的研究较多，西部地区的研究较少涉及。黄土高原地区作为我国重要的粮食生产区、生态安全屏障区和能源安全保障基地，资源利用与生态保护矛盾十分突出。种植业碳排放作为影响生态环境安全的重要方面，迫切需要开展县域尺度种植业碳排放与生态效率时空分异与形成机制研究，为区域种植业向绿色低碳转型发展提供决策支持。

第三，研究方法与技术方面。从农业碳排放与生态效率研究成果看，多方法集成用于解决农业碳排放与生态环境问题是当前研究的重要趋势。在农业碳排放研究中，多选择化肥、农药、农膜和农业灌溉等作为种植业的主要碳源，以各种碳源量乘以各自碳排放系数的总和来核算碳排放总量，再借助统计学、生态学和GIS 空间分析方法进行分析和表达；在农业生态效率研究中，主要运用 GIS 空间分析、环境科学、农学的研究方法。但是，现有研究中的学科交叉、方法集成、技术融合多停留于初步借鉴层面，如在种植业与生态环境效率研究中，仅将多种方法模型运用同一问题的解决中，多缺乏学理上的分析和逻辑上的有效衔接，更缺乏对学科方法论、方法模型和研究范式的批判性思考（宋永永，2021），使得通过学科交叉与方法技术集成创新的方式解决区域种植业碳排放与生态效率演化中的复杂问题面临诸多挑战。

第四，效率评价和低碳发展方面。碳排放的效率评价能够有效优化资源配置，避免输入要素过度投入所引起的碳排放量上升，利用DEA方法灵活多变的特点，针对实际问题构建指标体系并选择恰当的模型，探索生产前沿面的投影距离和方向，能够在控制投入的基础之上，定量地调节碳排放量，为低碳发展的政策制定提供切实可行的依据。绿色低碳化是现代农业发展的基本方向，探索适宜区域农业的绿色发展模式是支持节能减排目标实现的重要途径。目前，种植业碳排放效率和低碳发展结合研究呈现出多样化、系统化特征，但研究多是基于单个评价主体进行，且对县域尺度及其内部种植业碳排放与生态效率评价较少，县域尺度种植业碳排放与生态效率优化亟待深入研究。

第五，碳排放与生态效率优化模式方面。种植业碳排放与生态效率优化模式研究是解决农业碳排放与生态环境问题的关键环节。现有研究偏重典型案例区（粮食主产区、城市化地区、经济发达地区等）农业碳排放与农业生态效率演化机理以及生态效率潜力提升问题的分析，对如何应对大规模农业生产带来的温室气体排放增加、农业面源污染加剧、生态环境破坏突出等问题的研究明显不足。虽然已有研究开展了有关农业碳排放与生态效率调控提升路径的探讨，但设计的模式和提出的对策建议多停留在宏观定性描述层面，针对性、可操作性和科学性有待提高。在农业碳排放及其生态环境效应日益严峻的情况下，以种植业碳排放为切入点，在揭示典型区域种植业生态效率时空格局与演化机制基础上，从多维度设计农业生态效率优化模式与调控策略是种植业高质量发展研究需要加强的薄弱环节。

3. 有待研究的问题

种植业是农业生产体系中的重要门类，种植业碳排放是农业碳排放的重要来源。种植业碳排放与生态效率问题具有复杂性和动态变化性，这就使得以往研究在研究内容、分析尺度、测算方法、动力机制和优化调控等方面存在诸多薄弱之处，急需从理论方法体系、基本分析框架、时空演化机制、监测预警机制、优化模式设计等方面开展系统研究。

第一，完善碳排放与生态效率研究理论方法体系。种植业碳排放与生态效率问题是跨越自然科学、社会科学和技术科学等多个学科领域的综合性问题，不同学科在研究视角、理论基础、研究方法等方面具有不同的特点和优势，采取跨领域、跨学科、多方法集成相结合的方式开展综合性研究有利于提高研究成果的科学性、系统性和完整性。现有的碳排放与生态效率研究的理论框架与方法体系相对薄弱，在种植业碳排放与生态效率概念、原理、评价指标和方法等方面仍未形成统一范式。因此，通过学科交叉和借鉴现有的碳排放评估方法，充分吸收国内外碳排放与生态效率研究的理论成果，融合不同学科的理论和方法，如地理科学、环境科学和复杂性科学等，结合农业发展与生态保护实际，以解决不同空间尺度农业碳排放与生态效率问题为目标，加强基础概念的认识和统一，加快种植业碳排放与农业生态效率的理论探索和规律总结，归纳不同地区种植业碳减排与生态效率提升路径和模式，发展中国特色种植业碳排放与生态效率研究的理论框架和方法体系，是开展区域种植业碳排放和生态效率时空变化过程与驱动机制研究的基础和前提。

第二，构建种植业碳排放与生态效率多维分析框架。种植业生产系统与生态环境系统是人地关系地域系统的重要组成部分，该系统本身具有复杂性和多维性特征。开展种植业碳排放与生态效率现状评估和形成机制分析，需要从多维度、多尺度、多因素进行综合考虑，并系统评估和科学阐释。现有成果在要素维度上，侧重于单一碳源的碳排放量评估与单要素的碳排放影响因素分析，对多维碳源和多维要素综合驱动的碳排放和生态效率演化过程与机制研究不足。在研究尺度上，侧重于全域、省域、流域农业碳排放与生态效率的探讨，对市域和县域等中微观尺度的碳排放与生态效率问题关注较少；在研究区域上，侧重于东部发达地区农业碳排放与生态效率问题的探讨，对西部地区，特别是生态环境脆弱区种植业碳排放与生态效率问题关注不够。因此，加快构建包括多视角维、多尺度维和多要素维的种植业碳排放与生态效率多维分析框架，是深化农业碳排放领域研究、揭示碳排放与生态效率演化机制，形成碳排放与生态效率综合研究范式的科学选择。

第三，揭示碳排放与生态效率时空演化机制。我国农业发展正处于提质增效、转型发展的关键期。农业碳排放与农业生态效率时序演进与空间分异机制具有复杂性、层次性和动态变化性。因此，借鉴复杂性科学研究方法，通过研究长时间序列县域种植业碳排放与生态效率动态变化规律，重点揭示种植业碳排放与生态效率演化机制，厘清种植业碳排放与生态效率演化的主控因子及其转化规律，全面揭示不同空间尺度碳排放与生态效率地域分异机制，是全球气候变化背景下农业生产与碳排放研究的重要方向，也是面向碳达峰碳中和目标、实现农业高质量发展的重要领域，可以为满足不同层次、不同部门科学与决策需求提供支撑和依据。

第四，建立碳排放与生态效率动态监测预警机制。动态监测与情景模拟是碳排放与生态效率研究的发展趋势。我国现有研究多基于统计数据分析全国层面或东部地区碳排放总量特征及其变化过程，对农业碳排放及其生态效率的动态监测和趋势预警研究明显不足。为此，加快建立种植业碳排放与生态效率动态监测预警机制，是应对日益增加的种植业碳排放、降低种植业生产的生态环境风险、提高种植业发展质量的关键。首先，从种植业生产系统与碳排放系统的要素构成出发，制定不同空间尺度种植业碳排放监测指标和生态效率评价体系；其次，基于多年社会经济统计资料，获取构成农业生产系统与碳排放系统的人口、经济、社会、政策和全球化要素的基本信息，基于遥感、GIS 和大数据分析方法等，建立构成区域生态环境系统的水资源、土地资源、气候、生态和环境要素数据库，建设数字化的种植业碳排放与生态效率动态监测平台；最后，综合运用数理统计分析方法、地理信息科学方法、大数据分析方法和复杂性科学模拟方法，开展种植业生产与生态效率变化模拟。采用情景分析方法，测算种植业不同发展情景下碳排放与生态效率的关键阈值，模拟种植业碳排放与生态效率动态演化过程与未来趋势；借助预警方法技术和预警信号模型，建立种植业碳排放预警系统，对种植业碳排放与生态效率演进状态、存在风险等开展实时监控和动态预警，为区域种植业可持续发展提供预警支撑。

第五，设计种植业生态效率优化模式与调控策略。持续增强区域种植业系统的固碳增汇能力，是我国应对气候变化、实现碳达峰碳中和目标的重要抓手，也是推进农业绿色低碳化转型，实现农业高质量发展的重要内容。借鉴国内外种植业绿色低碳转型发展的成功经验，根据不同地区种植业发展现实情况和碳排放量的变化特征，围绕种植业发展的绿色低碳化转型目标，设计具有地域特色的种植业生态效率优化模式与调控策略，是促进我国种植业低碳化发展和生态效率有效提升、落实国家生态文明战略的必然选择。

1.3 本书主要内容及逻辑框架

1. 主要内容

本书基于地理学、生态学和经济学等学科理论和方法，构建种植业生态效率评价理论方法体系，评估黄土高原种植业碳排放量与生态效率，分析碳排放与生态效率时空变化规律，揭示县域种植业生态效率时空演化机制，设计种植业生态效率优化模式，提出促进黄土高原种植业生态效率提升的具体策略。全书共八章，包括四部分内容。

第一部分为绪论，即第 1 章。主要阐明本书的研究背景与意义、研究进展，全面评述国内外农业碳排放与生态效率、种植业碳排放与生态效率研究进展，总结了国内外研究特点，提出种植业生态效率研究的薄弱环节和有待研究的问题。

第二部分为种植业生态效率评价理论与方法，即第 2 章。在辨析种植业碳排放和种植业生态效率相关概念基础上，阐释种植业碳排放与生态效率研究的理论基础，构建种植业碳排放量核算的基本原则和清单，确定种植业碳源识别范围和核算边界，构建种植业碳排放量与生态效率核算的方法和技术体系。

第三部分为实证研究，包括第 3~7 章。第 3 章在确定黄土高原地理范围基础上，系统分析种植业发展的自然地理条件和人文经济环境，明晰全球气候变化背景下黄土高原种植业发展面临的挑战。第 4 章评估黄土高原种植业碳排放量，分析种植业碳排放量的时空变化特征，解析种植业碳排放强度的区域差异与空间模式。第 5 章运用统计分析、分区分析和数据包络分析等方法，从全域、省域和县域不同尺度分析种植业生态效率的时空格局演变特征，解析黄土高原种植业生态效率的地域分异模式，探讨种植业生态效率损失的原因和提升路径。第 6 章在多源数据和多方法技术支持下，探测黄土高原种植业生态效率空间分异格局形成的关键驱动因子，揭示县域种植业生态效率时空演化机制。第 7 章在分析黄土高原种植业生态效率优化调控机制基础上，构建种植业生态效率优化框架，设计种植业生态效率优化模式，提出种植业生态效率调控策略。

第四部分为主要结论与展望，即第 8 章。总结黄土高原种植业碳排放与生态效率研究的主要结论，并提出尚需进一步研究的问题。

2. 逻辑框架

本书在理论研究的基础上，通过测算黄土高原种植业碳排放量，评估种植业碳排放强度，并将碳排放强度作为非期望产出纳入种植业投入产出系统中计算区域种植业生态效率，分析种植业生态效率的时空演变规律，确定种植业生态效率损失的主要原因，探讨种植业生态效率时空变化的主要影响因素及驱动机制，并提出优化模式和调控策略。本书的基本逻辑思路如下：

（1）构建种植业生态效率评价理论与方法体系。在厘清基本概念的基础上，从理论层面阐明种植业生态效率的基本问题，构建种植业生态效率核算方法体系，明确种植业碳源核算边界和分析边界，阐明分析种植业生态效率的主要方法。

（2）归纳黄土高原种植业碳排放量的时空分异规律。利用碳排放核算方法计算种植业碳排放量，从黄土高原全域层面、省域层面和县域层面分别归纳种植业碳排放量及排放强度的时序变化规律和空间分异特点，为分析种植业生态效率奠定基础。

（3）探究种植业生态效率时空分异规律与制约因素。利用 DEA-SBM 核算黄土高原种植业生态效率，从不同尺度刻画生态效率的时空演变规律，分析种植业生态效率的投入产出冗余情况，探讨造成种植业生态效率损失的主要原因和提升路径。

（4）揭示种植业生态效率影响因素与演变机制。采用线性回归方法和地理探测器模型等揭示黄土高原种植业生态效率演变的关键影响因素，从经济发展水平、种植业发展水平、种植业物质资料投入和区位因素等维度解析区域种植业生态效率时空演变机制。

（5）设计种植业生态效率优化调控模式。在全面解析种植业生态效率优化调控机制基础上，构建种植业生态效率优化调控框架，提出种植业生态效率优化模式调控策略。

本书的逻辑框架如图1.1所示。

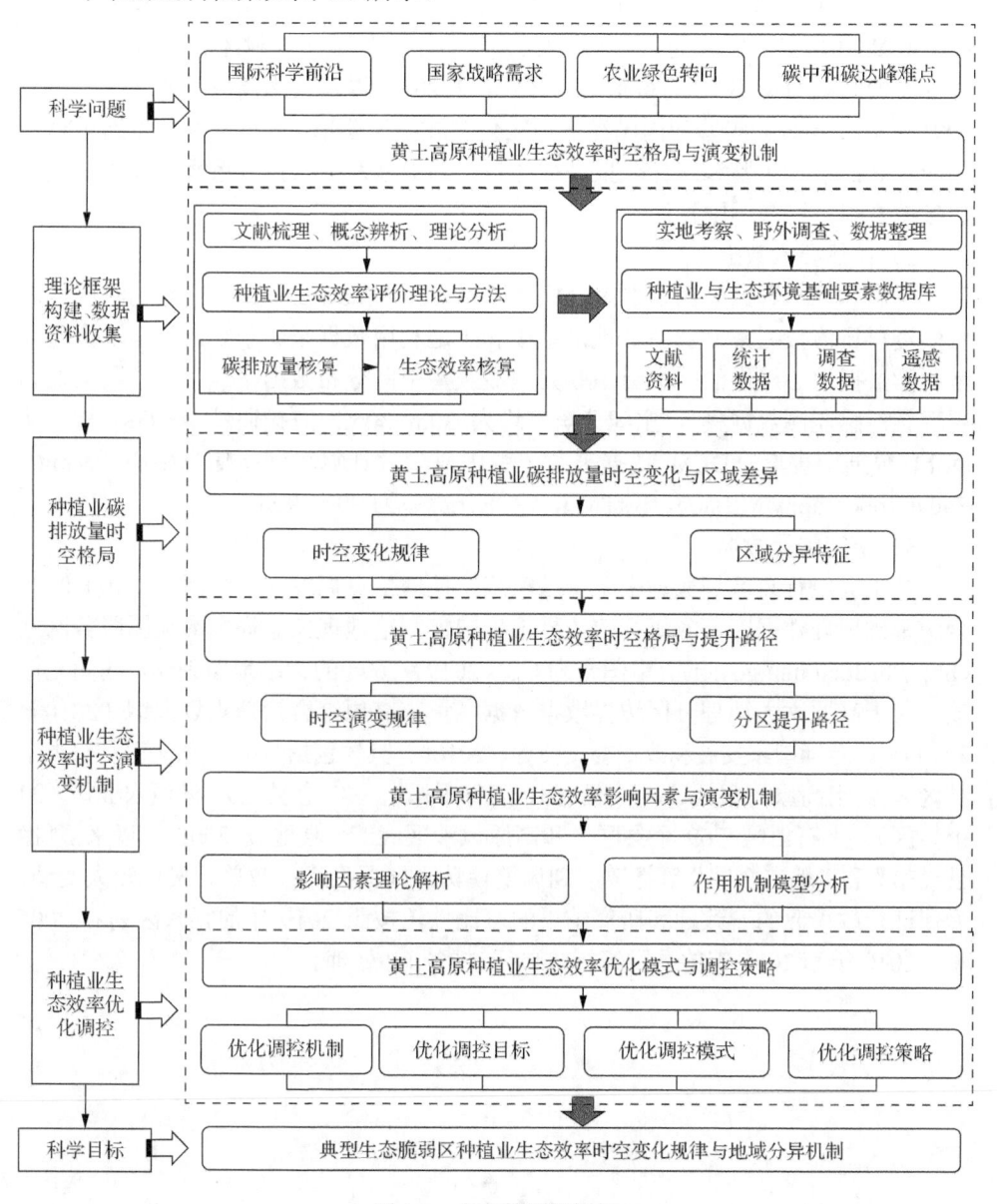

图1.1 本书的逻辑框架

3. 数据来源

本书的基础数据包括社会经济数据、自然要素数据和空间矢量数据三部分。

1）社会经济数据

主要来源于国家科技基础性工作专项"黄土高原生态系统与环境变化考察（2014FY210100）"完成的"1990～2015年黄土高原地区农村经济活动/居民生活对环境的影响数据集"（马蓓蓓和孙媛媛，2020），以及黄土高原各省（区、市）1991～2020年统计年鉴和国民经济与社会发展统计公报，部分缺失数据通过查阅相应县区的统计年鉴和统计公报进行补齐。书中涉及的碳排放系数及模型参数引自参考文献，已在书中标注。

2）自然要素数据

气温和降水数据来源于中国气象数据网（http://data.cma.cn）公布的我国地面气候资料日值数据集（V3.0）；地形地貌和土地利用数据来源于中国科学院资源环境科学数据中心提供的"中国100万地貌类型空间分布数据集"和"中国土地利用现状遥感监测数据集"，空间分辨率均为30m×30m；海拔通过ArcGIS软件从DEM数据中提取，DEM数据来源于中国科学院计算机网络信息中心（Shuttle Radar Topography Mission，SRTM），空间分辨率为90m×90m。

3）空间矢量数据

黄土高原行政区划数据来源于国家测绘地理信息局发布的中国1∶100 0000全国基础地理数据库，省级行政边界根据国家测绘地理信息局标准地图服务网站（http://bzdt.ch.mnr.gov.cn/）审图号为GS（2019）1698的标准地图制作，底图无修改。黄土高原六大地理分区边界数据依据《黄土高原综合治理规划大纲（2010—2030）》确定（国家发展和改革委员会等，2010）。具体包括黄土丘陵沟壑区（64个县区）、黄土高原沟壑区（94个县区）、河谷平原区（73个县区）、灌溉农业区（33个县区）、土石山区（69个县区）和高原风沙区（8个县区）。2000年以来，"撤县设市"和"地市合并"等行政区划调整使黄土高原县级行政单元发生较大变动，为保证行政单元的一致性和研究结果的可比性，按照2019年的行政区划对2005年、2010年和2015年的县区级行政单元进行归并处理。

第 2 章　种植业生态效率评价理论与方法

种植业碳排放及其生态效率问题具有复杂性、综合性、结构性和层次性特征。为了系统研究黄土高原种植业碳排放与生态效率时空过程及演化机制，需要在明确关键概念的基础上，选择不同学科理论作为基础支撑，构建种植业生态效率研究的理论框架与方法体系。

本章将以生态经济理论、绿色发展理论、低碳经济理论和人地关系理论等为基础，从理论层面解析黄土高原种植业碳排放与生态效率研究的基本问题，构建种植业碳排放核算方法体系，确定种植业碳排放分析边界，并基于投入产出模型阐明种植业生态效率测算方法，介绍种植业生态效率时空格局演变与形成机制分析方法。

2.1　基 本 概 念

科学概念认识的差异和深化，是科学问题研究侧重和发展的反映。种植业碳排放是反映种植业生态效率的重要参数，科学测算种植业碳排放是评估区域种植业生态效率的前提和基础。因此，研究种植业生态效率需要首先阐明种植业碳排放和种植业生态效率两个关键概念的内涵。

1. 种植业碳排放

碳排放是种植业生产过程中的中间产物之一，碳排放量的高低影响着种植业的发展水平。目前，学术界对种植业碳排放存在多种理解，一部分学者认为种植业碳排放指种植业生产过程中因人类生产活动直接或间接导致的温室气体排放（李团胜等，2014）；一部分学者认为种植业碳排放还包括农作物本身的碳汇效应（尚杰和杨滨键，2019）。有研究表明，种植业碳排放主要关注种植业生产过程中的碳排放情况（丁宝根等，2022）。

种植业低碳化发展主要表现为种植业生产过程中降低高碳农用物资投入和对土壤有机碳的破坏。根据种植业生产实践经验和已有研究成果，本书认为种植业碳排放主要包括农用物资投入直接或间接导致的碳排放、农业机械柴油消耗引起的碳排放、灌溉耗电引起的碳排放和翻耕土地引起的土壤有机碳流失四类碳排放。考虑到分析数据的可得性和模型方法的可操作性，重点测算化肥、农药、农膜等农用物资投入，以及土地、劳动力、农业机械总动力投入引起的碳排放量。

2. 种植业生态效率

生态效率是生态资源满足人类需求的效率，是投入和产出的比值。1990年，德国学者Schaltegger和Sturm将生态效益和经济效益相结合，最早提出生态效率的概念，并将其首次定义为产品、服务的增加值与环境负荷的比重。随后，世界可持续发展工商业联合理事会（WBCSD）、国际金融组织环境投资部（International Finance Government-International Financial Center，EFG-IFC）、经济合作与发展组织（OECD）等国际组织从不同角度对生态效率的概念进行了新的阐释，推动了生态效率在国际学术界和政府机构中广泛应用，成为表征区域社会经济与资源环境关系的重要指标。

农业生态效率是在生态效率概念基础上发展而来，是生态效率在农业生产领域的拓展。目前，对农业生态效率的理解尚未形成统一的概念，多数学者根据研究对象和研究需求尝试定义农业生态效率（姜翔程和赵鑫，2021）。有学者认为农业生态效率是指把农业生产活动控制在农业生态系统承载力范围之内，用较少的资源消耗获得最大的农业产品或者服务，同时对环境的非合意产出最小（聂弯和于法稳，2017；陈兴鹏等，2012）。有学者认为农业生态效率是指在保证农产品数量与质量的前提下，以尽可能少的资源消耗和环境污染换取尽可能多的农业产出（汪亚琴等，2021）。以上定义均强调在资源投入和环境负产出减量化的同时实现最大的社会、经济、生态产出，这符合生态文明建设与高质量发展要求。

本书介绍的种植业生态效率是农业生态效率研究的重要组成部分，是指在种植业生产过程中，通过较少的资源投入获得最大的种植业产出，达到尽可能小的环境污染和生态负效应。在具体研究中，将生态环境负外部性纳入种植业投入产出分析系统之中，从绿色生态角度评估种植业生产效率，旨在刻画种植业产出、资源投入与生态压力之间的复杂动态关系。

2.2 生态效率评价理论基础

种植业生态效率是种植业系统中复杂人类活动与资源环境关系的表现。种植业生态效率的变化是农业现代化背景下种植业快速发展引起的种植业投入和产出及其环境影响变化的反映。种植业生态效率评价理论基础随时代发展而变，在新时代，我国实现农业现代化和碳达峰碳中和目标进程中评价种植业生态效率，需要以地理学、生态学、经济学等多学科理论为指导，全面解析种植业生态效率的内在原理、演变规律、形成机制，明确种植业生态效率问题调控的导向和依据，构建本书的理论基础和分析框架。

2.2.1 生态经济理论

随着工业革命的快速推进，人与自然的矛盾冲突不断加剧，工业经济发展带来的资源枯竭、生态破坏和环境污染问题日益凸显，如何有效解决经济发展与生态保护的矛盾，成为全球关注的重要议题。1966 年，Boulding 首次提出"生态经济学"概念，并围绕着经济发展和生态环境保护这一内容开展了研究。梅多斯（Meadows）等在 1972 年发表的研究报告《增长的极限》中预测指出，"2100 年以前人类经济增长将达到极限"，这引起人们开始探索并改进传统经济模式，实现可持续发展。此后，生态资本观、可持续发展观和产权制度思想相继引入到生态经济理论研究之中，推动了生态经济理论的丰富与发展。

我国的生态经济理论研究起源于 20 世纪 80 年代，在融合西方生态经济理论、马克思主义经济理论、可持续发展观和产权制度思想的基础上不断发展，形成了具有中国特色的生态经济理论和生态经济学（于法稳，2021；王万山，2001）。生态经济学研究涵盖生态系统、经济系统和社会系统三大系统，包含了人口、技术、伦理和制度等要素（许新桥，2014）。学术界普遍认为生态经济是指在区域资源环境可承载的基础上，通过发展生态生产、鼓励生态消费、树立生态理念和制定生态制度等途径，达到人类经济活动与生态系统协调发展的高级经济形态。通常生态经济包含时间性、空间性和效率性三个特征。其中，时间性强调资源利用的可持续性，空间性突出不同区域资源利用的平等性，效率性强调资源利用的高效性。

在生态经济理论研究中，发展生态产业是生态经济的重要内容，生态农业则是生态产业在农业领域的主要体现。种植业生产过程中的生态效率，是衡量区域农业经济系统与生态系统协调发展水平的重要指标。种植业生态效率的动态变化与地域差异体现了区域生态农业的发展水平和地理特征。加强农业生态技术的推广运用，改造传统的种植生产模式，提高种植业生态效率，减少种植生产过程中的碳排放量，是缩小区域农业经济发展水平差异的重要途径，也是实现农业经济生态化、生态农业经济化和农业经济系统与生态系统耦合协调发展的重要路径。

黄土高原作为我国重要的生态安全屏障，生态安全地位和粮食保障地位突出。区域种植业发展历史悠久，种植结构、种植规模和种植技术具有显著的地域差异性。开展黄土高原种植业生态效率研究，科学认知种植业生态效率的时空格局及形成机制，设计种植业绿色低碳发展模式，是破解黄土高原农业生产与生态环境保护矛盾，贯彻落实"创新、协调、绿色、开放、共享的新发展理念"的客观需要，也是实现黄土高原农业经济发展与生态环境保护"双赢"的有效途径。

2.2.2 绿色发展理论

绿色发展理论源于可持续发展理论，是可持续发展理论的进一步延伸和深化。在自然资源日渐枯竭、气候变化等全球性危机的背景下，绿色发展逐渐成为学术界研究的热点（任嘉敏和马延吉，2020）。随着对绿色发展理论逻辑和实践路径探索的深入，日渐成熟的绿色发展理论成为地理学开展资源、环境变化和区域可持续发展研究的重要理论支撑。

绿色发展理论的形成不是一蹴而就的，它以可持续发展理论为指导，以循环经济理论、生态经济理论、节能减排理论和绿色增长理论等为思想基础，逐步发展演变而来。绿色发展概念最早可以追溯到20世纪60年代美国学者Boulding提出的"宇宙飞船经济理论"，该理论认为经济发展应从"消耗型"转为"生态型"，不能单纯地追求产量，要注意避免生态系统发生崩溃（Boulding，1966）。1989年，英国经济学家皮尔斯（Pearce）在《绿色经济蓝皮书》中首次提出"绿色经济"概念，认为经济与环境相互依赖、不可分割，环境质量影响着经济的发展，同样经济发展方式也影响环境质量，经济发展应充分考虑自然生态环境的承受能力，建立一种"可承受经济"（大卫·皮尔斯等，1996）。此后，衍生出了"循环经济""绿色增长""低碳发展"等一系列相关论述，都对绿色发展概念的内涵和外延进行了补充和完善。2002年，联合国开发计划署发布的《2002年中国人类发展报告：绿色发展，必选之路》中首次提出中国应当选择"绿色发展"之路。2015年，中国共产党第十八届五中全会提出了五大发展理念，其中绿色发展理念作为一种新的可持续发展观，强调人类活动需尊重自然、顺应自然、保护自然，并与自然平等和谐发展。2017年，党的十九大报告中明确指出，绿色发展是建设生态文明的必然要求。随着绿色发展理念的贯彻和落实，学术界从不同角度对绿色发展进行了广泛而深入的探讨，丰富和发展了绿色发展的概念和内涵。

绿色发展理论旨在实现社会经济增长与生态环境保护之间的协调平衡发展，在谋求经济发展的同时，通过科学创新技术手段，提高资源利用效率，降低生产活动的碳排放量，达到经济发展模式的绿色化、生态化和持续化。绿色发展是经济系统、社会系统和生态系统的协调共生，系统之间具有复杂的交互机制，促进系统间的良性循环实现以积累绿色财富和提升绿色福利为目标的绿色增长管理，是绿色发展理论的核心（胡鞍钢和周绍杰，2014）。综合而言，绿色发展理论强调通过人类与自然和谐共处来实现可持续发展，本质是加强生态治理与环境保护，减少对资源的过度消耗，追求经济、社会、生态全面协调可持续发展，解决经济增长与资源环境之间的矛盾（Sun et al.，2018；钟林生和曾瑜皙，2016；张平和王树华，2011）。在我国经济社会发展实践中，绿色发展是以人与自然和谐相处为价值取向、以绿色低碳循环为主要原则、以生态文明建设为基本抓手的新发展观，是破解区域社会经济发展与资源环境矛盾的重要理论支撑以及建设美丽中国、推进我国经济高质量发展的重要科学理论（汤茂玥和李宜真，2022）。

黄土高原是我国重要的农业生产地区，其中宁夏平原、汾渭平原等地区是我国重要的粮食主产区，在保障区域粮食安全乃至国家粮食安全中占有重要地位。《"十四五"全国农业绿色发展规划》中明确提出，多措并举推进农业绿色发展，不仅是全面落实"绿水青山就是金山银山"理念的重要举措，也是确保农产品质量安全的战略要求，更是助力健康中国战略实施的根本途径（于法稳和林珊，2022）。近年来，由于种植业资源投入的逐渐增加和耕作方式的不合理，种植业生产引起的资源消耗、环境污染和生态破坏问题日益凸显，平衡种植业生产和生态环境保护是实现农业绿色发展的关键。对种植业生态效率进行合理测算，并基于结果分析种植业生产中存在的资源环境问题，提出相应的解决策略，是实现农业绿色发展的有效途径，也是对绿色发展理论的积极响应。绿色发展理论强调低资源消耗、低污染排放和高经济（产品）产出，这正与种植业生态效率优化目标相契合。因此，在研究过程中，需要根据绿色发展理论强调的生产绿色化、低碳化的要求，科学选取反映区域种植业发展实际的投入产出指标，开展种植业碳排放与生态效率评估及其优化调控研究，设计黄土高原种植业生态效率优化模式与提升路径，从而为实现区域农业生产与生态环境的良性循环提供科学支撑。

2.2.3 低碳经济理论

工业革命以来，人类活动对自然资源的需求不断扩张，对气候与环境的影响逐渐加深，人类活动导致的碳排放量增加造成的全球气候变暖问题，已成为学术界和政府部门面对的全球性科学难题和世界性战略问题。因此，有序推进碳减排就成为世界主要国家和国际组织应对气候变化的普遍共识。2003 年，英国政府在其发布的《我们能源的未来：创建低碳经济》白皮书中首次提出"低碳经济"的概念，认为低碳经济是通过更少的自然资源消耗和更少的环境污染，获得更多的经济产出，并将发展低碳经济置于国家战略高度。此后，这一新概念在世界范围获得普遍认同与推广。2006 年前，世界银行经济学家尼古拉斯·斯特恩牵头在《斯特恩报告》中指出，全球以每年 1%的 GDP 投入，可以避免将来每年 5%~20%的 GDP 损失，呼吁全球向低碳经济转型（莱斯特·R·布朗，2006）。2009 年，我国政府将发展低碳经济作为经济转型发展的重要方向，明确提出了 2020 年碳排放降低目标，同时作为约束性指标纳入社会发展和国民经济中长期规划之中（郭永国，2009）。

当前，低碳经济理念已被许多国家政府认可，但目前国内外对低碳经济的内涵理解不同，大多数国家重点关注如何实现碳减排与经济发展的双赢（方大春和张敏新，2011；潘家华等，2010）。有学者认为，低碳经济是一种以低耗能、低污染、低排放为基础的经济发展模式，最终达到解决气候变暖问题，实现环境保护与经济增长的目的（邬彩霞，2021），表现在能源结构的优化、能源效率的提升和消费行为的理性化（厉以宁等，2017）。也有学者认为，低碳经济是低碳技术、低碳发展、低碳产业等一类经济形态的总称，以实现经济社会的可持续发展为目的，其实质是对节能技术、温室气体减排技术、可再生能源技术、负碳技术、能效技术等的持续改进和提升，是一种从高碳能源时代向低碳能源时代演进的经济发展模式（王军，2009）。目前，虽然对低碳经济概念的描述各不相同，但其本质十分相似。低碳经济的核心是经济（发展）目标和低碳（减排）目标的双赢，基本特征是低能耗、低排放和低污染，同时又能够获得最高的经济效益，实现手段是推广低碳技术、制定低碳政策、倡导低碳消费理念等。

低碳经济包括产品低碳化、低碳产业、低碳城市等，而低碳产业包括低碳农业、低碳工业和低碳服务业。其中，农业作为人类生产生活的重要组成部分，由于农药、化肥、农膜、农业机械等农业生产资料的使用量不断增加，促使种植业碳排放量显著增加。根据世界资源研究所（World Resources Institute，WRI）数据，2017年农业活动温室气体排放量占全球总排放量的11.8%，成为碳排放的主要来源之一。农业生产占用了全球50%以上的可利用土地，消耗了超过地球70%的淡水，78%的水体富营养化也归因于此，并且极大地影响了全球生物多样性。20世纪90年代以来，全球农业碳排放量增加了14%（USEPA，2006）。在发展低碳农业背景下，农业生产既要减少单位产值所需的碳源消耗，又要提高单位农资投入的产出效率，这才符合低碳经济的基本要求（Du et al.，2018；Norse，2012）。

黄土高原地区是我国生态安全战略格局的重要组成部分，生态环境脆弱，水土流失和土地沙化问题突出，农业生产活动历史悠久（吴超超等，2017）。种植业作为该区域重要的农业生产活动，在区域社会经济发展中占有重要地位。近年来，随着农业现代化水平的提升和种植业的快速发展，化肥、农药、农膜和农业机械等农业生产资料投入显著增加（万斯斯，2019），种植业生产的高碳化问题逐渐显现，区域生态环境压力不断增大。在推进生态文明建设背景下，亟须在低碳经济理论指导下，梳理种植业碳排放系统构成及其生态效率演化特征，揭示种植业碳排放与生态效率的影响因素，探索出适合黄土高原种植业绿色低碳发展的科学路径。

2.2.4 人地关系理论

人地关系是地理学研究的核心。在长期的理论探索和实证研究中，我国古典哲学和西方地理学思想的交融，成为国内地理学者开展人地关系研究的理论渊源。1991年，吴传钧先生提出的人地关系地域系统理论是我国地理学者开展人地相互作用原理研究的基础理论。

吴传钧先生（1991）认为，人地关系地域系统是"以地球表层一定地域为基础的人地关系系统，也就是人与地在特定的地域中相互联系、相互作用而形成的一种动态结构"。该系统中的"人"是指一定生产方式下从事各种社会活动的兼具双重身份（生产者和消费者）和双重属性（社会属性和自然属性）的人；"地"是指自然环境要素和人文要素有规律结合而成的地理环境整体（樊杰，2018）。在这个巨系统中，人类社会与地理环境两个子系统之间的物质循环和能量流动相互结合，形成了相互转化的动力机制。这种动态结构是一个不稳定的、非线性的、远离平衡态的耗散结构。研究人地关系必须注重它的时间（过去、现在和未来）和空间（地理位置、大小和地域范围）变化关系，同时还要从自然和人文两方面建立系统的识别指标进行分析（吴传钧，1991）。该理论的精髓是地域功能性、系统结构化、时空变异有序过程，以及人地系统效应的差异性及可调控性（《纪念吴传钧先生100周年文集》编辑组，2018）。人地关系地域系统研究的核心目标是协调人地关系，实现人地关系地域系统持续健康发展。

在人地关系地域系统中，种植业是联系自然环境与人类活动的桥梁，种植业产品（如粮食等）是人与环境相互作用的中间初级产物，在种植业发展过程中产生的碳排放及其生态环境效应，也是人与环境相互作用的中间产物。种植业在空间上的地域分布决定了种植活动与地理环境关系的空间结构，优化种植业结构与生产方式，降低种植业生产的生态环境负效应，是优化人地关系地域系统的重要内容。而投入产出潜力作为种植活动与地理环境相互作用的重要潜力，在综合自然生产潜力和社会经济潜力基础上，通过增加投入资源的种类和优化投入结构，使种植业投入产出潜力升高。因此，种植业投入产出状况成为评价区域人地关系的重要指标。

黄土高原地区自然地理条件复杂，种植业生产类型多样，地理分布差异显著。在长期的农业生产过程中，种植业生产活动与资源环境之间相互影响、相互作用，形成了复杂多样且具有鲜明地域特色的人地关系地域系统。同时，受种植业生产技术水平的提升和生态环境保护与修复政策实施的影响，种植业分布的地域范围和对土地资源的开发利用强度处于不断变化之中，而这又强化了人地关系的复杂性和多变性。为此，在开展黄土高原种植业碳排放与生态效率研究中，需要从系统的角度充分考虑种植业生产规模、资源投入、经济产出和碳排放量等关键指标，同时还要厘定影响种植业生态效率动态变化与地域差异形成的动力机制，从而清晰地刻画出以种植业为关键纽带的黄土高原人地关系地域系统结构、功能与效应。

2.3 碳排放核算方法体系

黄土高原种植业结构复杂、作物种类多样，种植业发展引起的碳排放来源多样，对生态环境的作用方式和影响强度差异大。本节面向种植业碳排放复杂系统，阐释种植业碳排放体系构建原则，设计黄土高原种植业碳排放清单，明确种植业碳源核算边界和分析边界，集成黄土高原种植业碳排放核算方法体系。

2.3.1 碳排放体系构建原则

实现碳中和的根本在于减少碳排放，构建统一的碳排放核算体系。根据《联合国气候变化框架公约》要求，我国作为缔约方需按照 IPCC 国家温室气体清单指南编制自己国家的温室气体清单。IPCC 分四个部分介绍了碳排放的计算，包括能源消耗、工业生产、农业林业和土地、废弃物。2004 年，我国向《联合国气候变化框架公约》大会提交了我国温室气体清单。为更准确地把握我国温室气体排放，2010 年，我国正式启动省级温室气体清单编制工作，由国家发展和改革委员会应对气候变化司组织编写《省级温室气体清单编制指南》，其中包括能源活动、工业生产过程、农业、土地利用变化、林业和废弃物处理 5 章内容。为保证种植业碳排放系统清单构建的科学性、规范性和可操作性，本书以 IPCC 温室气体排放清单和省级温室气体清单编制框架为指导，与国内国际碳排放清单编制接轨，将核算尺度缩小至黄土高原县域单元，将部门分类更加细化，力求为县域碳排放量核算提供可供借鉴使用的碳排放清单。

目前，碳排放清单核算方法的研究尺度多停留在国家和城市层面，但是，由于大尺度碳排放清单的广泛性及涵盖面较为粗糙等问题，并不适于县域碳排放量核算的操作和研究。因此，黄土高原县域排放清单框架构建需要考虑县域种植业发展的特殊性，将部门细化，碳源选取需要体现黄土高原种植业实际与特色，切实为生态环境脆弱区碳减排提供帮助，完善区域种植业碳排放清单体系研究的不足。为此，碳排放核算体系构建需遵循以下几个原则。

1) 科学性原则

构建黄土高原县域种植业碳排放核算评价体系，必须充分认识该区种植业发展实际，深刻理解区域种植业系统的构成要素，使核算指标和测算方法的选取建立在科学的理论基础之上，力求使构建的评价指标能客观反映种植业碳排放与生态效率的基本特征。

2) 系统性原则

评价黄土高原种植业碳排放与生态效率，需要从系统的角度出发，将县域作为一个相互独立但又与外界密切联系的系统来全面考虑，统筹影响种植业碳排放与生态效率的各因素，以客观反映区域种植业碳排放与生态效率变化实际。

3) 主导性原则

黄土高原县域种植业发展具有不同特征，影响各县区种植业碳排放与生态效率的因素复杂多样。因此，必须充分考虑黄土高原县域种植业碳排放系统构成要素及其相互作用关系，因地制宜，有针对性地选择能够反映种植业碳排放与生态效率的主导因素作为评价指标。

4）可操作性原则

构建适用于黄土高原县域种植业碳排放水平与生态效率的分析指标及测算方法，应该充分考虑评价过程的可操作性，除了影响因素个数适中之外，指标的选择也应考虑县域种植业及其相关数据的可获得性、可量化性及可靠性，对于难以收集到的数据资料，暂时不列入评价测算体系中。

5）应用性原则

碳源的选择和影响因素的选取，应着眼于黄土高原县域种植业碳减排与生态效率优化模式制定的应用目标，要以统一的行政单元作为选取指标的空间信息单元，使评价结果最终落实到具体的县域单元上，为科学制定种植业低碳化发展策略提供依据。

2.3.2 碳排放清单构成设计

黄土高原县域种植业碳排放系统清单构建是建立在科学性、系统性和可操作性等原则基础上，对县级行政单元内的种植业碳排放源进行精准识别，结合不同碳排放因子和核算方法，对县域种植业发展产生的碳排放量进行核算（王剑，2019）。据此，按照种植业"碳排放边界确定→主要碳源识别→碳排放转换系数厘定→碳排放量测算模型选择→碳排放构成分析→碳排放清单确定"的设计思路（图2.1），构建黄土高原种植业碳排放清单设计流程和碳排放量评估技术思路，为全面开展区域种植业碳排放量评估研究提供技术支撑。

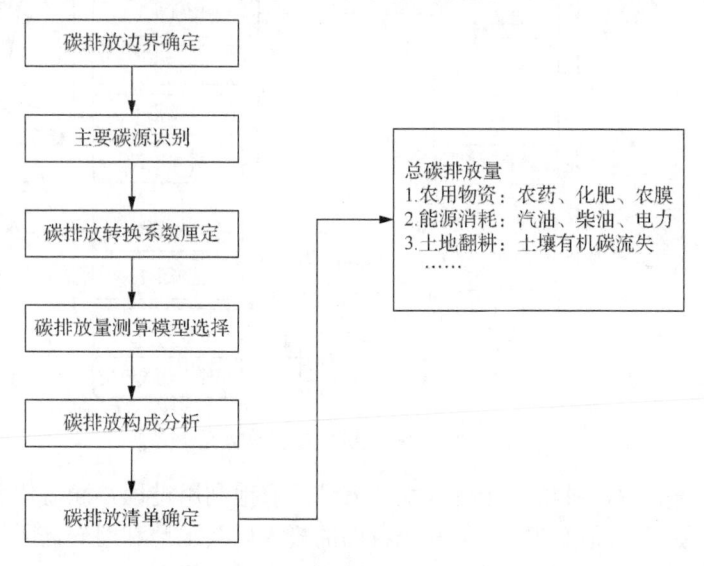

图 2.1 黄土高原种植业碳排放清单设计思路

2.3.3 碳源核算与分析边界

1. 种植业碳源核算边界

科学识别种植业的基本碳源是精准评估种植业碳排放量、分析种植业生态效率的基础性工作。根据种植业生产过程中农作物的生命周期，将种植业碳源核算边界确定为三个阶段，即农用品生产阶段、农作物生长阶段、农作物收获阶段（周思宇等，2021）。其中，农用品生产阶段碳排放量核算主要包括化肥、农药和农膜在生产、运输等环节所产生的碳排放量的评估；农作物生长阶段碳排放量核算主要包括对因翻耕、地膜覆盖、播种、施肥等环节所产生的能源消耗碳排放和土壤温室气体排放量的评估；农作物收获阶段的碳排放量核算主要包括农作物收割和秸秆处理等环节产生的碳排放量的评估（图2.2）。

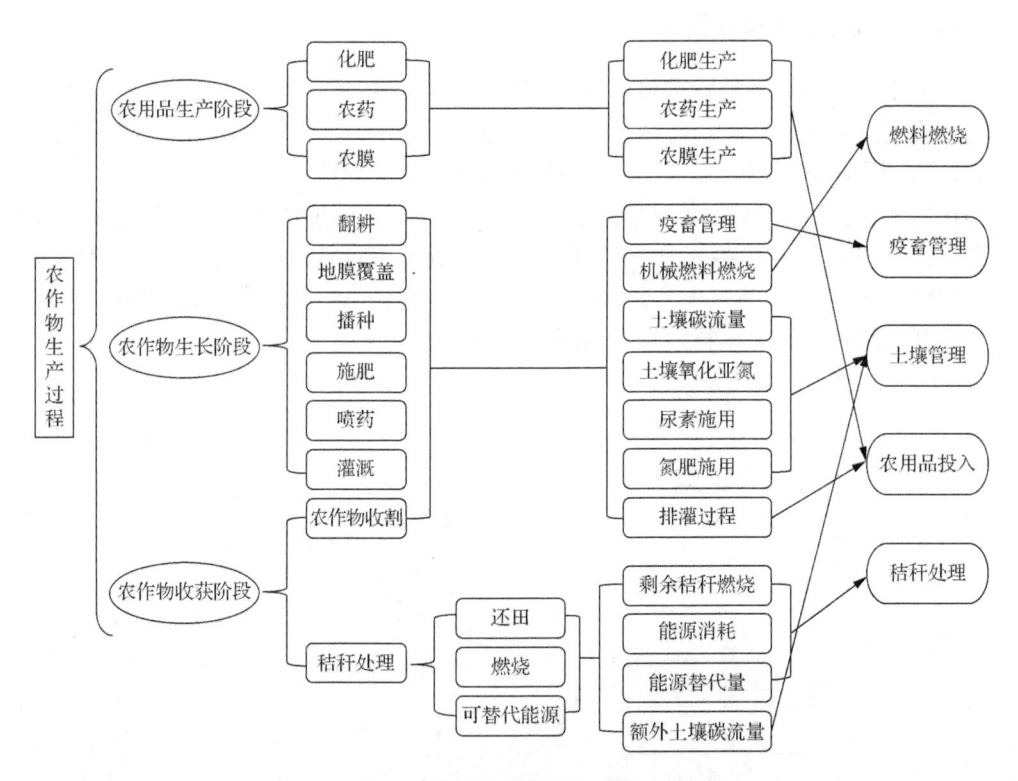

图 2.2 种植业碳排放核算体系

在实际研究中，种植业碳排放主要来源于农地利用过程，涵盖化肥、农药、农膜、农机使用、灌溉和翻耕等 6 个方面的投入以及土地利用变化所导致的碳排放量。同时，除去外部投入所导致的碳排放量，农作物自身也存在碳产出量，在具体评估中通过经济系数和碳吸收率系数的转化核算出农作物的碳排放量。另外，农作物生产过程中，水稻是碳排放的主要生产来源。在黄土高原地区，农作物种植面积较大，但多为碳汇作物，水稻种植面积有限。因此，在碳排放量测算中，重点关注农作物生产阶段各种资源要素的投入产生的碳排放量，农作物本身的碳排放量不作为本书研究的主要碳源。

2. 种植业碳源分析边界

1）空间边界

参考 IPCC、WRI/WBCSD、ICLEI 等温室气体排放清单编制方法，核算碳排放需要依托某一个特定的地理单元来进行，基于行政边界的种植业生产碳排放被广泛应用到清单编制过程当中，以此来明确界定碳排放与碳减排的属地责任。县域单元作为承上启下、连接城乡的一级行政单元，是支撑新时代我国全面现代化的关键人文经济活动的载体，也是宏观尺度上种植业发展、基本农田保护和粮食安全保障的基本单元。因此，本书选择黄土高原县域边界来明确种植业碳排放源的发生地区，核算县域内部种植业生产所产生的碳排放量。

2）治理边界

为避免县域种植业碳排放核算的重复工作和政策制度无法落地问题，需要明确县域碳排放治理边界，剔除排放源混淆的可能性。在实际研究中，一般将碳排放治理边界划分为两个层次：①县域边界内部，由种植业生产需求引起的直接或间接产生的碳排放源头；②碳排放源头供给区，由种植业生产需求所引起的在县域边界外部的碳排放源头。为了分析黄土高原种植业碳排放与生态效率，本书重点评估县域内种植业发展产生的碳排放量和外部供给所引发的碳排放量，并将县域单元边界作为种植业碳减排和生态效率优化调控的关键界限。

2.4 生态效率核算方法

本书将碳排放强度作为生态效率核算的重要参数进行分析。为此，在确定黄土高原种植业碳源和碳排放系数的基础上，本节阐释种植业碳排放估算模型的基本原理、关键参数和基本公式，构建种植业投入产出清单，并介绍数据包络分析方法的基本原理及其在种植业生态效率核算中的应用。

1. 碳源与碳排放系数

种植业碳排放主要来源于农作物种植过程中的化学物质投入和能源消耗所致的碳排放（吴金凤和王秀红，2015）。其中，化肥、农膜、农药是种植业化学物质投入的主要来源,能源消耗主要体现为灌溉耗能、翻耕耗能及农业机械总动力耗能。

本书参考国内外已有研究成果中的碳排放系数估算种植业物质资料(化肥、农药、农膜等)投入和能源消耗(灌溉、耕作等)所引起的碳排放量。具体种植业碳源构成及其碳排放系数见表2.1。

表2.1 种植业碳源构成及其碳排放系数

碳源	碳排放系数	单位	参考来源
化肥	0.8956	kgC/kg	West 和 Marland(2002)
农药	4.9341	kgC/kg	West 和 Marland(2002)
农膜	5.18	kgC/kg	Seiford 和 Zhu(2002)
灌溉耗能	25	kgC/hm^2	Dubey 和 Lal(2006)
翻耕耗能	31.06	kgC/hm^2	Chung 等(1997)
农用机械总动力耗能	0.18	kgC/kW	田伟等(2014)

2. 碳排放估算模型

种植业碳排放源于以下几个方面:①农用物资投入直接或间接引致的碳排放;②农用机械柴油消耗所带来的碳排放;③灌溉耗能引起的碳排放;④翻耕破土引致的有机碳流失。据此,本书采用 IPCC 碳排系数法,并参考李波等(2011)学者的相关研究,主要考察种植业生产过程中涉及的化肥、农药、农膜、柴油、灌溉和翻耕等六种碳源直接或间接引致的碳排放,并利用各种碳源的相关碳排放系数测算出种植业碳排放量。碳排放量估算模型为

$$E = \sum E_i = \sum T_i \cdot \delta_i \tag{2.1}$$

式中,E 为种植业碳排放总量;E_i 为各碳源的碳排放量;T_i 为各碳源的量;δ_i 为各碳源的碳排放系数。

3. 种植业投入产出清单

本书参考已有研究的农业投入产出模型(侯孟阳和姚顺波,2018;郑德凤等,2018;王迪等,2017),结合数据的可得性,选取土地、劳动力、化肥、农药、农膜、机械动力作为投入要素,以农业总产值作为期望产出,以碳排放强度作为非期望产出,构建黄土高原种植业生态效率测算指标体系(表2.2)。其中,农业总产值是农业经济效益最为敏感的衡量指标,能够最大程度反映种植业生产的期望产出(于婷和郝信波,2018)。

表 2.2　种植业生态效率测算指标体系

指标类型	指标选取	具体指标/单位
投入要素	土地	农作物播种面积/hm²
	劳动力	农业从业人员/万人
	化肥	化肥施用（折纯）量/万 t
	农药	农药使用量/万 t
	农膜	农膜使用量/万 t
	机械动力	农业机械总动力/（10⁴kW·h）
期望产出	农业总产值	农业总产值/亿元
非期望产出	碳排放强度	碳排放总量/播种面积/（万 t/hm²）
		包括化肥、农药、农膜、灌溉、翻耕、农业机械总动力

4. 数据包络分析方法

数据包络分析（DEA）方法是数学、运筹学、经济学和管理学的一个新兴交叉领域，由著名运筹学家 Charnes、Copper 和 Rhodes 于 1978 年首先提出（Charnes et al.，1978）。由于 DEA 模型不预先设定具体函数形式和允许多种投入产出的优点，被学术界广泛应用于评估决策单元的投入产出效率。

DEA 模型的重要基础是构建生产技术，然后基于生产单元到生产前沿的距离来估算效率。根据距离函数的不同，生产效率可分为径向效率和非径向效率。2001 年，日本学者 Tone 在 DEA 模型的基础上提出了非径向、非角度的 SBM-DEA 模型。SBM 效率测度模型是 DEA 效率测度方法中的非径向效率测度，其优点在于直接度量多余的投入量与不足的产出量，投入与产出到生产前沿面的距离被称作松弛量（slacks），据此评估种植业生态效率。基本计算公式为

$$\text{Min}\rho = \frac{1 - \frac{1}{N}\sum_{n=1}^{N} S_n^x / x_{n0}}{1 + \frac{1}{M+1} \left/ \left(\sum_{m=1}^{M} \frac{S_m^y}{y_{m0}} + \sum_{i=1}^{i} S_i^u / u_{i0} \right) \right.} \quad (2.2)$$

$$\text{s.t.} \sum_{k=1}^{K} z_k x_{nk} + S_n^x = x_{n0}, n=1,2,\cdots,N; \sum_{k=1}^{K} z_k y_{mk} - S_m^y = y_{m0}, m=1,2,\cdots,M \quad (2.3)$$

$$\sum_{k=1}^{K} z_k u_{mk} + S_i^u = u_{i0}, i=1,2,\cdots,I; \sum_{k=1}^{K} z_k = 1; z_k \geq 0; S_n^x \geq 0; S_m^y \geq 0; S_i^u \geq 0 \quad (2.4)$$

式中，ρ 为种植业碳排放强度的生态效率，ρ 值范围为[0,1]；x、y、u 分别为投入要素、期望产出和非期望产出的值；N、M 分别为投入要素及期望产出的要素

个数；S_n^x 表示投入要素的冗余；S_m^y 表示期望产出的不足；S_i^u 表示非期望产出的冗余。

当 ρ 为 1 时，说明该研究单元的生产是完全有效的，位于生产前沿面，此时 $S_n^x = S_m^y = S_i^u = 0$，各生产要素及非期望产出（碳排放强度）冗余皆为 0，期望产出不足也为 0。

当 ρ 小于 1 时，说明该研究单元生产效率处于生产前沿面以下，决策单元是无效率的，存在投入产出改进的必要性。同时，由于该模型是一个非线性规划模型，具体可根据 Chames-Copper 的转换方法将其转换成线性规划模型进行求解。

非期望产出转换公式为

$$\bar{z}_{ij} = -z_{ij} + \varepsilon \tag{2.5}$$

式中，z_{ij} 为 i 年度 j 县（区）的非期望产出值；ε 为常数，使转化后的 $\bar{z}_{ij}$ 为一个正值。

SBM 模型相较于传统 DEA 模型，其优势体现在函数中已经囊括了 S_n^x、S_m^y、S_i^u 这一系列松弛量，从而能够直接与生产前沿面比较松弛值的大小；该模型所具备的非角度、量纲为 1 的优点，使得计算过程中不需要调整量纲级别，可以避免量纲和角度的不同对结果的影响。基于以上优点，SBM 模型能够在计算种植业生态效率的同时，比较每个研究单元松弛值与生产前沿面的差别，针对各研究单元提出投入要素冗余量、非期望产出冗余量和期望产出不足，从而为提高各研究单元的生态效率提供依据。

SBM 模型成功运行的前提条件是研究单元的数量大于指标数量之和的两倍。本书中的决策单元（decision making unit，DMU）数量为 341 个，输入与输出指标数量之和为 8 个，符合 SBM 模型运行的基本要求，故采用 DEA-SBM 模型求解黄土高原县域种植业生态效率。

2.5 生态效率分析方法

在地理空间上，种植业碳排放和生态效率的空间分异具有尺度依赖性，同时也受到多重因素的交互影响。因此，本节重点介绍空间自相关模型、多元线性回归分析模型和地理探测器模型的基本原理、计算公式和关键参数。其中，空间自相关模型用于分析黄土高原种植业碳排放强度和生态效率在不同空间尺度的地域分异规律与空间关联模式，多元线性回归分析模型用于厘定种植业生态效率变化的影响因素，地理探测器模型用于揭示种植业生态效率地域分异的影响因素与形成机制。

2.5.1 空间自相关模型

空间自相关是空间依赖的重要表现形式，指研究对象空间位置之间存在的相关性，是检验某地理要素属性值与相邻地理要素属性值是否相关的重要指标，通常包括全局空间自相关和局部空间自相关两大类。其中，全局空间自相关主要探索属性数据值在整个研究区域上的空间分布特征，常采用全局 Moran's I 值表征；而局部空间自相关主要探索研究区域内局部地区的属性数据值的空间集聚特征，常采用空间联系局域指标集聚图来反映。

1. 全局空间自相关模型

为了探究黄土高原种植业碳排放强度和生态效率空间集聚的分布格局，在县域尺度采用全局 Moran's I 指数分析全局空间自相关性（刘虹等，2012；Sergio et al.，1999），从而体现整体的空间关联和空间差异程度。计算公式为

$$I = \sum_{i=1}^{n}\sum_{j=1}^{n} W_{ij}(X_i - \bar{X})(X_j - \bar{X}) \Big/ S^2 \sum_{i=1}^{n}\sum_{j=1}^{n} W_{ij} \quad (2.6)$$

式中，n 为研究单元的个数；W_{ij} 为邻接的空间权重矩阵，即当 i 研究单元与 j 研究单元相邻时，W_{ij} 取值为 1，反之则为 0；X_i、X_j 为空间值 X 在研究单元 i、j 的观测值；S^2 为标准差。Moran's I 指数的取值范围为[-1,1]，当 Moran's I 指数为正数时，表示种植业碳排放强度和生态效率在空间分布上有相似性，即存在地理集聚现象，Moran's I 指数越接近 1，表示集聚程度越大；若 Moran's I 指数小于 0，表示种植业碳排放强度和生态效率在相邻或相近研究单元上没有相似性，即空间分布呈现随机性，越接近-1，表示离散程度越大；Moran's I 指数接近 0 则表示研究单元彼此间无相关关系。

利用 Z 检验对 Moran's I 进行显著性检验，计算公式为

$$Z(I) = \frac{I - E(I)}{\sqrt{\mathrm{Var}(I)}} \quad (2.7)$$

式中，$E(I)$ 为数学期望；$\mathrm{Var}(I)$ 为方差。若 Z 检验值大于正态分布函数在 0.01 水平下的临界值 2.58，则表明研究单元具有显著的空间相关性。

2. 局部空间自相关模型

由于空间过程中存在一定的潜在不稳定性（邓宗兵等，2013；李二玲等，2012），只进行全局空间自相关分析会忽视这一现象，因此进一步计算局部空间自相关指数（local Moran's I）。实质上是将 Moran's I 分解到各个研究单元，Anselin（1995）称其为空间联系局域指标（local indicators of spatial association，LISA），从而探究各研究单元种植业碳排放强度和生态效率是否存在高值或低值集聚。计算公式为

$$I = Z_i \sum_{j \neq 1}^{n} W_{ij} Z_j \qquad (2.8)$$

式中，Z_i、Z_j 为两个研究单元的标准化值。现有研究中，LISA 集聚图常用来表示空间异质性（曾庆泳和陈忠暖，2007）。

2.5.2 多元线性回归分析模型

地理要素之间存在复杂的相互作用关系。回归分析法是研究要素之间具体的数量关系的一种重要工具，是一种统计学基础理论和系统分析方法，应用范围十分广泛。采用回归分析法，一方面能反映出因变量与独立变量之间存在的重要关系，另一方面能准确地表明各独立变量对因变量的影响强度。常见的回归模型主要包括线性回归模型、逻辑回归模型、岭回归模型等（徐建华，2016）。多元线性回归分析模型相较于其他回归模型，考虑到多种因素的影响，计算结果更加精确，更具科学性；计算简单方便、可操作性强、易于理解；灵活度更高，能准确计量各个因素之间的相关程度与拟合程度的高低，具有较好的可识别性和数据拟合能力；在构建复杂关系时占据优势，是能够控制特征变量的建模。多元线性回归分析模型也有一定的局限性，要求数据样本足够大，服从典型概率分布；忽略了交互效应和非线性的因果关系，不能全面深入地反映变量间内部更加复杂的作用原理。

由于种植业生态效率时空变化，受到多种因素的综合作用，因此，本书选择多元线性回归分析法探究种植业生态效率演变的影响因素，模型如下：

$$y = b_0 + b_1 x_1 + b_2 x_2 + \cdots + b_k x_k + e \qquad (2.9)$$

式中，b_0、b_1、$\cdots$、b_k 为回归系数；e 为随机误差；x_1、$\cdots$、x_k 为选定的各影响因素（席广亮等，2014）。

多元线性回归分析模型主要有以下几个重要参数：复相关系数 R，取值范围 (0,1)，用来衡量自变量与因变量之间相关关系的程度，R 越大，相关关系越好；F 检验值，用来检验回归方程的显著性，F 值应大于 $Fa(k, n-k-1)$，a 为显著性水平（0.05），n、k 分别为样本容量和自变量个数；显著性概率 Sig 值小于 0.05 时，可以认为回归方程在 95%置信区间内具有显著性（周鹏飞和卢泽雨，2018；石忆邵等，2006）。

2.5.3 地理探测器模型

地理探测器是探测和利用空间分异性的工具（王劲峰和徐成东，2017），由因子探测、风险探测、生态探测和交互作用探测四个模块组成。本书运用因子探测和交互作用探测模块，诊断识别黄土高原种植业生态效率地域分异的影响因素，揭示种植业生态效率空间格局形成机制，用 q 值度量，计算公式为

$$q = 1 - \frac{1}{N\sigma^2}\sum_{h=1}^{L} N_h \sigma_h^2 \quad (2.10)$$

式中，q 为种植业生态效率地域分异的决定力指标；$h=1,2,\cdots,L$ 为影响因素 X 的分类数；N_h 和 N 分别为因素 A 的第 h 类型和县级行政单元个数；σ_h 和 σ_h^2 分别为 h 类型和各县（区）种植业生态效率 Y 值的方差。q 的值域为[0,1]，当 q=0 时，表示因素 X 对种植业生态效率无影响，种植业生态效率呈随机分布，决定力 q 越大，表明影响因素 X 对种植业生态效率 Y 地域分异格局的影响程度越大，反之则越小。

交互作用探测用于识别不同影响因子之间的交互作用，即评估任意两个因子共同作用对因变量的解释力相较于其中单个因子对因变量的解释力是增大还是减小，或者这些因子对因变量的影响是相互独立的。两个因子 X_1 和 X_2 交互作用主要有五种类型：

（1）$q(X_1 \cap X_2) < \min(q(X_1), q(X_2))$，说明 X_1 和 X_2 交互后呈非线性减弱；

（2）$q(X_1 \cap X_2) > \max(q(X_1), q(X_2))$，说明 X_1 和 X_2 交互后呈双因子增强；

（3）$\min(q(X_1), q(X_2)) < q(X_1 \cap X_2) < \max(q(X_1), q(X_2))$，说明 X_1 和 X_2 交互后呈单因子非线性减弱；

（4）$q(X_1 \cap X_2) > q(X_1) + q(X_2)$，说明 X_1 和 X_2 交互后呈非线性增强；

（5）$q(X_1 \cap X_2) = q(X_1) + q(X_2)$，说明 X_1 和 X_2 相互独立。

2.6 本章小结

本章在界定种植业碳排放与生态效率概念基础上，全面阐释了种植业碳排放与生态效率研究的理论基础，从理论层面分析了种植业生态效率的内在变化机制，并通过总结梳理国内外碳排放研究的方法技术，构建了黄土高原种植业碳排放核算的方法体系，确定了种植业碳排放与生态效率研究的空间边界、核算方法和分析模型。主要得出以下结论：

（1）种植业作为重要的农业物质生产部门，在农业产业结构体系中占有重要地位。种植业碳排放及其生态效率具有复杂性、综合性、结构性和层次性特征，深刻影响着区域生态环境状态和全球气候变化，开展种植业碳排放及其生态效率研究具有重要的科学意义。

（2）种植业碳排放是种植业生产过程中因人类生产活动而直接或间接导致的温室气体排放；种植业生态效率是指在种植业生产过程中，通过较少的资源投入获得最大的种植业产出，达到尽可能小的环境污染和生态破坏，通常用种植业投入产出比表征。科学测算种植业碳排放量是开展种植业生态效率研究的基础和前提。

（3）种植业碳排放与生态效率的时空演变是区域农业发展水平及其地域差异性的客观反映。开展种植业生态效率研究，需要以生态经济理论、绿色发展理论、低碳经济理论和人地关系理论等为基础，从理论层面解析种植业系统资源投入与产出的关键变量，厘清种植业碳排放与生态效率演化的内在原理，围绕种植业投入产出系统中期望与非期望产出调控的主要问题，设计出种植业高质量发展的模式与路径。

（4）种植业生态效率研究的关键是构建科学的种植业碳排放测算体系。按照科学性、系统性、主导性、可操作性和应用性原则，提出种植业碳排放清单设计流程，认为农作物生产阶段各种资源要素的投入产生的碳排放量是需要核算的主要碳源；县域单元是种植业碳排放研究的基础分析和治理单元；基于投入产出模型原理改进的 DEA 模型是科学测算黄土高原种植业生态效率的重要方法。

（5）种植业碳排放与生态效率的地域关联性使得相近县区的碳排放与生态效率在统计上更接近。全局空间自相关模型和局部空间自相关模型是探索区域种植业碳排放量与生态效率空间集聚程度的重要指标。同时，种植业生态效率地域分异格局的形成，受到自然地理和人文经济多因素的综合作用，多元线性回归分析模型和地理探测器模型是揭示黄土高原种植业生态效率时空演化机制的核心方法。

第3章 黄土高原种植业发展的地理基础与环境条件

种植业是在特定地理环境条件下，人类通过开发利用自然资源、培育植物以获得产品的社会生产部门，是一个多层次、多序列的复杂网络，具有自然再生产和经济再生产双重属性。种植业发展深受自然地理条件的限制和人类社会经济技术水平的影响，是生产力发展一定阶段的产物。因此，黄土高原地区种植业生态效率研究需要对区域种植业发展的资源环境基础和人文社会经济条件进行系统分析，以明确区域种植业发展的宏观地理基础。

本章将在确定黄土高原地理范围的基础上，梳理黄土高原自然地理环境、水土资源和农产品资源等情况，分析与种植业发展密切相关的社会经济因素的时空变化过程，阐明区域种植业发展的地理基础，并从不同层面总结种植业发展的现状特征，分析新时代黄土高原种植业发展面临的新挑战，明确区域种植业发展的环境条件。

3.1 黄土高原的地理位置

黄土高原地区位于107°E~114°E，32°N~41°N，西至日月山，东到太行山，南抵秦岭，北至阴山，地处我国西北干旱区与东部湿润区的过渡地带（图3.1）。全区包括宁夏回族自治区和山西省全部，内蒙古自治区、河南省、陕西省、甘肃省和青海省部分地区，共涉及六大综合治理区、七省（自治区）、44个地级市（州、盟）和341个县（区、市、旗）。根据国家发展和改革委员会等四部门2010年联合印发的《黄土高原地区综合治理规划大纲（2010—2030）》，结合自然地理基础、资源环境组合特征及土壤侵蚀特点，将黄土高原划分为黄土高原沟壑区（Ⅰ）、黄土丘陵沟壑区（Ⅱ）、河谷平原区（Ⅲ）、土石山区（Ⅳ）、灌溉农业区（Ⅴ）、高原风沙区（Ⅵ）六大综合治理区（图3.1）。全区总土地面积64.87万 km^2，占国土总面积的6.76%，水土流失面积约47.2万 km^2，占该区域总面积的72.8%（马蓓蓓等，2022）。黄土高原面积广阔，土层深厚，地貌类型复杂多样，是世界上黄土沉积最厚、面积最大的地区，区内山地、丘陵、平原与谷地并存，梁、塬、峁、沟等黄土地貌发育典型。该区属温带大陆性季风气候区，多年平均降水量为446mm，多年平均气温为10℃。海拔为81~4985m。区域生态环境脆弱，由于特殊的地理、气候和土壤条件，以及土地过度开垦和植被破坏，黄土高原成为我国水土流失和土地退化问题最为突出的区域之一（王超等，2014）。

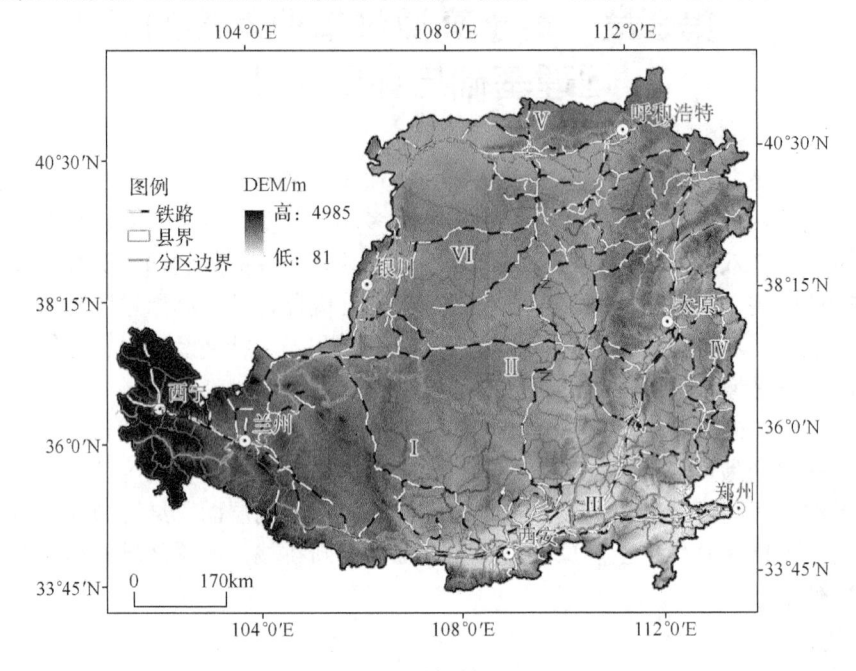

图 3.1　黄土高原的地理区位

西部大开发战略实施以来，在国家政策和项目资金的持续支持下，黄土高原城乡社会经济发展迅速，城镇化和美丽乡村建设稳步推进，种植业结构逐步优化，农业现代化水平不断提升，在地理空间上形成了与区域特点相适应且初具规模的种植业发展新格局。作为《全国主体功能区规划》中确定的"两屏三带"[①]生态安全战略格局的重要组成部分（全国主体功能区规划编制工作领导小组，2010），黄土高原既是黄河流域生态保护和高质量发展的核心区，又是国家新型城镇化战略、乡村振兴战略等重大国家战略的承载区，在传承中华文明、黄河文化，保障区域生态安全、粮食安全等方面占有重要地位。

3.2　种植业发展的地理条件

种植业生产与自然地理环境和社会经济发展水平紧密关联且不可分割。由于自然环境和社会经济条件存在地域差异，加之同样的社会经济条件下，自然地理

[①] "两屏三带"是我国构筑的生态安全战略格局，指"青藏高原生态屏障""黄土高原—川滇生态屏障""东北森林带""北方防沙带""南方丘陵山地带"，从而形成一个整体绿色发展生态轮廓。

基础不尽相同；同时，在同样的自然地理条件下，社会经济发展水平也有所差异。正是由于自然地理条件和社会经济水平的长期交互作用，黄土高原种植业生产方式、规模、类型和强度均表现出显著的地域差异，种植业发展过程中产生的碳排放量及其环境影响也呈现出明显的时空分异特点，深刻影响着黄土高原种植业生态效率演化格局与优化提升方向。因此，需要从种植业发展的自然地理条件、社会经济条件两方面系统阐述黄土高原种植发展的地理条件。

3.2.1　自然地理条件

1. 地形地貌

黄土高原横跨我国两大地势阶梯，西北高、东南低，自西北向东南呈阶梯状逐级下降的特点，海拔为 81～4985m。该区山脉众多，沟壑纵横，起伏较大，区内有平原、丘陵、谷地和山地等多种地貌类型，各类地形错综复杂，主要以高原为主，其中平原面积不足 1/3（图 3.2）。南北走势的吕梁山、六盘山将黄土高原划分为三个部分，即东部晋中黄土高原、中部陇东—陕北—晋西黄土高原、陇西黄土高原，海拔由东至西依次为 500～1000m、1000～2000m 和 2000～3000m。

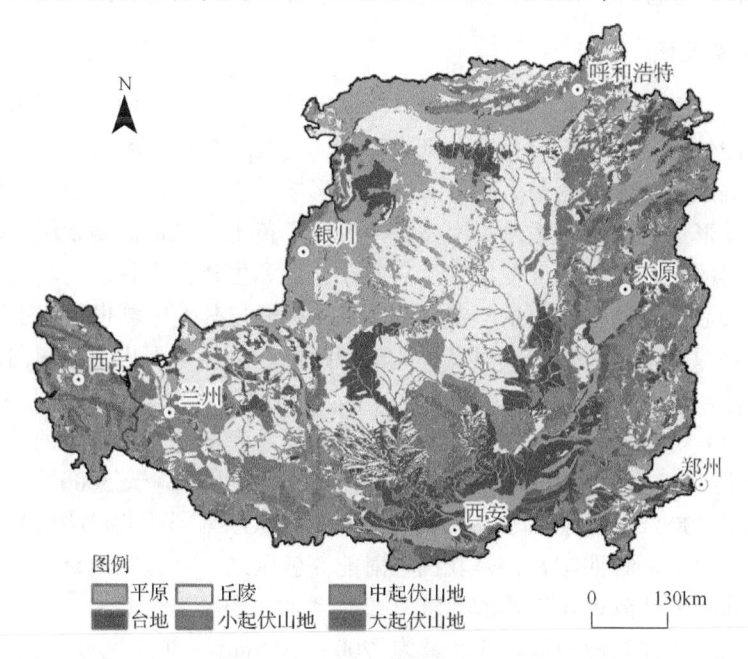

图 3.2　黄土高原的地貌格局

黄土高原南部、北部主要为河谷平原区，其中关中平原和汾河谷地平原、河套平原大多分布在该区域，是黄土高原重要的农作物生产区。关中平原位于陕西省中部，西起宝鸡，东至潼关，渭河由西向东贯穿其中，与支流共同提供了丰沛的水源和上游营养物质，养分充足，黄土堆积，自古以来都是自然条件优越的麦、棉作物重要产区。汾河等河流冲击形成了汾河谷地平原，包括太原盆地（太原市）、忻定盆地（忻州市、大同市）、临汾盆地（临汾市、运城市），该区域土壤优沃，水源充足，是山西省重要的粮食产区（雷锦霞和韩伟宏，2016）。河套平原是由黄河冲刷形成的冲积平原，位于内蒙古西南部和宁夏中北部，由西套平原、前套平原和后套平原组成。河套平原属于干旱气候带，在地质构造上为长期下沉的封闭盆地，一直为湖水所占据，在蓄洪、灌溉、调节气候方面具有重要作用（马龙和吴敬禄，2010）。黄土高原中部主要为黄土丘陵沟壑区，包括甘肃省南部、陕西省及山西省的北部，地貌类型以岇状、梁状丘陵为主，土地坡度多大于15°，不利于种植业的发展。中部偏北分布有风沙丘陵沟壑区，包括甘肃中部、宁夏中部、陕西西北部及内蒙古南部区域，该区域位于沙地与丘陵过渡区，水土流失严重，土壤沙化，不易于耕作。中部偏南为黄土高原沟壑区，包括渭北旱塬、陇东黄土高原区等，塬面宽广，土层深厚，日照充足，是重要的作物产区。东部和西部主要为土石山区，主要分布在山西省中南部及青海省，该区域土层薄，裸岩多，坡度陡，山体分割破碎度高，生态环境脆弱，不利于大面积发展种植业。

2. 气象气候

黄土高原属于温带大陆性季风气候，冬季受蒙古高压的控制，当极地气团南下形成干冷气流时，盛行偏北风，风力强盛，气温骤降；夏季在大陆低气压的影响下盛行偏东风，受亚热带太平洋海洋气团影响，空气湿润，温差小，经北方冷气流的扰动形成大面积降水，雨水充沛，形成了黄土高原地区夏秋温暖多雨、冬春寒冷干旱的特征。该特征使得黄土高原在土壤和生物分布特征上与其他同纬度的地区有着显著差异，农业生产方式和农产品类型与其他区域也显著不同。

黄土高原南部和东部的气温高于北部和西部，总体呈现出由东南向西北递减的变化规律，东南部年平均气温在8℃以上，西北地区年平均气温低于8℃（任志远等，2013），年平均气温变化在6～14℃。积温总趋势是由东南向西北递减，全区大于等于10℃积温为2300～4500℃，东南部积温大于等于3000℃，西北部积温小于等于3000℃。日照时数为1900～3200h，从东南向西北日照时数逐步增加（任培贵，2014），日照丰富，是我国辐射能高值区之一，该区域充足的光照热量使当地农作物能达到两年三熟的要求。

黄土高原大部分地区年降水量为200～700mm，部分区域年降水量低于200mm。降水年际变化大，主要集中在7～9月，空间分布不均衡，由东南向西北递减，具有十分显著的空间分布差异。东南部年降水量大于600mm，属半湿润气候；中部广大的黄土丘陵沟壑区年降水量为400～600mm，属半湿润半干旱气候；

西北部年降水量低于250mm，属半干旱气候。丰富的热量资源为温带植物创造了良好的生长条件，较大的昼夜温差和积温有效性对植物干物质和糖分的积累具有较大促进作用，水热同期的特点使得植物在需水热最多的生长期获得充足的水分和热量，独特的气候给黄土高原地区种植业提供了适宜的自然基础条件，但水分短缺和分配不均，以及霜冻、冰雹等自然灾害在一定程度上也限制了该地区种植业的发展。

3. 土壤类型

黄土高原土壤类型复杂，种类多样，土类多达15种（刘广全，2005），主要有棕壤、褐土、黑褐土、黑垆土、灰钙土、栗钙土、棕钙土、沼泽土、草甸土、盐碱土等。全区70%的土壤为黄土，是风积作用的产物，土壤颗粒分布均匀，土质疏松，富含钙质，遇水极易崩解分散，易于产生土壤侵蚀。该区域分布着我国面积最大且最集中的黄土区，土层深厚，厚度从西北向东南递减，厚度为50～100m。

受气候、植被、地质演变及生态环境变化等多种因素的影响，黄土高原的土壤分布具有一定的规律性（卢宗凡，1997）。首先，受地势和经纬度变化的影响，黄土高原形成东北—西南走向的生物气候带，因此土壤也表现出由东南向西北依次分布黑垆土、栗钙土、棕钙土和灰漠土等地带性分布规律。其次，土壤与地方性的地质、地形、母质、水文、植被条件相适应，表现为区域性分布规律，如山区植被遭到破坏后，森林土壤（淡棕壤、褐土、灰褐土等）和山地草甸土被侵蚀，母岩出露，形成粗骨土和石质土，不易于种植业的发展。再次，在典型黄土高原区，随着地貌形态变化和地形部位的不同，从塬面、沟谷到河川，土壤依次出现黑垆土、黄绵土、红土、潮土和新积土分布断面，表现出一定的规律性。最后，在长期耕作条件下，土壤类型分布受到人类活动的深刻影响，形成了如灌淤土等肥沃的农业土壤，成为重要的农作物生产区。同时，由于生产活动对土壤的不合理利用，土壤受到严重侵蚀，加快了土壤沙化、石质化、盐渍化等退化过程，形成大面积黄绵土、风沙土和石质土等，导致黄土高原生态环境的严重破坏。

4. 植被类型

全区植被稀疏、盖度低，天然次生林和天然草地面积很少，主要分布在林区、土石山区和高地草原区（国家发展和改革委员会等，2010），植被类型较为多样，分布有针叶林、阔叶林、灌丛、草丛、草原、草甸、荒漠、沼泽、沙生植被、栽培植被、荒漠和高山稀疏植被等。受地理位置、大气环流和海拔等因素的影响，热量和水分自西北向东南递增，使得植被类型由东南向西北依次为落叶阔叶林植被地带、森林草原植被地带、典型草原植被地带、风沙草原植被地带（邹年根和罗伟祥，1997）。

落叶阔叶林植被地带分布于黄土高原陇山、关中北山至吕梁山一线的东南部，该区域是黄土高原植被种类最多、生长最茂盛的地区。这里植被主要为落叶阔叶林和落叶阔叶林与针叶林的混交林，植被多分布在高山地带、中山地带，盆地、丘陵、高原、平原几乎全是农田，植被覆盖较为稀少。高山地带分布着云杉、冷杉和落叶松，中山地带分布着油松、华山松，低山地带分布有白皮松和侧柏。人类活动丰富了本区的植被组成，如人工栽培的苹果树、刺槐、核桃等，还有从国外引入的钻天杨和日本落叶松等。

森林草原植被地带东南部与落叶阔叶林植被地带相邻，北部以马山和固原、庆阳、绥德、神木一线为界，本区植被分布较少，原有的森林草原植被多被破坏，仅局部可见山杨林、侧柏林和油松林，稀树灌丛和稀树草地较为常见。山间盆地有残留的天然植被，如桦林、杨林、杂木林和沙棘灌丛等，平原和丘陵上多分布长芒草和蒿类，六盘山等山地尚保存有云杉林。

典型草原植被地带以靖远、同心、白玉山一线为北界，南与森林草原植被地带相接。本区以草原植被为主，分布最广的为长芒草草原，其次为茭蒿草原，多见于黄土丘陵的阳坡、半阳坡，在大罗山、小罗山尚存少量的油松、云杉和山杨针阔叶混交林等天然森林植被。

风沙草原植被地带位于黄土高原西北部，东南与典型草原植被地带相接，北与腾格里沙漠、库布齐沙漠接壤，南至定边同心一线，本区植被稀疏，以耐旱和耐盐草本、灌木和沙生植物为主，主要植被类型有沙柳、芨芨草和针茅等。

5. 土地资源

黄土高原地区土地面积广阔，土地资源利用类型多样，草地和林地等生态用地面积广布（图 3.3）。2015 年，全区耕地面积为 209898km^2（其中水田 5856km^2，旱地 204042km^2），占区域总面积的 32.34%；各类林地和草地面积分别为 99357km^2 和 267995km^2，分别占区域总面积的 15.27%和 41.18%；水域面积为 9489km^2，占区域总面积的 1.46%；城镇建设用地和农村居民点用地面积分别为 4095km^2 和 13290km^2，分别占区域总面积的 0.63%和 2.04%，其他建设用地面积 3830km^2，仅占区域总面积的 0.59%。黄土高原各类土地交错分布，丘陵和山地面积大、分布广，川、台、塬面积小且分布零散。川、台地分布于河谷地带，土壤肥沃，川地平坦，灌溉条件优越，是基本的农耕地和主要粮食产地；塬地多分布于吕梁山与六盘山之间的陕甘黄土高原，土层深厚，保水保肥能力强，易耕作，但由于邻近河谷，土壤侵蚀严重，且地下水位深，水量有限，因此多发展旱地农业；丘陵面积分布较广，不同地理位置的地形和地貌组成物质不同，土地生产特征和发展潜力差距较大，山地包括六盘山、吕梁山、太行山和恒山等，该类山地植被破坏严重，农业生产较少，适宜于发展林牧业（高志强等，2001）。

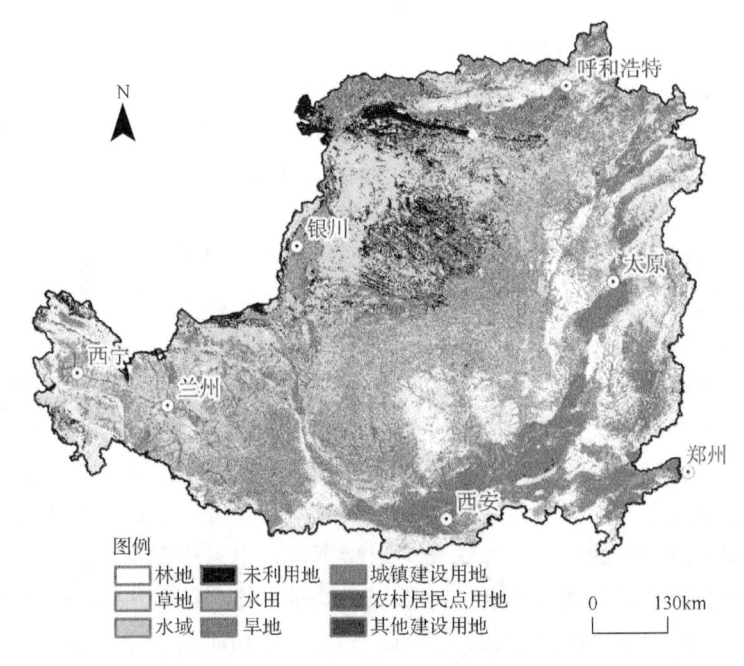

图 3.3 黄土高原土地利用类型

黄土在黄土高原地区分布面积最广，全区大部分地区属于厚层黄土地，其中典型黄土地占总面积的 73%。黄土的形成除了本身的自然成壤作用外，更多是风成或水成。据相关研究，黄土主要来源于新疆的戈壁、沙漠，经过风力搬运到黄土高原（朱显谟，1991）。由于地质造山运动和干旱少雨的气候特征，黄土不断沉积，导致黄土高原仍处于抬升状态。黄土质地均匀、结构疏松，具有较好的透水性与保水能力，且黄土性土壤及黄土母质形成的地带性土壤含有丰富的矿物质营养成分，易于耕作，适合各种作物和林草生长，是黄土高原土地资源最有利的特点。长期的水流冲刷切割地面，区域土地支离破碎，山丘坡陡，土地类型变化大，滥垦滥牧、乱砍滥伐等行为逐渐加剧，导致土地脆弱性增强，加之黄土疏松、孔隙较多、渗水性好、抗冲性弱，且大部分地区坡度较陡，年内大多数时间干旱，降水集中，在暴雨期间水土流失问题尤为严重，对土地资源造成严重的破坏。

6. 水资源

黄土高原地区降水较少，蒸发量较大，资源性缺水严重，水资源总量仅为全国的 2%，而水资源的开发利用率已达 70%以上，远超国际公认的 40%的警戒线，造成地下水位下降，旱灾、河道断流等事件频发，是全国水资源严重贫乏的地区之一。水资源的过度开发造成了黄河水沙关系失调，黄河干流及主要支流的水利枢纽产生严重淤积，加剧了黄河水资源的供需矛盾。此外，区域内地面径流量较小，多年河川径流量为 $4.43\times10^{10}m^3$，人均河川地表径流量仅为全国平均水平的 1/5，相当于世界人均水量的 5%（江军，2018）。

黄土高原地域辽阔，河流众多，发源于黄土高原和流经黄土高原的河流多达二百余条，较大的河流主要有黄河、清水河、汾河和渭河等。黄河贯穿宁夏全境，北部地势平坦，引水灌溉较便利，对农业生产有利，南部山区干旱，相对缺水；山西境内虽有黄河流经，但吕梁山脉对其引水形成了阻碍，因此面临着严峻的水资源短缺问题。另外，甘肃的定西地区、陇东黄土高原区和陕北黄土丘陵区也面临着严峻的缺水问题（李永红和高照良，2011）。

黄土高原地区的黄河流段大致可分为黄河上游中段、黄河上游下段和黄河中游。其中，黄河上游中段自青海龙羊峡至宁夏中卫市下河沿，主要支流有大夏河、湟水、洮河和祖厉河等，该段的年径流量占黄河年径流总量的 58%，是黄河河川径流的主要来源之一，该段黄河干流地形呈阶梯状下降，形成了许多水利资源丰富的峡谷和土地肥沃的河谷平原。黄河上游下段自宁夏中卫市下河沿至内蒙古托克托县河口镇，蜿蜒于我国西北高原的低平地带，地形起伏小，由于处在半干旱和干旱地带，降水量少而蒸发强烈，加之宁夏平原和河套平原大量引水灌溉，径流不但没有增加，反而有所下降。黄河中游自托克托县河口镇至郑州西北的桃花峪，干流长 1206km，由于地势的上升，水流纵向侵蚀和侧蚀均较强烈，支流呈树枝状发育，较大支流有浑河、无定河、汾河、涑水河、渭河、洛河等，其中渭河为黄河最大支流。黄河中游地区土壤侵蚀极其严重，是黄河泥沙主要来源地区，也是黄河洪水的主要来源地区。

7. 农产品资源

虽然黄土高原水资源短缺，气候干旱，但是太阳辐射强，日照充足，温差较大，雨热同期，有利于秋熟作物的光合作用和干物质积累，且该区地广人稀，人口密度较小，相对耕地较多，其中以旱地为主，是我国主要的旱作农业区。据调查，黄土高原地区人均耕地 $0.24hm^2$，是全国人均耕地面积的 3 倍（张雄，2003）；区内农产品种类多样，农作物资源丰富，是我国重要的粮食安全保障区（上官周平等，1999）。

黄土高原的山间盆地和河谷平原区地势平坦、土壤肥沃，地表水和地下水资源丰富，水土光热资源充足，是我国重要的小麦、玉米和棉花等生产基地。黄土丘陵沟壑区、黄土高原沟壑区和土石山区大部分为坡耕地，自然降水作为农业生产的水分来源，小麦为主要农作物，抗旱耐瘠的谷子、糜子等旱杂粮作物也是重要的作物类型，且受降水变化大的影响，产量低而不稳、广种薄收是该区域农业生产的特点。宁夏平原、陇东高原和鄂尔多斯高原等地区昼夜温差大、光照充足，是发展优质特色农业的理想之地。

值得注意的是，长期以来，小杂粮作物是黄土高原旱作农区的主要作物，具有资源和产品的双重优势，这不仅是由小杂粮耐旱耐瘠的生态适应性和黄土高原干旱严酷的自然环境共同决定，也是区域长期农耕生产实践选择的必然结果。改革开放以来，随着小流域综合治理、退耕（牧）还林（草）和高标准农田建设的全面推进，黄土高原地区农业生产条件明显改善，科技投入显著增加，农业生产结构趋于优化，苹果、猕猴桃、中药材和马铃薯等特色农林产品种植面积不断扩大，该区成为我国最大的猕猴桃产区、主要中药材种植区和马铃薯集中产区，以及优质梨、优质枣的集中产区（宋永永，2021）。

8. 自然灾害

黄土高原地区生态环境问题复杂，是我国西北生态脆弱区之一，多种自然灾害频发，除了强烈的水土流失和干旱外，洪涝、冰雹、霜冻与沙尘暴等气象灾害，以及地震、滑坡、泥石流、崩塌等地质灾害也相当严重，除此之外，虫类、畜疫灾害等也时常发生。自然灾害对农业生产和人民生活造成的危害非常显著，一定程度上制约了农业生产和城乡经济社会发展，造成了巨大的经济损失（刘景纯，2005）。

黄土高原地区主要自然灾害呈现出以下特征：①干旱灾害频繁出现，涉及面积非常广泛，西部和北部地区春旱和夏旱十分严重，有时则春夏连旱，山西高原大部分以春旱为主，关中盆地东部渭南到河津、运城则主要是夏旱。六盘山、子午岭、黄龙山和吕梁山及其山麓地带，海拔高，降水量大，年蒸发量较小，干旱比较轻微。②暴雨灾害总趋势是东部、南部暴雨次数多，西部、北部暴雨次数少，强度也是东南大西北小，暴雨引发强烈的水土流失和山洪，河水猛涨，对农田、交通和水利设施造成损毁。③地震灾害主要分布在天水、西海固、渭河、银川等4个地震带上，历史上常有大的地震灾害发生。新中国成立后，各地普遍建立了地震台站和研究机构，有效预报了几次大的地震，避免了地震灾害对经济社会发展造成的破坏。④沟深坡陡，地形破碎，若遇上暴雨，滑坡灾害时常发生，西宁北川河沿岸、渭河北岸黄土塬边、山西南部太谷和祁县等均有滑坡分布。⑤虫类灾害主要是蝗虫灾害，多发生于关中、陕北、陇东、陇中、陇南和宁夏等地区，对种植业生产影响较大。

3.2.2 社会经济条件

黄土高原地区社会经济发展水平时空差异显著，特别是西部大开发战略实施以来，区域城乡社会经济取得快速发展，有效支撑了县域农业产业化进程。作为与种植业生产布局密切相关的人口特征、经济水平、产业结构、居民收入和社会事业等社会经济因素，呈现出不同的发展态势和地域格局。考虑到数据的完整性和可获得性，本小节采用黄土高原各省（自治区）统计数据，分析黄土高原宏观地域尺度上的社会经济发展特征与时空演变规律。

1. 人口特征

黄土高原各省（自治区）年末总人口呈现明显上升趋势，省（自治区）间人口规模差异显著，全区总人口由2005年的22900.81万人上升至2019年的25046.69万人，年均增长0.64%。从各省（自治区）人口增长变化看，河南年末总人口规模最大，人口增速较快，由2005年的9768万人增长至2019年的10952万人，年均增长0.82%；山西、内蒙古、陕西和甘肃的年末总人口规模次之，人口增速差异显著，除山西外人口增速均低于全区平均水平，年均增长率从高到低依次为：山西（0.76%）>内蒙古（0.40%）>陕西（0.35%）>甘肃（0.28%）；青海和宁夏的年末总人口规模较小，2019年年末总人口分别为694.66万人和607.82万人，但人口增长幅度较大，人口增速均明显高于全区平均水平，2005~2019年年均增长率分别达到1.10%和0.81%（图3.4）。

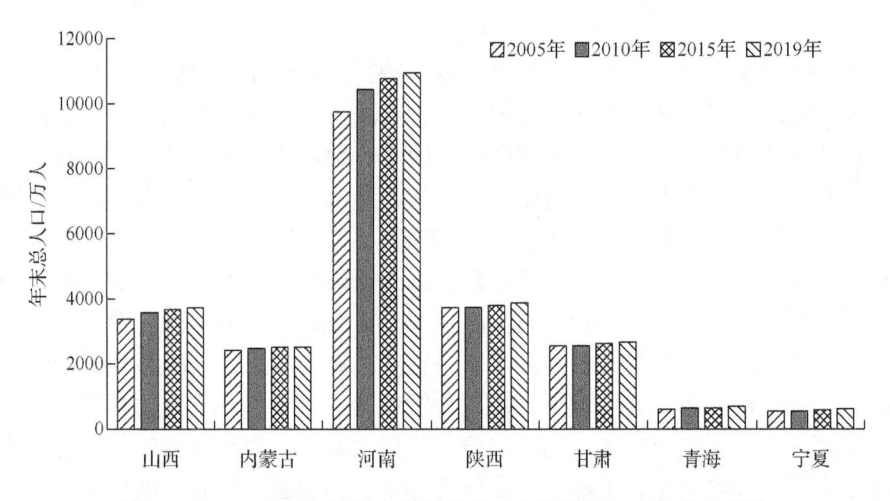

图 3.4 2005~2019 年黄土高原各省（自治区）年末总人口变化

从城乡人口分布看，黄土高原各省（自治区）人口不断向城镇化地区集聚，城镇化水平不断上升，城镇化进入加速发展阶段（图3.5）。其中，内蒙古的城镇化水平最高，增速较缓，城镇人口占比由2005年的47.20%增长至2019年的63.37%，年均增长2.13%；山西、陕西、青海和宁夏的城镇化水平居中，增速差异明显，年均增长率从高到低依次为：陕西（3.40%）>青海（3.01%）>山西（2.51%）>宁夏（2.46%）；河南人口城镇化水平较低，增速最快，城镇人口占比由2005年的30.65%上升到2019年的53.21%，年均增长4.02%；甘肃人口城镇化水平最低，增速较快，城镇人口占比由 2005 年的 30.02%增长至 2019 年的 48.49%，年均增长 3.25%。

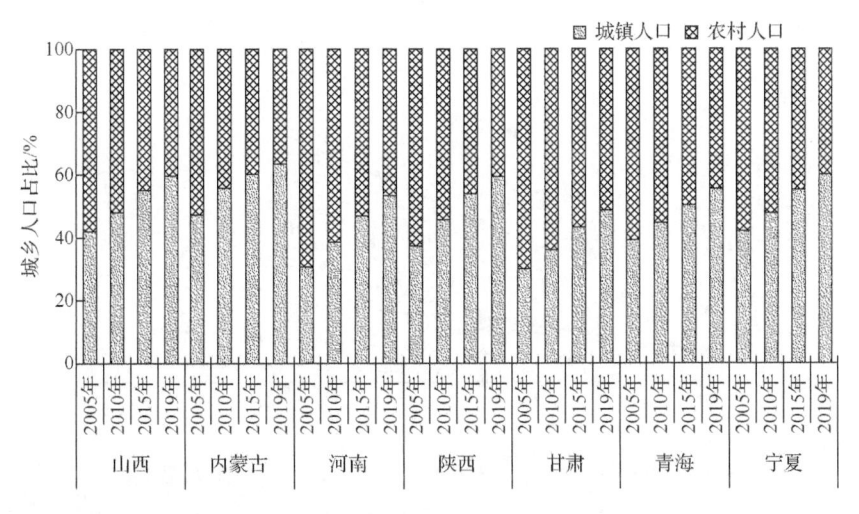

图 3.5 2005～2019 年黄土高原各省（自治区）城乡人口结构变化

2. 经济水平

2005～2019 年黄土高原各省（自治区）经济取得快速发展，GDP 总量由 2005 年的 24607.64 亿元增加至 2019 年的 129724.31 亿元，年均增长率达到 12.61%。各省（自治区）GDP 总量和增速存在显著的地区差异，在地理空间上呈现东高西低的空间格局特征。其中，河南的 GDP 总量最大且增速较快，GDP 总量由 2005 年的 10243.47 亿元上升为 2019 年的 54259.20 亿元，年均增长 12.65%；陕西、内蒙古和山西的 GDP 总量次之，GDP 增速差异显著，除陕西外 GDP 增速整体较慢，GDP 增速由高到低排序依次为：陕西（14.62%）>内蒙古（12.00%）>山西（10.74%）；甘肃、青海和宁夏的 GDP 总量总体较小，GDP 增速总体较快，2019 年 GDP 总量分别为 8718.30 亿元、2965.95 亿元和 3748.48 亿元，年均增长率分别为 11.65%、13.57%和 14.26%（图 3.6）。

从黄土高原各省（自治区）人均 GDP 看，各省（自治区）人均 GDP 总量和增速呈现显著的地区差异（图 3.7）。内蒙古和陕西人均 GDP 较高，增速差异明显，分别由 2005 年的 14695 元和 10357 元增长至 2019 年的 67852.13 元和 66649.02 元，年均增长率分别为 11.55%和 14.22%；山西、河南、青海和宁夏的人均 GDP 次之，2019 年人均 GDP 分别达到 45724 元、56387.84 元、48981.06 元和 54217 元，年均增长率分别为 9.90%、12.40%、12.66%和 13.00%；甘肃人均 GDP 长期处于低水平状态，2019 年人均 GDP 仅为 32944.56 元，年均增长率为 11.34%，经济发展水平整体滞后。

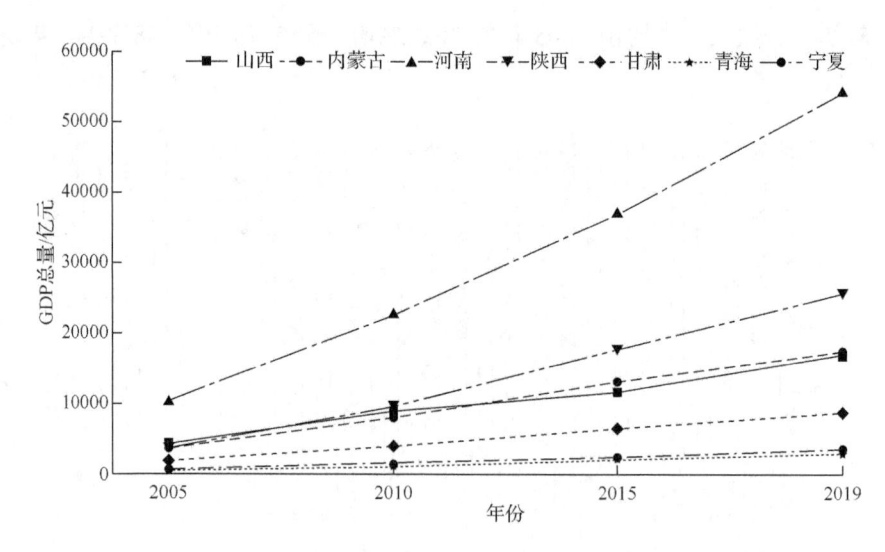

图 3.6　2005～2019 年黄土高原各省（自治区）GDP 总量变化

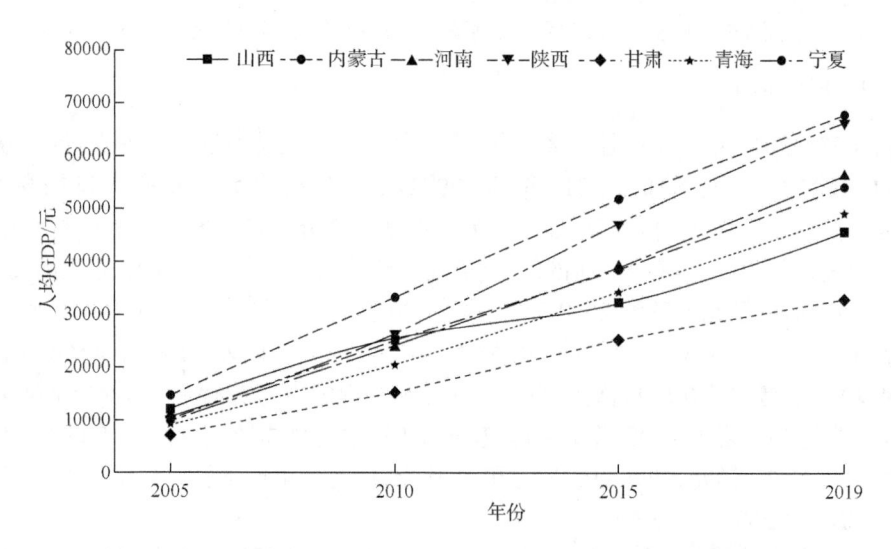

图 3.7　2005～2019 年黄土高原各省（自治区）人均 GDP 变化

3. 产业结构

黄土高原各省(自治区)三次产业结构变化明显,产业结构日趋高级化(图 3.8)。各省（自治区）第一产业占比普遍下降，其中，河南第一产业占比最高，下降速度最快，由 2005 年的 18.00%减少到 2019 年 8.54%，下降比例高达 9.46%；内蒙古、甘肃和青海第一产业占比相对较高，区域间下降差异明显，下降比例从高到低依次排序为：内蒙古（5.91%）>甘肃（4.27%）>青海（2.40%）；陕西和宁夏第一产业占比居中，呈平稳下降趋势，分别下降了 3.25%和 4.57%；山西第一产业占比较低，在波动中略有下降，下降比例为 1.23%。全区第二产业占比总体呈上升趋势，其中，山西、河南和甘肃第二产业占比呈先上升后下降趋势，且下降幅度较大，陕西和宁夏第二产业占比在波动中略有下降，内蒙古和青海第二产业占比整体较为平稳。各省（自治区）第三产业占比普遍上升，其中，山西、河南和甘肃第三产业占比变化最为显著，分别增长了 16.03%、16.74%和 12.85%，说明这些地区产业结构转型成效明显；内蒙古、陕西和宁夏第三产业占比变化较为明显，分别增长了 5.39%、4.16%和 7.09%，区域产业转型成效次之；青海第三产业占比一直较高，产业结构变化幅度较小，第三产业占比仅增长了 1.40%。

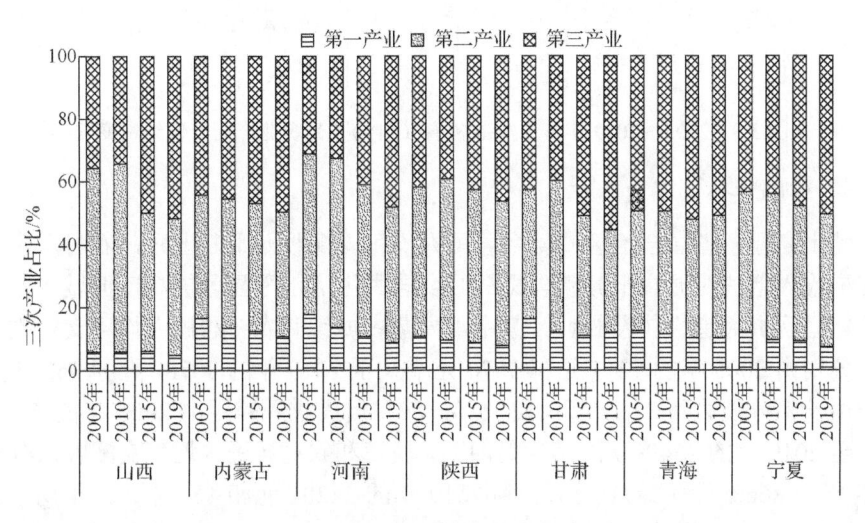

图 3.8　2005～2019 年黄土高原各省（自治区）三次产业结构变化

黄土高原各省（自治区）农业产业结构变化显著（图 3.9）。各省（自治区）农业和牧业产值占比较高，除青海牧业产值占比高于农业产值占比外，其他各省（自治区）的农业产值占比均高于牧业产值占比。从产业结构变化看，山西、内蒙古、青海和宁夏的农业产值占比总体较为稳定，呈现先上升后下降的变化趋势，河南、陕西和甘肃农业产值占比总体呈平稳上升态势；甘肃、青海和宁夏的牧业产值占比在波动中略有上升，山西、内蒙古、河南和陕西的牧业产值占比总体呈下降趋势；山西和青海的林业产值占比略有上升，内蒙古、河南、陕西、宁夏和甘肃的林业产值占比有所下降；山西和青海的副业产值占比整体呈现下降趋势，内蒙古、河南、陕西和宁夏的副业产值占比呈平稳上升态势，甘肃的副业产值占比较高，呈先上升后下降的变化趋势；黄土高原各省（自治区）的渔业产值占比普遍较低，变化较小。

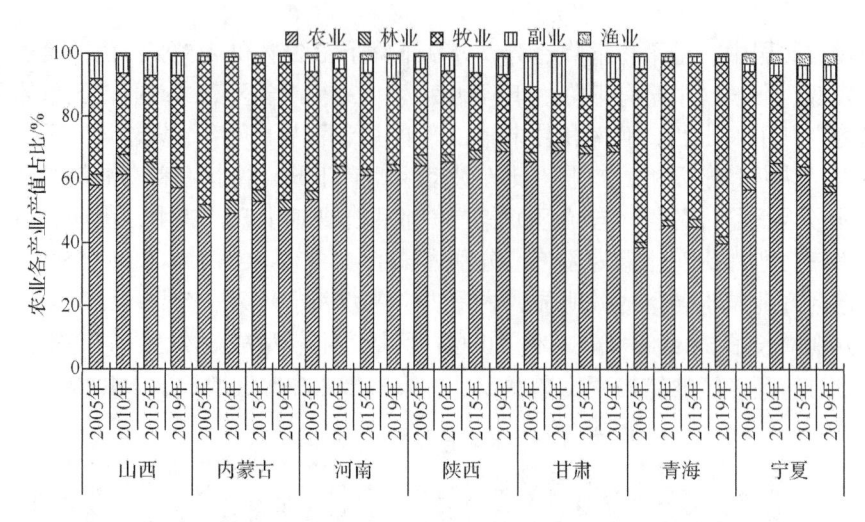

图 3.9　2005～2019 年黄土高原各省（自治区）农业产业产值结构变化

4. 居民收入

黄土高原各省（自治区）城乡居民人均可支配收入不断上升，农村居民人均可支配收入增速明显高于城镇居民，城乡居民生活水平显著提高，但城乡发展差距总体呈现扩大趋势（表 3.1）。其中，内蒙古城镇和农村居民人均可支配收入较高，分别由 2005 年的 9247 元和 3070 元增长至 2019 年的 40782 元和 15283 元，年均增长率分别达到 11.18% 和 12.15%，城乡居民收入差距由 2005 年的 6177 元扩大至 2019 年的 25499 元；其次是河南，城镇和农村居民人均可支配收入分别由 2005 年的 8668 元和 2871 元增长到 2019 年的 34201 元和 15164 元，年均增长率分别达到 10.30% 和 12.62%，城乡居民收入差距由 2005 年的 5797 元扩大至 2019 年的 19037 元；甘肃城镇和农村居民人均可支配收入总体较低，分别由 2005 年的 8323 元和 2091 元增长到 2019 年的 32323 元和 9626 元，年均增长率分别为 10.18% 和 11.52%，城乡居民收入差距由 2005 年的 6232 元扩大至 2019 年的 22697 元；山西城镇和农村居民人均可支配收入增长较慢，分别由 2005 年的 8866 元和 3082 元增长到 2019 年的 33262 元和 12902 元，年均增长率分别为 9.90% 和 10.77%，城乡居民收入差距由 5784 元扩大至 2019 年的 20360 元；陕西城镇和农村居民人均可支配收入增长速度较快，分别由 2005 年的 8159 元和 2162 元增长至 2019 年的 36098 元和 12326 元，年均增长率分别达到 11.21% 和 13.24%，城乡居民收入差距由 2005 年的 5997 元扩大至 2019 年的 23772 元。宁夏和青海城乡居民收入相对较低，农村居民人均可支配收入增速明显高于城镇，城乡差距扩大趋势明显。其中，宁夏城镇和农村居民人均可支配收入分别由 2005 年的 8094 元和 2651 元增加至 2019 年的 34328 元和 12858 元，年均增长率分别达到 10.87% 和 11.94%，城乡居民收入差距由 2005 年的 5443 元扩大至 2019 年的 21470 元；青海城镇和农村居民人均可支配收入分别由 2005 年的 8058 元和 2165 元增加至 2019 年的 33830 元和 10393 元,年均增长率分别为 10.79%和 11.86%,城乡居民收入差距由 2005 年的 5893 元扩大至 2019 年 23437 元。

表 3.1 2005~2019 年黄土高原各省(自治区)城乡居民人均可支配收入 (单位:元)

区域	年份	山西	内蒙古	河南	陕西	甘肃	青海	宁夏
城镇	2005	8866	9247	8668	8159	8323	8058	8094
	2010	15510	18050	15930	15343	13820	14462	15093
	2015	25828	30594	25576	26420	23767	24542	25186
	2019	33262	40782	34201	36098	32323	33830	34328
农村	2005	3082	3070	2871	2162	2091	2165	2651
	2010	5263	5780	5524	4477	3747	4028	5125
	2015	9454	10776	10853	8689	6939	7993	9119
	2019	12902	15283	15164	12326	9626	10393	12858

5. 社会事业

2005~2019 年黄土高原各省(自治区)各项社会事业有序推进,区域基础教育和高等教育以及医疗条件显著改善(表 3.2)。各省(自治区)普通高等学校在校学生数、专任教师数明显增加,15 岁以上人口平均受教育年限显著提升,全区教育事业取得快速发展,教育质量和人口素质不断提高。

表 3.2 2005~2019 年黄土高原各省(自治区)教育、医疗条件变化情况

省(自治区)	年份	普通高等学校在校学生数/万人	普通高等学校专任教师数/万人	15 岁以上人口平均受教育年限/年	每万人拥有卫生机构床位数/张	每万人拥有卫生技术人员数/人
山西	2005	40.70	2.79	9.52	32.18	39.03
	2019	80.20	4.28	10.45	58.49	66.84
内蒙古	2005	22.94	1.62	9.22	29.10	42.69
	2019	47.20	2.74	10.08	63.45	77.34
河南	2005	85.19	4.63	8.95	22.81	30.83
	2019	231.97	12.40	9.79	66.39	67.83
陕西	2005	66.69	4.29	9.36	28.92	37.02
	2019	112.20	7.03	10.26	68.58	91.28

续表

省（自治区）	年份	普通高等学校在校学生数/万人	普通高等学校专任教师数/万人	15岁以上人口平均受教育年限/年	每万人拥有卫生机构床位数/张	每万人拥有卫生技术人员数/人
甘肃	2005	22.95	1.48	8.19	25.00	26.30
	2019	52.49	2.98	9.13	65.19	67.56
青海	2005	1.28	0.31	7.85	29.52	38.24
	2019	2.98	0.48	8.85	65.91	76.74
宁夏	2005	4.87	0.72	8.82	29.86	38.27
	2019	14.28	1.18	9.81	58.84	79.67

注：表中15岁以上人口平均受教育年限数据来源于第六次（2010年）和第七次（2020年）全国人口普查公报。

在高等教育发展方面，黄土高原地区高等教育发展水平整体较为滞后，各省（自治区）高等教育发展水平存在显著差异。河南和陕西作为高等教育大省，总体发展水平较高，2019年河南普通高等学校在校学生数达到231.97万人，普通高等学校专任教师数达到12.40万人；2019年陕西普通高等学校在校学生数为112.20万人，普通高等学校专任教师数为7.03万人；山西高等教育发展水平居中，普通高等学校在校学生数由2005年的40.70万人增长至2019年的80.20万人，普通高等学校专任教师数由2005年的2.79万人增长至2019年的4.28万人；甘肃和内蒙古高等教育发展水平总体偏低，2019年普通高等学校在校学生数分别为52.49万人和47.20万人，普通高等学校专任教师数分别为2.98万人和2.74万人；青海和宁夏的教育条件相对滞后，2019年普通高等学校在校学生数分别为2.98万人和14.28万人，普通高等学校专任教师数分别为0.48万人和1.18万人。

在人均受教育程度方面，2020年[①]，山西15岁以上人口平均受教育年限最高，达到10.45年，其次是陕西，达到10.26年。青海人均受教育年限最低，仅为8.85年，远低于黄土高原地区的平均水平。相较于第六次全国人口普查，2020年青海人均受教育年限提升幅度最大，达到1年；其次是宁夏，为0.99年；甘肃人均受教育年限也明显增加，10年间增加了0.94年；河南人均受教育年限增加幅度最低，10年间增加了0.84年。与东部发达地区相比较，全区教育事业发展水平依然较低，新形势下仍需优化教育资源配置，推进教育事业高质量发展。

2005～2019年黄土高原各省（自治区）卫生机构床位数和卫生技术人员数均明显增加，医疗条件显著改善。陕西每万人拥有卫生机构床位数和卫生技术人员数的规模均最大，增长速度较快，2019年每万人拥有卫生机构床位数和卫生技术人员数分别达到68.58张和91.28人，年均增长率分别为6.36%和6.66%；甘肃每

---

① 由于2019年的15岁以上人口平均受教育年限数据难以获取，选用2020年数据进行分析。

万人拥有卫生机构床位数和卫生技术人员的增长速度最快，年均增长率分别达到7.09%和6.97%；山西每万人拥有卫生机构床位数和卫生技术人员数的规模最小且增速最慢，2019年每万人拥有卫生机构床位数和卫生技术人员数分别为58.49张和66.84人，年均增长率分别为4.36%和3.92%。

6. 交通运输

2005～2019年黄土高原各省（自治区）交通基础设施不断完善，铁路运营里程和公路通车里程显著增加，交通运输条件明显改善（图3.10和图3.11）。

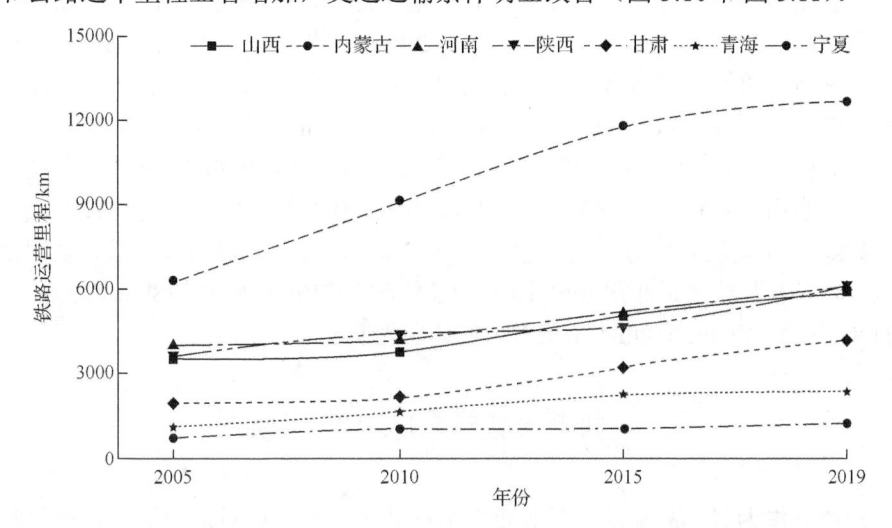

图3.10 2005～2019年黄土高原各省（自治区）铁路运营里程变化

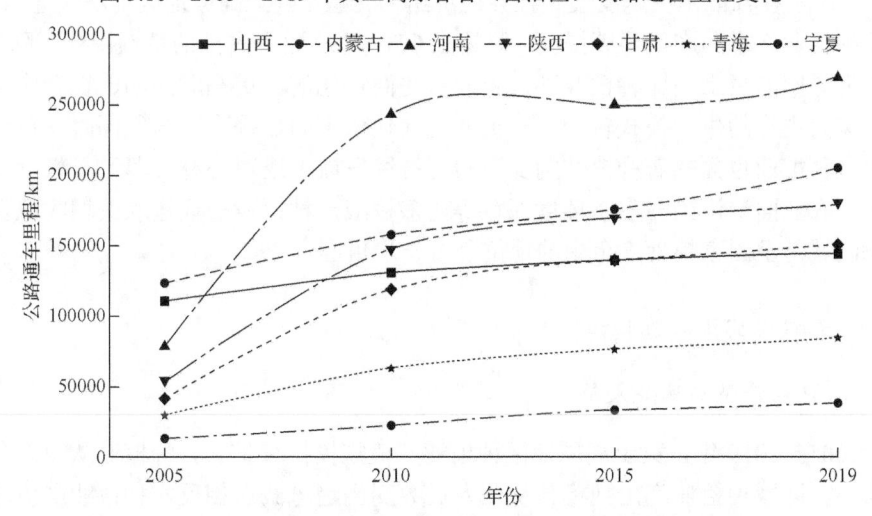

图3.11 2005～2019年黄土高原各省（自治区）公路通车里程变化

从铁路运营里程看，内蒙古铁路运营里程最长，增长速度较快，由2005年的6373km增长到2019年的12675km，年均增长5.03%；山西、河南和陕西的铁路运营里程次之，增长速度相对较慢，2019年铁路运营里程分别达到5890km、6080km和6224km，年均增长率分别为3.76%、3.04%和3.79%；甘肃和青海的铁路运营里程相对较短但增速最快，2019年运营里程分别为4211km和2354km，年均增长率分别为5.41%和5.61%；宁夏铁路运营里程最短且增长缓慢，由2005年的786km增长至2019年1250km，年均增长3.37%。

从公路通车里程看，河南公路通车里程最长，增速较快，2019年公路通车里程达到269832km，较2005年增长了190326km，年均增长9.12%；山西、内蒙古、陕西和甘肃公路通车里程较长，增速差异明显，其中，山西和内蒙古公路通车里程增速较慢，分别由2005年的111227km和124465km增长至2019年的144283km和206089km，年均增长率分别为1.88%和3.67%；陕西和甘肃公路通车里程增速较快，分别由2005年的54492km和41330km增长至2019年的180070km和151443km，年均增长率分别为8.91%和9.72%；青海和宁夏的公路通车里程相对较短，增速较快，公路通车里程分别由2005年的29719km和13078km增长至2019年的83761km和36567km，年均增长率分别为7.68%和7.62%。

3.3　种植业发展的现状与挑战

种植业作为黄土高原地区最为重要的产业之一，是区域农村居民重要的收入来源。伴随着城市化快速发展和社会经济结构转型，黄土高原地区经济快速增长，虽然种植业产量和产值显著提高，但是在GDP和就业中占据的份额持续下降。以生存为导向的黄土高原种植业部门正向着更商业化的、更高利润的、以合作社和企业家为主导的生产模式转变，种植业现代化水平明显提升。与此同时，黄土高原地区种植业也面临着种植结构变迁与可持续发展、退耕还林（草）与粮食安全保障、农业面源污染与生态环境保育等诸多挑战，种植业在促进农民增收致富、保障区域乃至国家粮食安全中的地位需进一步巩固。

3.3.1　种植业发展的现状特征

1. 产业产值与从业人员

2005~2019年，黄土高原地区种植业产值规模持续扩大，种植业从业人员逐渐缩小，区域种植业产出规模与从业人员数变化趋势截然相反，种植业产值增加了4282.25亿元，种植业从业人员数减少了79.86万人，这表明区域种植业生产效率显著提升。

具体而言，研究期内黄土高原种植业产值呈平稳上升趋势，2005年种植业产值为2107.68亿元，2015年种植业产值达到峰值，为6450.19亿元，2019年种植业产值下降为6389.93亿元，年均增长率为8.24%（表3.3）。山西、陕西和青海的种植业产值均呈上升趋势，内蒙古、河南、甘肃和宁夏以2015年为转折点，种植业产值呈先上升后下降的变化趋势，这与黄土高原地区种植业整体演化过程一致。黄土高原地区种植业发展速度具有明显的地域差异性，年均增长率高于黄土高原平均水平的省（自治区）有山西、陕西和青海，年均增长率从高到低依次排序为：陕西（11.53%）>青海（8.44%）>山西（8.34%）；内蒙古、河南、甘肃和宁夏的种植业产值年均增长率较低，分别为7.16%、3.25%、4.99%和5.83%，均低于黄土高原地区的年均增长率。

表3.3　2005~2019年黄土高原各省（自治区）种植业产值　　（单位：亿元）

年份	山西	内蒙古	河南	陕西	甘肃	青海	宁夏	黄土高原
2005	515.20	334.52	248.62	556.99	277.85	39.49	135.02	2107.69
2010	1006.31	606.04	436.28	1294.79	498.37	70.75	296.26	4208.80
2015	1510.27	893.25	651.69	2054.83	821.91	70.80	447.45	6450.19
2019	1582.23	880.40	388.92	2568.03	549.25	122.81	298.29	6389.93

2005~2019年黄土高原种植业从业人员数总体呈波动下降趋势（图3.12）。2005年全区种植业从业人员数为2518.56万人，2010年减少为2410.13万人，2015年种植业从业人员数出现回升趋势，全区增加到2476.62万人，2019年全区种植业从业人员数再次下降，减少到2438.70万人。黄土高原部分省（自治区）的种植业从业人员数总体呈下降趋势，包括内蒙古、河南、甘肃和青海。其中，河南和甘肃种植业从业人员数明显下降，分别减少了71.05万人和59.96万人，内蒙古和青海种植业从业人员数呈平稳下降趋势，分别减少了19.93万人和21.15万人。山西、陕西和宁夏种植业从业人员数呈现波动上升趋势，其中，宁夏种植业从业人员数显著增加，15年间增长了55.72万人，种植业在承接劳动力就业方面表现出较好的支撑作用。

2. 生产规模与生态压力

2005~2019年黄土高原地区种植业生产规模不断扩大，区域生态环境压力日益增加。研究期内，全区农作物总播种面积呈现波动上升趋势，由2005年的1355.31万hm^2扩大到2019年的1501.82万hm^2，15年间增加了146.51万hm^2，年均增长0.74个百分点。由于退耕还林（草）政策和生态保护工程的实施，农作物总播种面积上升幅度较小，但种植业生产规模却呈现扩大趋势，同时农业生产资料投入规模和强度均明显增强，导致农业面源污染问题日趋严峻。

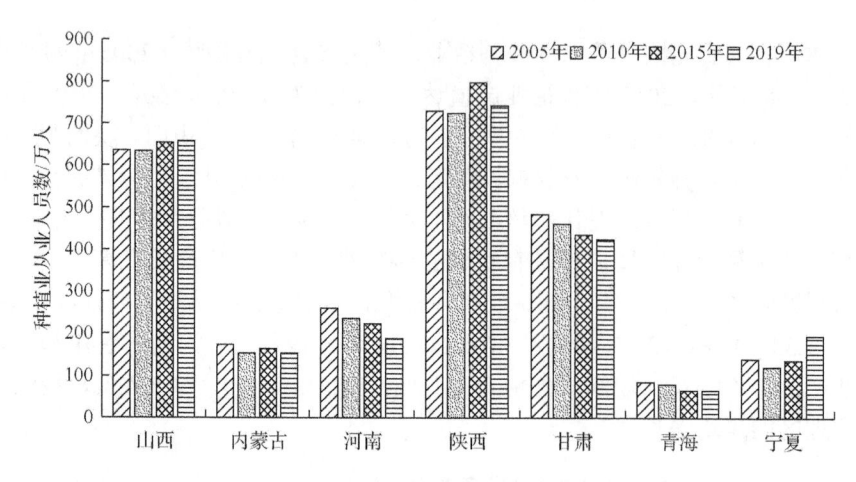

图 3.12　2005～2019 年黄土高原各省（自治区）种植业从业人员

随着社会经济发展和农业生产技术水平的提升，黄土高原地区种植业生产资料投入总体呈增加态势（表 3.4）。2005～2019 年化肥施用量、农药使用量和农业机械总动力等物质投入均呈先上升后下降的变化趋势，其中，化肥施用量由 2005 年的 386.80 万 t 增长至 2015 年的 514.97 万 t，年均增长 2.90%，2019 年化肥施用量逐渐下降，减少到 459.20 万 t；农药使用量由 2005 年的 6.64 万 t 增加到 2015 年的 8.16 万 t，年均增长 2.08%，2019 年农药使用量显著下降，减少为 7.16 万 t；农业机械总动力由 2005 年的 5950.85 万 kW 增长至 2015 年的 9700.71 万 kW，年均增长 5.01%，2019 年农业机械总动力急剧下降为 7077.34 万 kW。研究期内全区农用塑料薄膜使用量显著增加，较其他种植业生产资料增速更快，由 2005 年的 15.44 万 t 上升到 2019 年的 31.22 万 t，年均增长 5.16%。

表 3.4　2005～2019 年黄土高原种植业生产资料投入情况

年份	农作物总播种面积/万 hm²	化肥施用量/万 t	农药使用量/万 t	农用塑料薄膜使用量/万 t	农业机械总动力/万 kW
2005	1355.31	386.80	6.64	15.44	5950.85
2010	1478.77	449.84	7.57	17.20	7814.56
2015	1443.82	514.97	8.16	24.62	9700.71
2019	1501.83	459.20	7.16	31.22	7077.34

单位面积种植业生产资料投入强度较大，农业面源污染问题严峻，区域生态环境面临较大压力（表 3.5）。2005～2019 年黄土高原地区化肥施用强度显著增加，从 2005 年的 285.39kg/hm² 增加到 2015 年的 356.67kg/hm²，年均增速 2.25%，2019 年全区化肥施用强度有所减弱，下降为 327.05kg/hm²，但均远高于发达国家设置的 225kg/hm² 的安全上限，化肥施用过度问题十分突出。与此同时，农药使用强

度、农业机械总动力强度与化肥施用强度变化过程相似,均呈先上升后下降的变化趋势,这种变化趋势与我国实施生态文明建设战略密切相关,其中,农药使用强度由 2005 年的 4.90kg/hm² 增加到 2015 年的 5.65kg/hm²,年均增长 1.43%,2019 年农药使用强度显著下降,减少到 4.77kg/hm²;农业机械总动力强度由 2005 年的 4.39kW/hm² 增长至 2015 年的 6.72kW/hm²,年均增长 4.35%,2019 年农业机械总动力强度急剧下降为 4.71kW/hm²;农用塑料薄膜使用强度显著增强,由 2005 年的 11.39kg/hm² 增长至 2019 年的 20.79kg/hm²,年均增长 4.39%。总体来看,黄土高原地区种植业生产资料投入强度从 2015 年开始有所减弱,但单位面积种植业生产资料投入强度仍然较大,农业面源污染问题不容忽视。

表 3.5　2005~2019 年黄土高原种植业生产资料投入强度

年份	化肥施用强度 /(kg/hm²)	农药使用强度 /(kg/hm²)	农用塑料薄膜使用强度 /(kg/hm²)	农业机械总动力强度/(kW/hm²)
2005	285.39	4.90	11.39	4.39
2010	304.20	5.12	11.63	5.28
2015	356.67	5.65	17.05	6.72
2019	327.05	4.77	20.79	4.71

3. 种植差异与生产潜力

在自然地理因素和人文经济因素的长期交互作用下,黄土高原地区种植业生产地域差异显著,形成了类型多样、特色鲜明的种植业地域分异格局。河套平原和汾渭平原地区地势平坦、土壤肥沃、水源充足,是粮食作物生产的主要集中区。黄土丘陵沟壑区、黄土高原沟壑区和土石山区以雨养农业为主,除种植小麦外,抗旱耐瘠的谷子、糜子等杂粮作物也是重要的种植类型。陇东黄土高原、陕北黄土高原、宁夏平原等地区光照充足,昼夜温差大,气候条件优越,是发展特色农业的重要区域。

黄土高原地区农田生产潜力空间差异显著,高值区主要分布在河谷平原区和灌溉农业区,低值区主要分布在山地、丘陵沟壑区、荒漠和高寒区;受退耕还林(草)及城镇扩展占用耕地的影响,黄土高原地区农田生产潜力整体呈现下降趋势。从空间分布特征看,1990~2010 年黄土高原地区各县(区)农田生产潜力平均值空间差异显著,高值区主要集中在农业生产条件较好的汾渭河谷平原区,低值区广泛分布在山西境内的太行山地、吕梁山地,内蒙古中部、陕西北部、宁夏西南部以及青海省部分地区,这一空间分异特征是气候、土壤、地形等要素综合作用的结果。

在地理空间上,黄土高原地区县域农田生产潜力呈现"南高北低、东高西低"

的空间分异格局（图 3.13）。全区农田生产潜力平均值由 1990 年的 1891.15kg/hm² 下降为 2010 年的 1516.81kg/hm²，年均下降 1.10%。1990 年农田生产潜力平均值为 1891.15kg/hm²，较高的县（区）有兴平市、武功县、阎良区、临猗县、渭城区，农田生产潜力平均值分别为 10542.98kg/hm²、9599.38kg/hm²、9583.46kg/hm²、9557.83kg/hm²、9339.99kg/hm²；2000 年农业生产潜力平均值为 1439.37kg/hm²，较高的县（区）为兴平市、临猗县、阎良区、渭城区、高陵区，农田生产潜力平均值分别为 10367.86kg/hm²、9646.62kg/hm²、9628.70kg/hm²、9207.67kg/hm²、9041.07kg/hm²；2010 年农田生产潜力平均值为 1516.81kg/hm²，较高的县（区）为兴平市、临猗县、阎良区、渭城区、高陵区，农田生产潜力平均值分别为 9908.28kg/hm²、9216.88kg/hm²、9117.82kg/hm²、8870.05kg/hm²、8683.24kg/hm²。

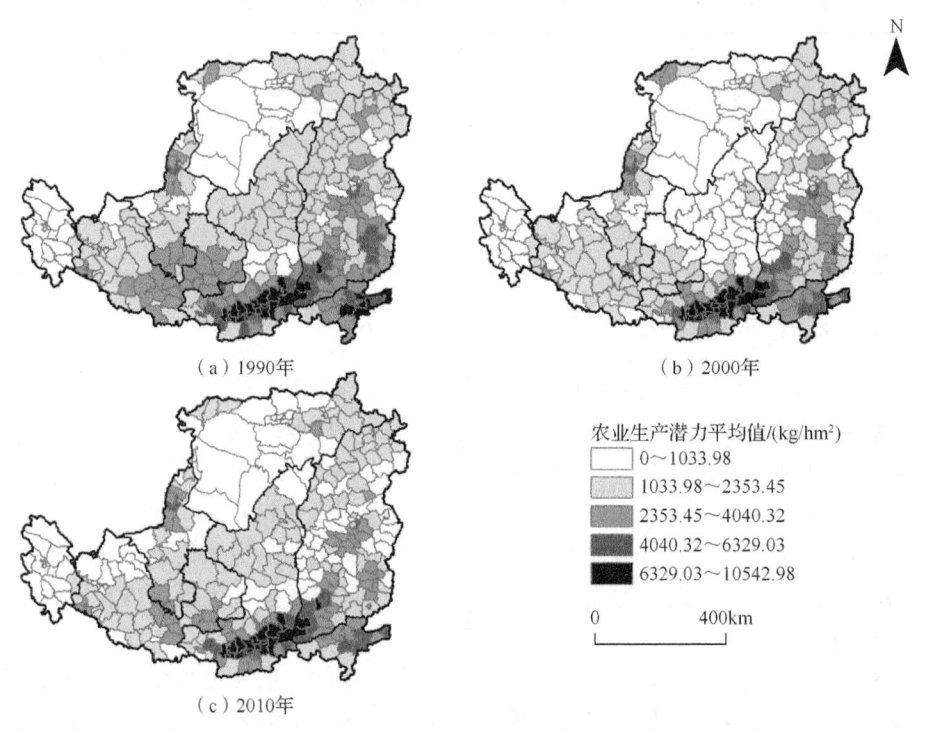

(a) 1990年

(b) 2000年

(c) 2010年

图 3.13　黄土高原县域农田生产潜力空间格局

3.3.2　种植业发展面临的挑战

1. 种植业结构变迁与可持续发展

种植业结构变迁是自然、社会、经济等要素综合作用的结果，也是影响区域种植业可持续发展的关键所在（刘冬等，2021）。在全球气候变化、社会经济发展及市场需求转变等因素的共同影响下，黄土高原地区种植业结构处于动态变化之中，总体呈现出粮食作物占比减少、经济作物占比上升，种植业生产由单一以粮食作物种植为主向粮-经-饲协调发展的三元种植结构转变（图3.14）。随着农业供给侧结构性改革不断深化，经济附加值较高的各类经济作物和特色作物生产发展迅速，优质饲草料种植生产规模不断扩大，粮-经-饲协调发展的种植业三元结构正在加快形成。

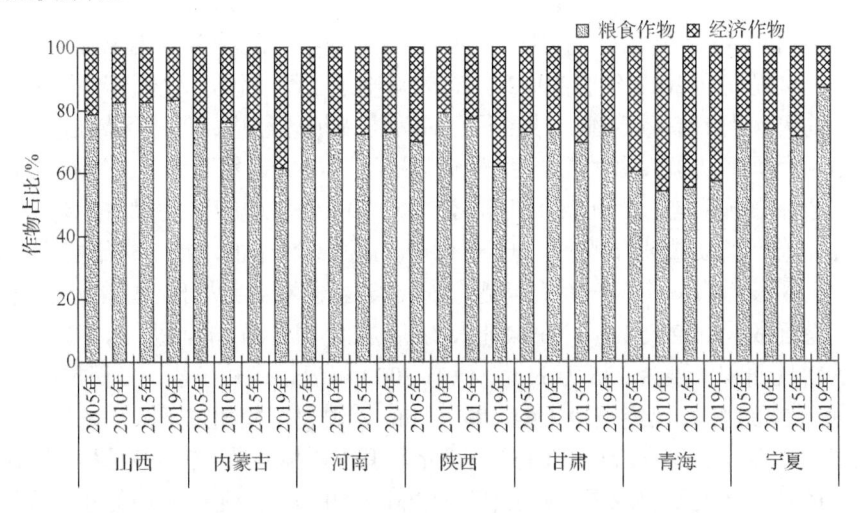

图3.14 2005~2019年黄土高原各省（自治区）种植业结构变迁

2005~2019年黄土高原各省（自治区）主要以种植粮食作物为主，经济作物占比总体不高，其中，山西和宁夏粮食作物占比最高，在研究期内粮食作物生产占比呈上升趋势，2019年粮食作物占比分别达到82.68%、86.61%，较2005年分别增长了4.00%、12.14%。值得注意的是，山西粮食作物占比呈平稳上升趋势，宁夏粮食作物占比呈先缓慢下降后急速上升的变化趋势，其中2005~2015年宁夏粮食作物占比平稳下降，2015~2019年粮食作物占比快速上升，由71.18%上升到86.61%；青海的粮食作物占比最低，经济作物占比最高，粮食作物占比由2005年的60.14%下降到2019年的56.93%，经济作物占比常年保持在40%左右，是黄土高原地区所有省（自治区）中经济作物占比最高的。河南和甘肃种植业结构相对稳定，粮食作物占比在波动中保持着稳定态势，2019年粮食作物占比分别为72.81%和73.15%；内蒙古、陕西及青海粮食作物占比整体呈下降趋势，经济作物占比呈上升趋势，其中，2005~2015年内蒙古经济作物占比略有上升，2005~2015年陕西经济作物占比明显下降，2015~2019年内蒙古和陕西的经济作物占比呈现快速上升趋势，分别增长了12.44%和15.20%，青海经济作物占比呈平稳增长态势，由2005年的39.86%增长至2019年的43.07%。如何在保障粮食安全的前提下，优化调整种植业生产结构，实现生态效益、经济效益和社会效益最优，是新时代黄土高原地区种植业持续发展面临的现实难题与挑战。

2. 退耕还林（草）与粮食安全保障

水土流失不仅是生态环境问题，还是影响区域社会经济发展的重要限制性因素。黄土高原地区生态环境脆弱，水土流失问题严峻（袁和第等，2021）。新中国成立以来，黄土高原地区水土流失治理先后经历了坡面治理、沟坡联合治理、小流域综合治理和退耕还林（草）工程，水土流失治理成效显著。尤其是退耕还林（草）工程自 1999 年试点实施以来，区域植被面积大幅度提高，植被盖度从 1999 年的 31.6%提高到 2013 年的 59.6%，有效遏制了土壤侵蚀，入黄泥沙大幅减少，区域生态环境得到有效改善。该工程已成为振兴地区经济、促进区域自然-经济-社会复合巨系统协调发展的重要手段（米文宝，2009）。然而，退耕还林（草）的本质是以粮食换生态，黄土高原退耕还林（草）工程实施后，区域植被面积显著增加，生态环境质量明显改善，但区域耕地面积不断减少，粮食供给能力逐渐减弱，进而引发粮食安全等一系列问题。黄土高原地区坡度大于 15°的适宜退耕的坡耕地总面积为 252 万 hm²，在保证人均耕地面积 1.5 亩①的前提下，黄土高原可退耕的耕地面积上限为 236 万 hm²。但自 2000 年退耕还林（草）工程推广实施以来，截至 2008 年，已经退耕土地 483 万 hm²，退耕规模超过了人均耕地需求 1.5 亩上限的 2 倍（Chen et al.，2015）。因此，退耕还林（草）工程对区域性粮食生产产生的负面影响不容忽视，黄土高原局部已经出现人-粮关系紧张的局面（赵雪雁等，2021），亟须在维护生态系统可持续性的基础上，发挥现代农业生产技术的支撑作用，加快高标准农田建设，提高种植业生产效率，有效平衡人-粮关系，促进区域经济社会可持续发展。

3. 农业面源污染与生态环境保育

农业是国民经济的基础，农业发展是我国社会经济发展的重要动力（刘玉洁等，2022），农业生态环境是农业生产的基础，是保障农产品质量安全的前提，也是农业可持续发展的基本保证，在推进农业绿色发展、高质量发展的现实诉求下，加强农业面源污染治理，改善农业生态环境状况，是实现农业经济绿色转型的重要抓手（秦天等，2021）。随着农村社会经济的快速发展，我国农业生产规模和质量显著提升，与此同时，农业生产投入的化肥、农药、农膜等生产资料不断增加，在促进农业快速发展的同时，也带来了严重的负面影响，成为农业面源污染的主要污染源（郑二伟等，2020）。农业面源污染严重威胁到区域生态环境安全，对区域农业绿色、高效、可持续发展带来巨大挑战。

黄土高原生态环境脆弱，农业面源污染问题严峻，如何破解该地区农业发展与生态环境保护之间的基本矛盾是社会各界关注的重点（上官周平等，2020）。从

---

① 1 亩≈666.67m²。

表 3.4 可以看出，在经济发展、社会进步和农业规模扩大等因素的交互作用下，黄土高原地区农业生产资料投入规模显著增加。其中，农用塑料薄膜使用量增速最快，由 15.44 万 t 增加至 31.22 万 t，年均增速 5.16%；化肥施用量增速次之，由 386.80 万 t 增加至 459.20 万 t，年均增速 1.23%；农药使用量增速最慢，由 6.64 万 t 增加至 7.16 万 t，年均增速 0.54%，说明黄土高原地区农业面源污染问题依然严峻。如何科学配置农业生产资料，加强农业面源污染综合治理，推进农业生态环境保育，转变农业生产方式，促进农业可持续发展是当前迫切需要解决的重要问题。

3.4 本章小结

本章在阐述黄土高原种植业发展的自然地理基础与人文社会经济环境条件基础上，分析了区域种植业发展的现状特征，总结了新时代区域种植业发展面临的问题和挑战，主要得出以下结论：

（1）种植业生产具有自然和经济双重属性，是特定自然条件和社会经济环境下的综合产物。黄土高原地区独特的自然地理环境，是区域种植业地域分异格局形成与演化的基础性要素，黄土高原地区社会经济条件的时空差异是影响区域种植业生产与发展的重要因素，自然地理条件和社会经济水平的交互作用，是该区域种植业生产地域差异性形成与演化的地理基础。

（2）黄土高原地区种植业结构不断优化，种植业生产地域差异显著。2005~2019 年区域种植业产值总体呈平稳上升趋势，由 2005 年的 2107.68 亿元增加为 2019 年的 6389.93 亿元，年均增长 8.24 个百分点，与此同时，种植业从业人员数总体呈波动下降趋势。此外，全区种植业规模不断扩大，种植业生产资料投入大幅增加，区域生态环境压力明显增大，农田生产潜力整体出现下降趋势，局部地区人-粮关系趋于紧张。

（3）黄土高原地区种植业生产的机遇与挑战并存。随着农业生产技术的更新和农业现代化水平的提升，黄土高原地区种植业产值规模显著增加，种植业从业人员数波动下降，农业生产专业化、规模化和集约化程度不断提升，为种植业绿色、低碳和高效发展提供了契机。与此同时，种植业生产带来的生态环境压力逐渐增大。在推进生态文明建设和经济社会高质量发展背景下，如何在保障区域粮食安全的前提下，加强农业面源污染治理，调整优化种植业生产结构，实现经济、社会和生态效益的有机融合，是推动黄土高原地区种植业转型发展亟须解决的科学问题。

第4章 黄土高原种植业碳排放量时空变化与区域差异

20世纪80年代以来，我国农业系统温室气体排放量呈波动增长趋势，1980～2020年增长了近46%。CO_2作为导致全球变暖的主要温室气体，对全球温室效应的贡献率突出。在应对全球气候变暖及其风险挑战，实现碳达峰碳中和目标背景下，厘清不同行业的碳排放量，促进产业转型升级和效率优化提升，显得尤为迫切。联合国政府间气候变化专门委员会（IPCC）认为，农业生产活动是重要的温室气体人为排放源。2021年《自然-食品》发布的研究成果显示，世界粮食体系占全球人为温室气体排放量的三分之一以上（Crippa et al., 2021）。中国作为世界上重要的农业大国，农业生产活动是我国除能源消耗和工业生产过程外最大的人类温室气体排放源（国家发展和改革委员会应对气候变化司，2013）。因此，农业系统温室气体排放量的核算以及农业减排策略的制定对我国实现"双碳"目标、推动绿色低碳农业发展具有不可替代的作用。

黄土高原地区是保障国家生态安全、粮食安全和能源安全的重要承载之地。该区域农业生产历史悠久，种植业在农业产业结构体系中占有较大比重。随着区域农业种植方式增多、生产资料投入和种植强度的逐渐增大，区域种植业生产直接或间接引起的碳排放量明显增加，由此造成的生态环境压力不断增大，严重制约了区域生态文明建设进程。科学评估区域种植业碳排放量，解析区域种植业碳排放量的时空变化格局，是优化农业种植结构，促进种植业绿色低碳化转型、实现种植业高质量发展的科学基础。

本章将在评估黄土高原种植业碳排放量基础上，分析2005～2019年区域种植业碳排放总量变化与结构分异特征，从不同角度比较分析种植业碳排放及其结构的区域差异，揭示县域种植业碳排放强度的地域分异规律，研究县域种植业碳排放强度的重心演变轨迹和空间关联模式。

4.1 种植业碳排放量的时序变化

碳排放是种植业生产过程中的结果之一。种植业碳排放主要来源于农地利用过程中，特别是化肥、农药、农膜、农机的使用，以及灌溉和翻耕等农业生产活动。碳排放量是种植业绿色发展水平的重要体现，也是种植业生态效率的重要影响因素。本节将围绕黄土高原种植业生产过程中的主要碳源，重点测算化肥、农药、农膜等农用物资和土地、劳动力、农业机械总动力等引起的种植业碳排放量，并分析黄土高原种植业碳排放总量变化过程及其趋势，揭示种植业碳排放结构演进过程与变化特征。

4.1.1 种植业碳排放总量变化

根据种植业碳排放核算模型，计算黄土高原种植业生产过程中产生的碳排放总量和不同碳排放源的碳排放量（图 4.1）。由图 4.1 可以看出，2005~2019 年黄土高原种植业碳排放总量呈现先上升后下降的变化趋势，说明随着农业现代化水平的提升，黄土高原地区种植业绿色低碳转型成效开始逐步显现。其中，2005~2015 年种植业碳排放总量呈显著上升趋势，由 2005 年的 549.21 万 t 增加至 2015 年的 708.32 万 t，年均增长率达到 2.58%，说明随着种植业的发展，该阶段种植业碳排放总量明显增加，由此产生的环境压力呈上升趋势。这主要是由于 2005~2015 年是黄土高原地区种植业快速发展的重要阶段，特别是免除农业税和增加农业补贴等惠农政策的实施，有效调动了农民从事农业生产的积极性，种植业生产规模明显扩大；同时，随着农业科技的进步，化肥、农药、农膜和农业机械等投入快速增长，引起区域种植业碳排放总量不断攀升。2015~2019 年种植业碳排放总量出现下降趋势，降低至 2019 年的 684.62 万 t，年均下降 0.85 个百分点。说明随着生态文明建设的持续推进和种植业绿色生态化转型，区域种植业生产引起的碳排放总量出现减少趋势，种植业在支撑实现"双碳"目标中的作用开始显现。

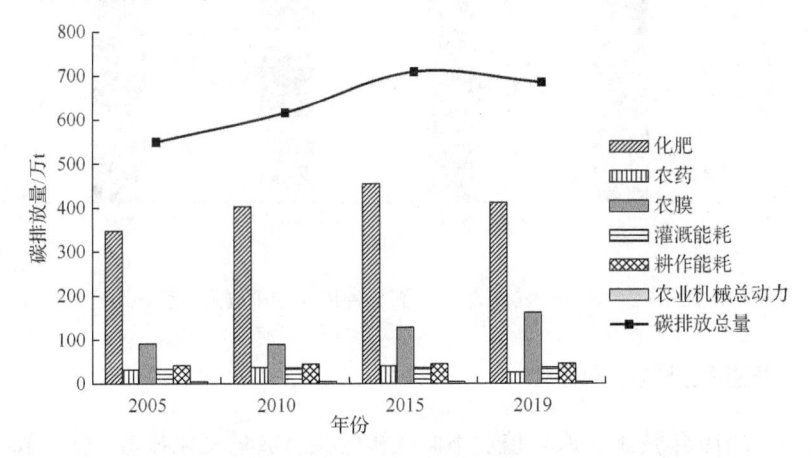

图 4.1 2005~2019 年黄土高原种植业碳排放总量及其碳源构成

为降低种植业播种面积对黄土高原地区碳排放总量的影响，采用碳排放总量与农作物播种面积的比值来衡量不同地区不同年份碳排放强度（kgC/hm^2）。结果显示，2005~2019 年黄土高原地区种植业碳排放强度呈先上升后下降的变化趋势

（图 4.2）。其中，2005～2010 年种植业碳排放强度呈缓慢上升趋势，碳排放强度由 2005 年的 405.23kgC/hm² 上升至 2010 年的 416.41kgC/hm²，年均增长率为 0.55%，种植业碳排放强度增长缓慢。2010～2015 年黄土高原种植业碳排放强度显著增加，2015 年碳排放强度达到 490.59kgC/hm²，年均增长率为 3.33%，相较于 2005～2010 年，碳排放强度年均增长率提高了 2.78 个百分点，碳排放强度增速达到研究期内最高值。说明随着种植业生产资料投入的增加，黄土高原地区单位农作物播种面积产生的碳排放量呈现显著上升趋势。2015～2019 年黄土高原种植业碳排放强度出现下降趋势，2019 年下降至 455.85kgC/hm²，年均下降 0.18%，说明单位农作物播种面积产生的碳排放量出现降低趋势。这主要得益于生态环境保护政策的持续实施和城镇化、工业化的快速推进，黄土高原地区农村人口不断减少，从事种植业生产的劳动力数量明显减少，大量用于种植业生产的耕地转换为林草用地，耕地面积明显缩小，种植业生产投入的化肥、农药、农膜，以及灌溉能耗和翻耕能耗出现不同程度下降，使得区域碳排放总量和单位农作物播种面积产生的碳排放量均呈下降趋势，区域种植业发展对生态环境产生的压力得到一定程度的缓解。

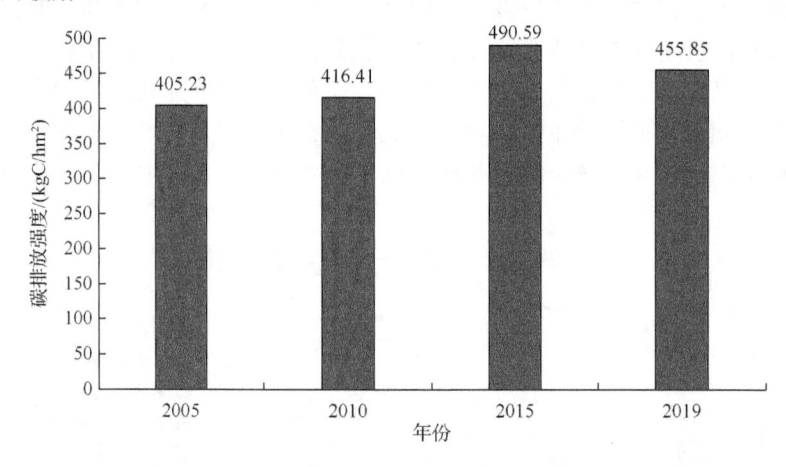

图 4.2 2005～2019 年黄土高原种植业碳排放强度变化

4.1.2 种植业碳排放结构变化

2005～2019 年黄土高原种植业不同碳源的碳排放量变化显著，碳排放结构变化差异明显（表 4.1）。以化肥为主要碳源的碳排放量在区域种植业碳排放结构体系中长期占据主导地位，施用化肥产生的碳排放量从 2005 年的 347.76 万 t 波动上升至 2019 年的 411.25 万 t，年均增长率达到 1.21%，占区域种植业碳排放总量的比例由 2005 年的 63.32%下降至 2019 年的 60.07%；其次是使用农膜产生的碳排放量,由 2005 年的 91.39 万 t 增加至 2019 年的 161.84 万 t,年均增长率达到 4.17%,占区域种植业碳排放总量的比例由 2005 年的 16.64%增长至 2019 年的 23.64%,平均贡献率可达到 18.28%,可见农膜在黄土高原地区种植业生产中的使用量总体呈现上升趋势;使用农药产生的碳排放量呈现先增加后减少的变化趋势,由 2005 年的 32.85 万 t 持续上升至 2015 年的 41.04 万 t,2019 年下降为 26.04 万 t,占区域碳排放总量的比例呈波动下降趋势,先由 2005 年 5.98%增长至 2010 年 6.13%,后持续下降为 2019 年的 3.80%,说明随着质量兴农、绿色兴农的深入推进,黄土高原地区种植业绿色化、优质化水平不断提升,种植业生产过程中的农药使用量不断压缩;灌溉能耗、翻耕能耗和农业机械总动力产生的碳排放量总体呈现上升趋势,分别由 2005 年的 33.93 万 t、42.16 万 t、1.12 万 t 上升至 2019 年的 37.55 万 t、46.66 万 t 和 1.28 万 t。而灌溉能耗、翻耕能耗、农业机械总动力产生的碳排放量占比总体呈现下降趋势,分别由 2005 年的 6.18%、7.68%、0.20%下降为 2019 年的 5.48%、6.82%、0.19%。

表 4.1 2005~2019 年黄土高原种植业碳排放量及其结构变化

碳源构成	2005 年		2010 年		2015 年		2019 年	
	碳排放量/万 t	占比/%	碳排放量/万 t	占比/%	碳排放量/万 t	占比/%	碳排放量/万 t	占比/%
化肥	347.76	63.32	402.93	65.43	454.33	64.14	411.25	60.70
农药	32.85	5.98	37.75	6.13	41.04	5.79	26.04	3.80
农膜	91.39	16.64	90.37	14.68	128.71	18.17	161.84	23.64
灌溉能耗	33.93	6.18	37.14	6.03	36.77	5.19	37.55	5.48
翻耕能耗	42.16	7.68	46.14	7.49	45.69	6.45	46.66	6.82
农业机械总动力	1.12	0.20	1.45	0.24	1.78	0.25	1.28	0.19

总体而言,2005~2019 年黄土高原地区种植业碳排放结构并未发生显著变化,各碳排放源的贡献率长期保持化肥>农膜>翻耕能耗>灌溉能耗>农药>农业机械总动力的分布格局。其中,农膜的碳排放量占种植业碳排放总量的比例呈现波动上升趋势,而化肥、农药、灌溉能耗、翻耕能耗和农业机械总动力的碳排放量占种植业碳排放总量的比例呈现波动下降趋势。这说明黄土高原地区种植业基础依然薄弱,种植业发展中仍然存在生产要素配置不合理、种植业绿色低碳化发展水平低等问题。需要加快推进种植业生产方式变革,促进种植业发展由增产导向转向提质导向,推动传统种植业向现代种植业转变,实现区域种植业的绿色低碳高质量发展。

4.2 种植业碳排放量的区域比较

黄土高原地区自然地理与人文经济要素区域差异大,这种空间分异与区域组合结构在一定程度上决定了区域种植业发展方式、发展阶段、种植结构及投入产出状况,这也使区域种植业碳排放量和碳排放强度表现出明显的区域差异性。本节在宏观省域尺度上,从比较地理学视角分析黄土高原地区碳排放总量、碳排放强度、万元 GDP 碳排放量和碳排放结构的省际差异,总结黄土高原宏观尺度上种植业碳排放的时空变化规律。

4.2.1 碳排放总量的省际差异

2005～2019 年黄土高原各省(自治区)的碳排放总量差异显著,除山西外,各省(自治区)碳排放总量总体上呈上升趋势(图 4.3)。其中,内蒙古种植业碳排放总量由 2005 年的 60.77 万 t 增加为 2019 年的 106.86 万 t,河南由 2005 年的 41.04 万 t 波动增加至 2019 年的 43.57 万 t,陕西由 2005 年的 157.93 万 t 波动增加至 2019 年的 195.43 万 t,甘肃由 2005 年的 77.46 万 t 波动增加至 2019 年的 124.06 万 t,青海由 2005 年的 8.33 万 t 增加至 2019 年的 12.37 万 t,宁夏由 2005 年的 34.96 万 t 持续增加至 2019 年的 45.51 万 t。陕西种植业碳排放总量最大,其次是山西,青海碳排放总量最低。在黄土高原各省(自治区)中,由于内蒙古、河南和青海处于黄土高原范围内的面积较小,因此碳排放总量相对较低,在黄土高原地区碳排放总量中的占比相对较小。

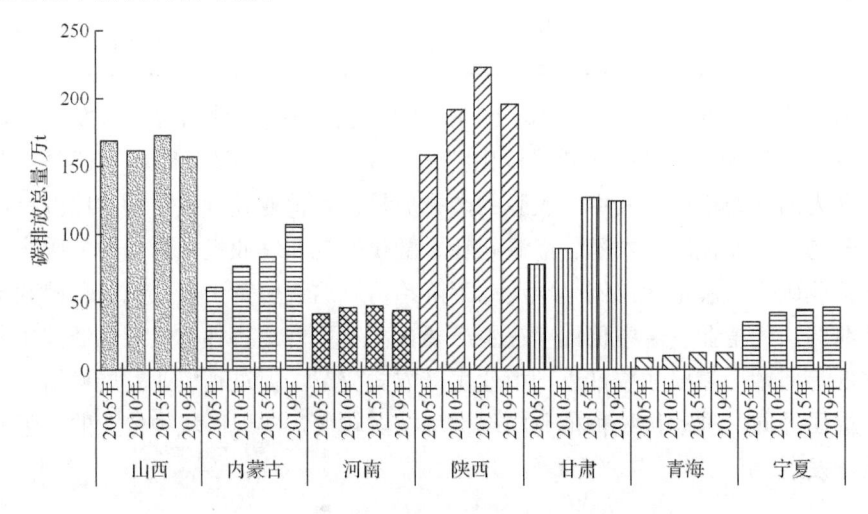

图 4.3 2005～2019 年黄土高原各省(自治区)种植业碳排放总量

从碳排放总量增长趋势变化看，2005～2019 年黄土高原各省（自治区）碳排放总量年均增长率呈现内蒙古>甘肃>青海>宁夏>陕西>河南>山西的分布格局。其中，内蒙古种植业碳排放量年均增长率最高，达到 4.11%；其次是甘肃，年均增长率为 3.42%；青海、宁夏和陕西种植业碳排放量年均增长率相对较低，分别为 2.86%、1.90%、1.53%；河南种植业碳排放量的年均增长率最低，仅为 0.43%；山西种植业碳排放量总体呈现减少趋势，年均下降 0.52%，是黄土高原地区种植业碳排放量减少的省（自治区）。

在 2005～2010 年、2010～2015 年、2015～2019 年三个时间段内，黄土高原各省（自治区）种植业碳排放量年均增长率均出现不同程度的下降趋势，陕西年均增长率下降速度最快，下降了 5.23%，其次是青海，下降了 4.20%，河南和甘肃分别下降了 3.84%和 3.36%，这表明黄土高原地区种植业碳排放量增长势头趋缓，种植业逐步向绿色低碳化方向转型。

4.2.2 碳排放强度的省际差异

为了更科学地描述各省（自治区）之间的碳排放量区域差异，选择每公顷农作物播种面积产生的碳排放总量刻画区域种植业碳排放强度，用于分析黄土高原地区种植业碳排放强度的省际差异（图 4.4）。

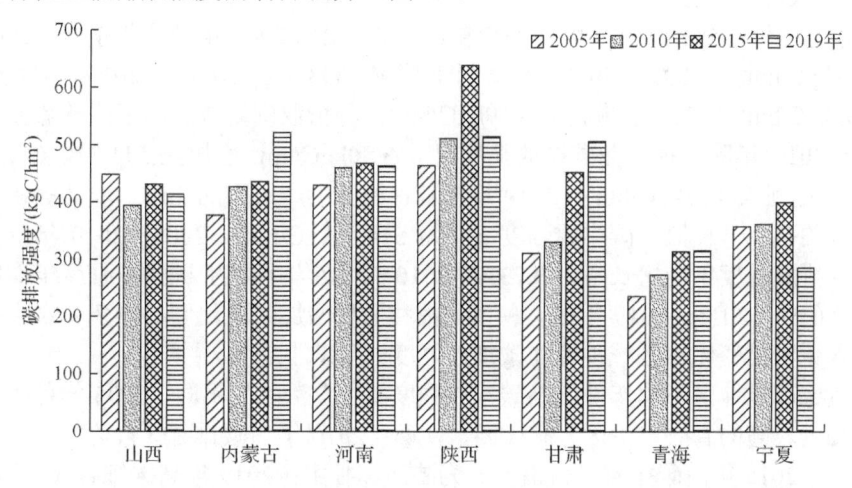

图 4.4　2005～2019 年黄土高原各省（自治区）种植业碳排放强度

根据黄土高原各省（自治区）种植业碳排放强度的变化过程及趋势，可以将黄土高原七个省（自治区）的碳排放强度变化划分为以下三种类型。

1）高速增长型

高速增长型仅有甘肃。2005～2010 年种植业碳排放强度年均增长率为 1.24%，2010～2015 年种植业碳排放强度年均增长率达到 6.44%，可见甘肃省种植业碳排放强度变化剧烈。这与 2015 年甘肃种植业生产过程中农膜使用量快速增长密切相关，11 年间，甘肃种植业农膜使用量由 2005 年的 43567.3t 增加至 2015 年的 112731.7t，年均增长 9.97%，其他物质资料投入随种植业播种面积的增加保持一定增加态势，说明甘肃种植业生产中农膜使用量可能存在冗余。2015～2019 年甘肃种植业碳排放强度年均增长率下降至 2.89%，说明随着种植业结构的优化调整和生产技术的创新，甘肃种植业碳排放强度增长趋缓。

2）低速增长型

低速增长型包括内蒙古、河南和青海。其中，2005～2015 年内蒙古种植业碳排放强度增长平缓，由 2005 年的 377.03kgC/hm² 缓慢增长至 2015 年的 435.48kgC/hm²，于 2019 年迅速上升为 520.98kgC/hm²。河南种植业碳排放强度增长平缓，由 2005 年的 428.90kgC/hm² 增长至 2019 年的 463.06kgC/hm²。青海种植业碳排放强度呈现持续增长态势，2005 年种植业碳排放强度为 235.57kgC/hm²，2010 年快速增长至 273.09kgC/hm²，2015 年增长至 313.30kgC/hm²，2019 年达到 315.10kgC/hm²，这说明青海种植业碳排放强度增速经历先上升后下降的变化趋势。该类省（自治区）均是种植业基础条件较好，种植业生产资料投入相对减少的地区，随着种植业现代化水平的提高，种植业从业人员也出现减少趋势，种植业碳排放强度呈现低速增长态势。

3）波动下降型

波动下降型包括山西、陕西和宁夏。其中，山西 2005 年种植业碳排放强度为 447.39kgC/hm²，2005～2010 年急剧下降到 393.63kgC/hm²，2015 年回升到 430.63kgC/hm²，2019 下降到 413.69kgC/hm²，种植业碳排放强度下降趋势显著。2005～2010 年陕西种植业碳排放强度由 463.40kgC/hm² 增加至 511.31kgC/hm²，2015 年达到 638.52kgC/hm²，2019 年随着种植业生产所需的化肥、农药等物质资料投入的减少，种植业碳排放强度下降为 514.56kgC/hm²。2005～2010 年宁夏种植业碳排放强度年均增长率为 0.23%，2010～2015 年种植业碳排放强度年均增长率为 2.03%，2015～2019 年虽然种植业播种面积增加，但化肥、农药、农膜等物质投入无明显变化，区域种植业碳排放强度出现减小趋势。

黄土高原地区不同年份的高碳排放强度省（自治区）不同，2005 年种植业碳排放强度较高的省（自治区）有山西、陕西；2010 年高碳排省（自治区）为陕西和河南；2015 年高碳排省（自治区）为陕西和甘肃；2019 年高碳排省（自治区）为内蒙古和陕西。这说明 2005～2019 年黄土高原地区种植业碳排放强度的地理分布存在空间移动特征。

4.2.3 万元 GDP 碳排放量的省际差异

从黄土高原各省（自治区）种植业万元 GDP 碳排放量变化看，2005～2019 年种植业万元 GDP 碳排放量呈现明显下降趋势，下降幅度依次为陕西>宁夏>青海>河南>山西>甘肃>内蒙古，年均降速分别为 9.64%、9.46%、9.18%、8.60%、8.59%、6.75%和 4.19%（图 4.5）。这表明 2005～2019 年黄土高原地区种植业每产生 1 万元的经济效益，产生的碳排放量呈逐年下降趋势。究其原因，一方面是 2005 年以来农业生产技术进步，增加了单位播种面积的种植业产出，提高了种植业产值；另一方面得益于生态环境保护和节能减排政策措施的实施，促进了种植业的绿色低碳化转型。可以预见，随着我国"双碳"目标政策的逐步落地和种植业产业结构的转型升级，黄土高原地区各省（自治区）种植业万元 GDP 碳排放量将持续下降，种植业碳排放产生的生态环境压力将得到有效缓解。

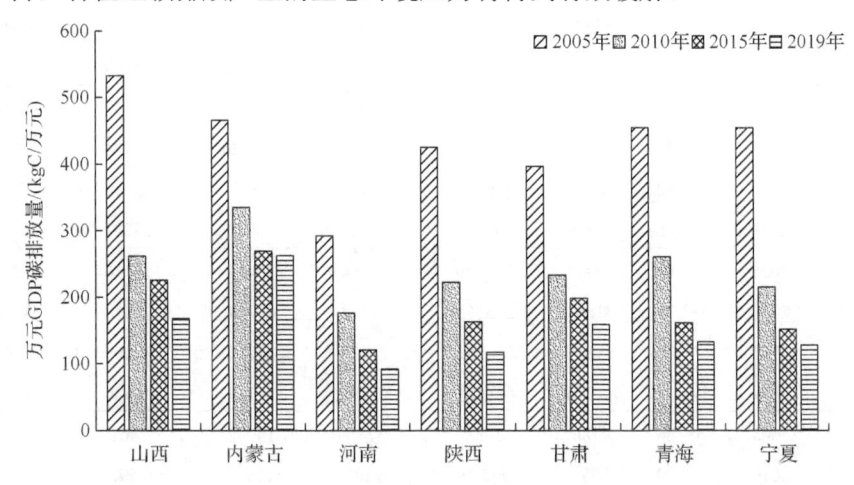

图 4.5 2005～2019 年黄土高原各省（自治区）种植业万元 GDP 碳排放量

注：种植业万元 GDP 排放量=种植业碳排放量（kgC）/农业生产总值（万元）

4.2.4 碳排放结构的省际差异

黄土高原各省（自治区）种植业各碳源产生的碳排放量占比与黄土高原地区各碳源占比相似（表 4.2），2005～2019 年各碳源碳排放量贡献率总体呈现化肥>农膜>翻耕能耗>灌溉能耗>农药>农业机械总动力（图 4.6）。这说明黄土高原地区整体及各省（自治区）种植业碳排放源构成具有相对一致性。

表 4.2 2005～2019 年黄土高原各省（自治区）种植业各碳源碳排放量　　（单位：t）

省（自治区）	年份	化肥	农药	农膜	灌溉能耗	翻耕能耗	农业机械总动力	合计
山西	2005	958549	110947	402247	94278	117131	4024	1687176
	2010	988437	164583	226191	102521	127372	5091	1614195
	2015	1070168	184951	240076	100196	124484	6033	1725908
	2019	975272	125859	251795	94768	117739	2745	1568178

续表

省(自治区)	年份	化肥	农药	农膜	灌溉能耗	翻耕能耗	农业机械总动力	合计
内蒙古	2005	387549	15902	112595	40293	50060	1272	607671
	2010	494564	20455	145890	44721	55561	1803	762994
	2015	543396	22695	156147	47735	59306	2212	831491
	2019	536354	22227	393119	51278	63707	1899	1068584
河南	2005	288237	31144	36224	23923	29722	1182	410432
	2010	321522	36718	39897	24776	30782	1348	455043
	2015	327559	39791	42658	25014	31077	1516	467615
	2019	309621	34499	37628	23521	29222	1169	435660
陕西	2005	1205047	82958	98162	85204	105857	2120	1579348
	2010	1490262	53092	157356	93545	116220	2724	1913199
	2015	1781925	58738	186507	87179	108311	3958	2226618
	2019	1531368	16370	190408	94952	117969	3281	1954348
甘肃	2005	337006	70917	225679	62334	77444	1216	774596
	2010	382580	81645	273393	67373	83704	1644	890339
	2015	440399	83831	583950	70205	87223	2165	1267773
	2019	396147	41076	664124	61296	76154	1826	1240623
青海	2005	53184	7786	2038	8839	10982	462	83291
	2010	58549	8952	13584	9409	11690	597	102781
	2015	63709	7980	28880	9831	12214	589	123203
	2019	62318	6652	32068	9813	12192	646	123689
宁夏	2005	247984	8876	36923	24468	30399	917	349567
	2010	293350	12055	47378	29008	36040	1326	419157
	2015	316125	12457	48840	27571	34254	1337	440584
	2019	301539	13811	49270	39829	49583	1211	455243

就山西省而言，种植业生产中施用化肥产生的碳排放量长期占据主导地位，占比由2005年的56.81%持续增长至2019年的62.19%，农药使用量呈先增加后减少的变化趋势，占比先由2005年6.58%上升至2015年的10.72%，后下降为2019年的8.03%，农膜使用量总体呈现波动减少趋势，占比由2005年的23.84%下降为2019年的16.06%，灌溉能耗和翻耕能耗产生的碳排放量均呈先上升后下降的变化趋势，而在种植业碳排放总量中的占比却呈波动上升趋势，分别从2005年的5.59%、6.94%上升至2019年的6.04%、7.51%，农业机械总动力引起的碳排放量在整个种植业碳排放总量体系中的占比较低，且呈波动下降趋势，占比由2005年的0.24%波动下降为2019年的0.18%。

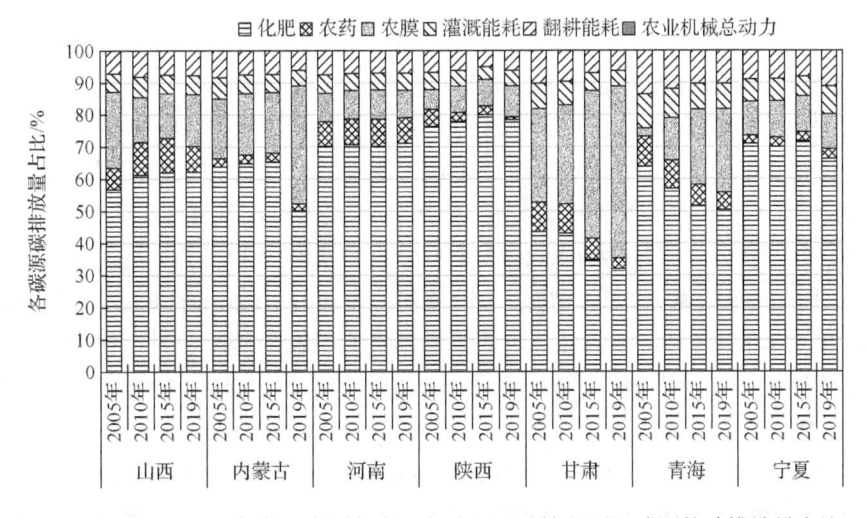

图 4.6 2005～2019 年黄土高原各省（自治区）种植业不同碳源的碳排放量占比

内蒙古种植业生产过程中农膜使用产生的碳排放量占比增长迅速，占比由 2005 年的 18.53%持续上升至 2019 年的 36.79%，而化肥施用产生的碳排放量占比明显降低，由 2005 年的 63.78%下降为 2019 年的 50.19%。农药使用产生的碳排放量占比呈现先上升后下降的变化趋势，占比先由 2005 年 2.62%上升至 2015 年的 2.73%，后下降为 2019 年 2.08%。灌溉能耗和翻耕能耗产生的碳排放量占比总体呈现下降趋势，分别由 2005 年的 6.63%、8.24%下降为 4.80%、5.96%。农业机械总动力引起的碳排放量小，占比处于较低水平，15 年间的平均占比为 0.22%。

河南化肥施用产生的碳排放量占比长期占据主导地位，碳排放量占比有所上升，占比由 2005 年的 70.23%上升为 2019 年的 71.07%。农药和农膜使用产生的碳排放量占比呈现先上升后下降的变化趋势，占比分别由 2005 年的 7.59%、8.83%上升为 2015 年的 8.51%、9.12%，后下降为 2019 年的 7.92%、8.64%。灌溉能耗和翻耕能耗产生的碳排放量占比总体呈现下降趋势，分别由 2005 年的 5.83%、7.24%下降为 2019 年的 5.40%、6.71%。农业机械总动力引起的碳排放量占比较低，15 年间的平均占比为 0.29%。

陕西化肥施用产生的碳排放量占比尤为突出，总体呈现先上升后下降的变化特征，占比由 2005 年 76.30%上升为 2015 年的 80.03%后下降为 2019 年的 78.36%。农药使用产生的碳排放量占比呈现持续下降趋势，由 2005 年的 5.25%下降为 2019 年的 0.84%。农膜使用产生的碳排放量占比呈现持续增加态势，由 2005 年的 6.22%上升至 2019 年的 9.74%。灌溉能耗和翻耕能耗产生的碳排放量占比呈现波动下降趋势，分别由 2005 年的 5.39%、6.70%下降为 2019 年的 4.86%、6.04%。农业机械总动力引起的碳排放量占比较低，但总体呈现上升趋势，占比由 2005 年的 0.13%持续上升至 2019 年的 0.17%。说明随着农业现代化的快速推进，农业机械投入引起的碳排放量显著上升，在区域碳排放格局中的占比增加。

甘肃不同碳源碳排放量的构成不同于其他省（自治区），集中表现为农膜使用产生的碳排放量在区域种植业碳排放格局中的占比持续上升，由2005年的29.14%上升为2019年的53.53%，年均增长4.44个百分点。化肥和农药使用产生的碳排放量占比均呈下降态势，占比分别由2005年的43.51%、9.16%下降为2019年的31.93%和3.31%，年均分别下降0.22个百分点和7.01个百分点。灌溉能耗和翻耕能耗产生的碳排放量占比呈现持续下降趋势，分别由2005年的8.05%、10.00%下降为2019年的4.94%、6.14%。农业机械总动力引起的碳排放量占比呈先上升后下降的变化趋势，占比由2005年的0.16%上升为2010年的0.18%后下降为2019年的0.15%。

青海化肥施用产生的碳排放量占比长期占据主导地位，但总体呈持续下降趋势，占比由2005年的63.85%下降为2019年的50.38%，农药、灌溉能耗和翻耕能耗均呈下降趋势，占比分别由2005年的9.35%、10.61%和13.19%持续下降为2019年的5.38%、7.93%和9.86%。农膜使用产生的碳排放量占比呈快速增加趋势，占比由2005年的2.45%快速增加至2019年的25.93%。农业机械总动力引起的碳排放量占比呈先下降后上升的变化态势，占比由2005年的0.55%下降为2015年的0.48%，后上升为2019年的0.52%。

宁夏种植业不同碳源引起的碳排放量构成与黄土高原整体相一致。化肥施用产生的碳排放量占据主导地位，但呈波动下降趋势，占比由2005年的70.94%波动下降为2019年的66.24%。农药使用产生的碳排放量占比呈增加态势，由2005年的2.54%上升至2019年的3.03%。农膜使用产生的碳排放量占比呈先上升后下降的变化趋势，占比由2005年的10.56%上升为2010年的11.30%，后下降为2019年的10.82%。灌溉能耗和翻耕能耗产生的碳排放量占比呈现上升态势，分别由2005年的7.00%、8.70%上升为2019年的8.75%、10.89%。农业机械总动力引起的碳排放量占比呈先上升后下降的变化趋势，占比由2005年的0.26%上升至2010年的0.32%，后下降为2019年的0.27%。

4.3 种植业碳排放强度的时空分异

种植业碳排放强度是反映区域种植业碳排放水平和种植业生态效率的重要指标。随着种植业生产技术的进步和种植业结构转型，区域种植业碳排放强度将表现出明显的时空差异性，特别是种植业碳排放强度的地理重心演变趋势将更为明显。同时，由于不同县域单元之间的碳排放强度存在相互依赖性，邻近县域之间的碳排放强度联系更为紧密。为此，本节重点分析黄土高原县域碳排放强度时空变化过程，揭示县域种植业碳排放强度重心演变规律，解析县域种植业碳排放强度空间积聚态势和关联模式。

4.3.1 种植业碳排放强度空间分布

为了探究黄土高原地区县域种植业碳排放强度的时空分异特征，根据各时间截面碳排放强度的测算结果，首先将黄土高原县域种植业碳排放强度划分为五个等级（表4.3），再利用ArcGIS10.2软件对县域种植业碳排放强度时空格局进行可视化制图，获得2005～2019年四个时间截面的县域种植业碳排放强度空间分异格局（图4.7）。

表4.3 2005～2019年黄土高原县域种植业碳排放强度等级个数

年份	一级排放区（<300kgC/hm²）	二级排放区（300～600kgC/hm²）	三级排放区（600～900kgC/hm²）	四级排放区（900～1200kgC/hm²）	五级排放区（>1200kgC/hm²）
2005	127	160	41	7	6
2010	117	160	44	10	10
2015	94	165	48	18	16
2019	65	189	63	14	10

1. 2005年县域种植业碳排放强度空间分布

2005年黄土高原地区341个县域单元中，种植业碳排放强度最小的为内蒙古乌兰察布市的察右中旗，仅有98.65 kgC/hm²，最高的是兰州市安宁区，碳排放强度为2798.37kgC/hm²，全区种植业碳排放强度平均值为423kgC/hm²。一级排放区、二级排放区的县（区）分别有127个、160个，分布在黄土高原的中心区域和青海的大部分县（区）。三级排放区包括41个县（区），主要分布在山西北部的忻州市，市辖区内14个县区共有6个县（区）为三级排放区，如忻府区、五台县、代县等，以及山西中部晋城市的左权县、祁县；第二个集中区域分布在黄土高原西北部内蒙古、宁夏以及宁夏与甘肃交界处，如内蒙古巴彦淖尔市的临河区、杭锦后旗，宁夏银川市的西夏区、兴庆区，甘肃兰州市的靖远县，这些县（区）呈链条状分布在黄土高原西北侧；三级排放区还包括陕西咸阳、渭南、延安三市的多个县（区），如宜川县、蒲城县、礼泉县、扶风县等，这些县（区）呈块状分布于黄土高原南侧。四级排放区包括7个县（区），主要集中在陕西延安市，富县、洛川县、白水县均分布在该区域，此外，还有兰州市红古区，洛阳市瀍河回族区、吉利区以及山西长治城区，这些县（区）均分布在离大城市较近的区域，农作物播种面积不大，但种植业物质资料投入较高。五级排放区包括6个县（区），分别是山西晋中市的寿阳县、平遥县，内蒙古乌海市的海勃湾区、乌达区，兰州市安宁区和白银市白银区。

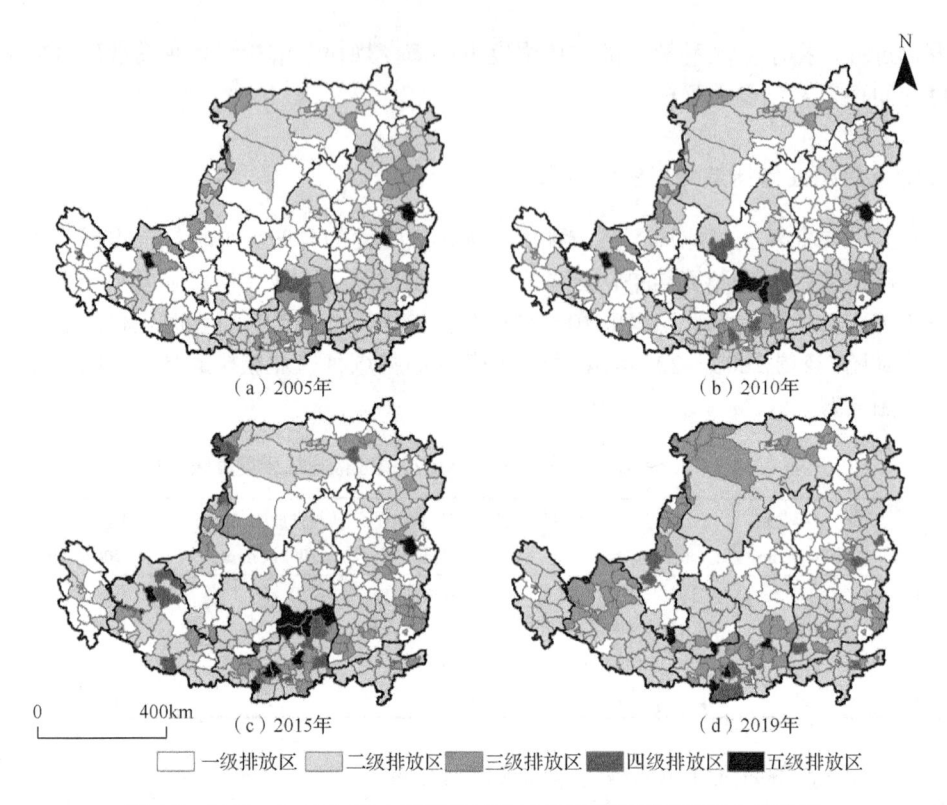

图 4.7　2005～2019 年黄土高原县域种植业碳排放强度空间分异格局

2. 2010 年县域种植业碳排放强度空间分布

相较于 2005 年，2010 年黄土高原地区种植业碳排放强度总体呈增强态势，污染较高地区数量增多、强度增强。一级排放区的县（区）数减少了 10 个，三～五级排放区的县（区）数均有增加。

2010 年种植业碳排放强度极值点所在的县（区）略有变化，排放强度最低的为陕西榆林市吴堡县，碳排放强度为 96.73kgC/hm²，最高值仍为兰州市安宁区，达到了 3018.26kgC/hm²。全区种植业碳排放强度平均值为 444kgC/hm²，较 2005 年均有小幅提升。最大值较 2005 年提高了 219.89kgC/hm²，平均值提高了 15kgC/hm²。不同地区种植业碳排放强度变化具有明显的空间异质性。

山西北部县（区）种植业碳排放强度较 2005 年有明显下降，山西忻州原来为三级排放区的县（区）均降为二级排放区，如五台县、原平市等；二级排放区降为一级排放区，如繁峙县、交城县等；平遥县由五级排放区降为三级排放区，这主要得益于平遥县旅游业的快速发展，带动了农业产业结构的转型升级，使得该县对于种植业的投入总体减少；左权县由三级排放区降低为二级排放区。以上变化说明，2005～2010 年随着山西省节能减排政策的实施，种植业碳排放强度得到初步控制。另外，内蒙古乌海市种植业碳排放强度也出现降低趋势，该市海勃湾区、乌达区由原来的五级排放区降为四级排放区，海南区由三级排放区转为二级排放区。

与山西、内蒙古情况相反，陕西县域种植业碳排放强度出现不同程度的增长。主要表现为三级排放区数增多，具体由2005年的13个三级排放区、3个四级排放区增长为15个三级排放区、5个四级排放区和2个五级排放区；三级排放区转变为四级排放区，如宜川县、黄龙县、礼泉县等，原来的四级排放区转变为五级排放区，包括富县、洛川县。另一个碳排放强度增长区集中在甘肃兰州市附近，西固区由三级排放区降为四级排放区，红古区从四级排放区转变为五级排放区，安宁区仍保持在五级排放区。临夏回族自治州临夏县由三级排放区转变为四级排放区。

总体上，2010年黄土高原东部、北部县（区）种植业碳排放强度呈现下降趋势，新的高碳排放县（区）集中在西南部，黄土高原内部种植业碳排放强度仍然保持较低水平，高碳排放区域仍分布在黄土高原边缘地区。

3. 2015年县域种植业碳排放强度空间分布

2015年黄土高原整体种植业碳排放强度上升趋势更加明显，相较于2005年，一级排放区内县（区）数减少了33个，其余排放区数均有增加，二级排放区数增加了5个，三级、四级和五级排放区的县（区）数分别增加了7个、11个和10个。

2015年种植业碳排放强度最低的县（区）与2010年相同，均为榆林市的吴堡县，碳排放强度为108.44kgC/hm^2，最高值出现在陕西延安市的洛川县，碳排放强度达到4288.18kgC/hm^2。全区种植业碳排放强度平均值为512kgC/hm^2，较前两个时间断面均有大幅提升，较2010年增加了68kgC/hm^2，县域碳排放强度之间的差异性越来越显著。

陕西、甘肃的种植业碳排放强度保持继续增长态势，高碳排放区的县（区）数量持续增长。陕西三级排放区包括县（区）11个，四级排放区9个，五级排放区扩大到8个，占据了整个黄土高原五级排放县（区）数的一半。陕西中部及南部的种植业碳排放强度整体呈增长态势，高碳排放区仍然集中在关中平原地区。甘肃兰州市七里河区、临夏回族自治州的永靖县和白银市的靖远县均有不同程度的提高，这些县（区）均集中在甘肃中部地区。除了以上两省外，宁夏与内蒙古交界处成为新的种植业碳排放强度增长区，平罗县、鄂托克前旗由二级排放区转变为三级排放区，鄂托克前旗的种植业碳排放强度在研究期内保持成倍增加态势。与此同时，山西南部5个县（区）由二级排放区转为三级排放区，黄土高原中部的多数县（区）由一级排放区转变为二级排放区，全区种植业碳排放强度呈现上升态势。

4. 2019年县域种植业碳排放强度空间分布

2019年黄土高原地区种植业碳排放强度出现下降趋势，高碳排放区的县（区）数减少，强度减弱。相较于2015年，一级排放区的县（区）数减少了29个，四级、五级排放区县（区）数分别减少了4个和6个，二级、三级排放区的县（区）数均有增加，分别增加了24个和15个。

2019年种植业碳排放强度极值点所在的县（区）发生了明显变化，碳排放强度最低的为山西迎泽区，为72.36kgC/hm^2，最高值为宁夏泾源县，达到了3492.75kgC/hm^2。全区种植业碳排放强度平均值为495kgC/hm^2。相较于2015年区域种植业碳排放强度出现减小趋势，其中平均值较2015年减少了17kgC/hm^2，标准差减少了88kgC/hm^2，说明黄土高原地区341个县（区）的种植业碳排放强度的地域差距趋于缩小。

陕西、甘肃的种植业碳排放强度呈现下降趋势，高碳排放区的县（区）数逐渐减少。其中，陕西四级排放区的县（区）数减少了4个，五级排放区的县（区）数减少了3个，三级排放区的县（区）数增加了2个，达到13个。陕西中部的种植业碳排放强度整体下降，但高碳排放区主要集中在关中平原地区。甘肃天水市的武山县、平凉市的静宁县和白银市的白银区、靖远县均有不同程度的下降，三级排放区增加到12个，这些县（区）主要集中在甘肃中部地区。除以上两省外，宁夏与内蒙古交界处以及内蒙古东北和西南部地区成为新的种植业碳排放强度增长区，宁夏金凤区、贺兰县和内蒙古的海南区、磴口县、杭锦旗、石拐区等9个县（区）由二级排放区转变为三级排放区，昆都仑区成为四级排放区，内蒙古与陕西交界处的县（区）由一级排放区转变为二级排放区，种植业总体碳排放强度呈现增强态势。同时，山西南部地区三级排放区减少了5个，整体碳排放强度呈减弱趋势。青海东部地区县（区）由一级排放区转变为二级排放区，种植业碳排放强度出现增强趋势。河南地区县域种植业碳排放强度相对稳定。

总体而言，2005~2015年黄土高原地区的种植业高碳排放区从西北转移到西南地区，2019年继续向南扩展，种植业高碳排放集中区先由山西转移到甘肃兰州市，再转移至陕西咸阳市、渭南市等地区，高碳排放区的分布出现向黄土高原中心地区扩展的变化态势。

综上分析，黄土高原县域种植业碳排放强度地理变化特征如下：①2005~2015年，县域种植业碳排放强度最大值、最小值、平均值均呈现增大趋势，多数县（区）的种植业碳排放强度逐年上升，但2019年县域种植业碳排放强度极值点、平均值及标准差出现缩小趋势，说明县域种植业碳排放强度的地域差异趋于缩小；②县域种植业碳排放强度等级出现先上升再下降的变化态势，2005~2015年三级、四级和五级排放区的县（区）数逐渐增加，2019年二级和三级排放区的县（区）数增多，四级和五级排放区的县（区）数减少；③2005~2019年县域种植业高碳排放强度区的空间分布发生明显的空间转移，先由山西转移到甘肃、陕西，再到宁夏。不同等级种植业碳排放强度县（区）的区域分布破碎，县域种植业碳排放强度差异明显，最终演变成以关中平原为核心区，宁夏平原、河套平原和陇中地区为次级核心区的种植业碳排放强度分布新格局。

4.3.2 种植业碳排放强度重心演变

为了更直观和准确地刻画研究期内黄土高原地区种植业碳排放强度的空间演变过程，在 ArcGIS10.2 软件支持下，计算了 2005~2019 年黄土高原县域碳排放强度的重心，重心的转移路径是黄土高原县域碳排放强度在地理空间上转移过程的客观表达（图 4.8）。

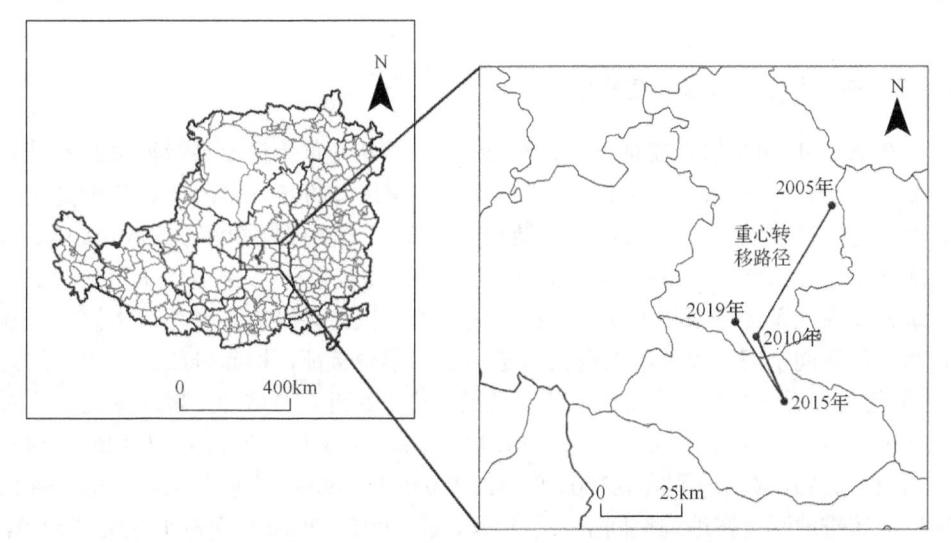

图 4.8　2005~2019 年黄土高原种植业碳排放强度重心转移路径

由图 4.8 可知，2005~2019 年黄土高原地区种植业碳排放强度的重心在 109.38°E~109.10°E、36.93°N~36.40°N 变动，即在陕西中部延安市的安塞区和甘泉县境内，总体变化幅度较小。从重心移动方向看，种植业碳排放强度整体上呈现"由北向南"的移动趋势，在东西方向略有不同。其中，2005~2010 年种植业碳排放强度向西南方向移动，这是由于 2005~2010 年，山西种植业碳排放强度明显下降，甘肃、陕西取代山西成为新的种植业高碳排放区；2010~2015 年种植业碳排放强度重心向东南方向移动，该变化是由于该时段内陕西省县域种植业碳排放强度增长迅速，拉动了碳排放强度向东南方向移动；2015~2019 年种植业碳排放强度重心向西北方向移动，主要是因为宁夏和内蒙古县域种植业碳排放总量上升，推动县域碳排放强度重心向西北方向移动。从重心移动距离看，2005～2010年偏移量较大，向西偏移0.23°，向南偏移0.35°，2010～2015年向东偏移0.08°，向南偏移0.18°，2015～2019年向西偏移0.14°，向北偏移0.22°，黄土高原县域种植业碳排放强度重心南北方向偏移距离始终大于东西方向。

需要注意的是，2005年黄土高原县域种植业碳排放强度的重心几乎与黄土高原的几何中心（109.36°E，36.89°N）重合，2010年、2015年和2019年县域种植业碳排放强度逐渐移动到黄土高原几何中心的西南侧，且距离呈先增大后减小的变化趋势，说明研究前期黄土高原县域种植业碳排放强度相对均衡，区域差异性不明显，但随着种植业投入的增加和城镇化的快速推进，不同区域之间的种植业生产的差异性日渐增强，后期随着种植业碳排放强度的缩减，区域差异性再次缩小，引起县域种植业碳排放强度重心与黄土高原几何中心的距离呈现先扩大后缩小的变化趋势。

4.3.3 种植业碳排放强度空间模式

在ArcGIS10.2软件支持下，计算2005～2019年黄土高原县域种植业碳排放强度的Moran's I 指数（表4.4）。由表4.4可以看出，2005～2019年，黄土高原县域种植业碳排放强度的Moran's I 指数均大于0，P 值均为0.000000，Moran's I 指数的检验值Z值均大于0.01置信水平的临界值2.58，通过了显著性水平检验。说明研究期内，黄土高原相邻或相近县（区）的种植业碳排放强度存在相似性，具有明显的正向空间相关性，表现出一定的空间集聚特征，即碳排放强度较高的县（区）趋于邻近，碳排放强度较低的县（区）趋于邻近。但这种集聚现象处于不断变化中，2005年、2010年、2015年、2019年的Moran's I 指数分别为0.126、0.187、0.178和0.135，Z值分别为6.350、9.341、9.045和6.906，表明黄土高原地区县域种植业碳排放强度在地理空间上持续集聚，在2005～2010年保持加速集聚趋势，正相关性有所增强；2010～2019年集聚态势放缓，说明碳排放强度的空间集聚在这一时期呈现减弱趋势，即黄土高原种植业碳排放强度Moran's I 指数经历了先增后减的变化过程，县域碳排放强度总体呈现空间集聚分布态势。

表4.4 2005～2019年黄土高原县域种植业碳排放强度全局Moran's I 指数

年份	Moran's I 指数	Z 值	P 值
2005	0.126	6.350	0.000000
2010	0.187	9.341	0.000000
2015	0.178	9.045	0.000000
2019	0.135	6.906	0.000000

为了进一步揭示黄土高原地区不同县（区）之间种植业碳排放强度的空间关联关系，利用 OpenGeoDa 软件绘制种植业碳排放强度的 LISA 集聚图，并统计不同集聚类型的县（区）数（表 4.5）。由表 4.5 可知，2015 年黄土高原县域种植业碳排放强度空间集聚程度最为显著，各集聚类型区的县（区）数较多，2005~2019 年种植业碳排放强度呈现高-高集聚和低-高集聚类型的县（区）数变化相对明显，高-低集聚和低-高集聚类型的县（区）数随时间小幅波动。总体上看，2005~2019 年黄土高原县域种植业碳排放强度空间关联性呈先增强后减弱的变化趋势，县域种植业碳排放强度总体空间集聚程度有所上升。

表 4.5 2005~2019 年黄土高原县域碳排放强度 LISA 集聚类型县（区）数统计

年份	高-高集聚	高-低集聚	低-高集聚	低-低集聚	不显著集聚
2005	29	3	7	63	239
2010	39	3	9	73	217
2015	38	3	10	75	215
2019	35	4	21	62	219

从黄土高原县域种植业碳排放强度集聚区域看（图 4.9），2005 年县域种植业碳排放强度高-高集聚区主要分布在内蒙古西部的巴彦淖尔市、宁夏北部的石嘴山市、甘肃中部以及陕西中部的一些县（区）；2010 年县域种植业碳排放强度高-高集聚区以甘肃中部、陕西中部以及河南为主，原来的内蒙古西部和宁夏均转变为不显著集聚区；2015 年甘肃县域种植业碳排放强度高-高集聚区仅有兰州市的榆中县、皋兰县、西固，白银市的白银区及临夏回族自治州的永靖县等 8 个县（区），数量较 2005 年和 2010 年均有明显下降，河南的县（区）数较 2010 年也有减少，陕西县域种植业碳排放强度高-高集聚区的县（区）数增加到 23 个，较 2005 年增加了 12 个，约占整个黄土高原地区的 2/3。全区县域种植业碳排放强度高-高集聚区以陕西中部县（区）为主。

2005~2019 年陕西北部与山西接壤处的县（区）种植业碳排放强度主要处于低-低集聚区，其他低-低集聚区所在区域不断变化。其中，青海经历了由不显著集聚区向低-低集聚区的转变。2005 年甘肃南部、陕西北部和山西局部县（区）种植业碳排放强度处于低-低集聚区，2010 年甘肃南部和陕西北部县（区）均由低-低集聚区转变为不显著集聚区，说明 2005~2010 年该类区域种植业碳排放强度的空间异质性增强，取而代之的是山西中部地区由不显著集聚区转变为低-低集聚区，表明该时段内山西县域种植业碳排放强度的地域差异性降低，空间集聚程度增强。2015~2019 年县域种植业碳排放强度低-低集聚区进一步向东北方向移动，甘肃彻底脱离低-低集聚区，转变为不显著集聚区，陕西北部仍保持原有状态未有明显变化，山西县域种植业碳排放强度低-低集聚区范围进一步扩大，该区域

(a) 2005年　　　　(b) 2010年

(c) 2015年　　　　(d) 2019年

■ 高-高集聚区　■ 高-低集聚区　■ 低-高集聚区　▨ 低-低集聚区　□ 不显著集聚区

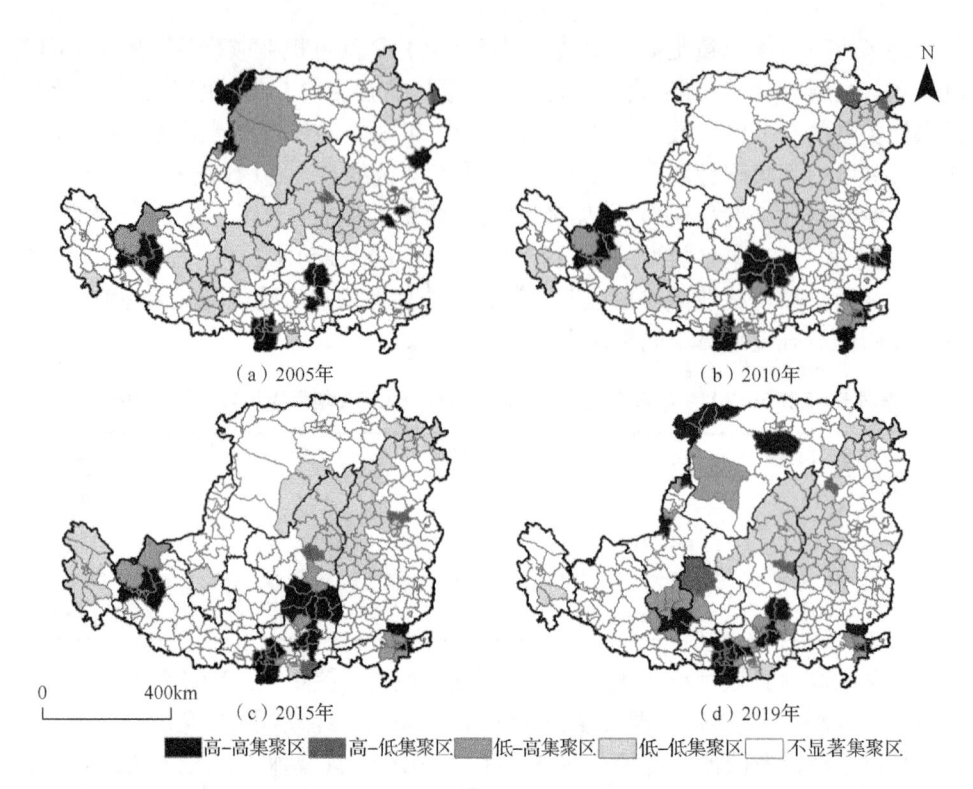

图 4.9　2005～2019 年黄土高原县域种植业碳排放强度 LISA 集聚图

种植业碳排放强度的地域差异进一步缩小，陕西北部和山西北部成为该时段县域种植业碳排放强度低-低集聚区的主要分布区域。

从黄土高原县域种植业碳排放强度集聚格局看，2005 年县域种植业碳排放强度高-高集聚区主要分布在黄土高原西部，呈线状延伸；2010 年县域种植业碳排放强度高-高集聚区从黄土高原西部转移到南部地区，黄土高原中部及北部地区均无高-高集聚区；2015 年县域种植业碳排放强度高-高集聚区分布更加集中，集中分布在陕西中部、黄土高原西南部地区；2019 年县域种植业碳排放强度高-高集聚区主要分布在陕西中部及黄土高原西北部地区。总体来看，2005～2019 年黄土高原县域种植业碳排放强度高-高集聚区呈现块状密集分布特点，从黄土高原西部转移至南部地区，进而范围缩小到西南部地区，最终形成西南部和西北部两个县域种植业碳排放强度高-高集聚区分布的密集区。

与县域种植业碳排放强度高-高集聚区块状密集分布的特点不同，低-低集聚区连片集中在黄土高原的西南—东北方向，以及青海的部分县（区），但不同时间段内分布特点不同。2005 年主要集中于黄土高原西南地区，2010 年向东北方向迁移，低-低集聚区分布在黄土高原西南（甘肃、宁夏）和东北（山西）地区，中部的宁夏、甘肃、陕西交界处表现为不显著集聚类型；2015年县域种植业碳排放强度低-低集聚区进一步向东北方向偏移，除青海低-低集聚态势增强外，黄土高原西南地区转变为不显著区域；2019年县域种植业碳排放强度低-低集聚区主要集中于黄土高原东北部地区，西南方向不显著区域增多。总体而言，2005~2019年黄土高原县域种植业碳排放强度低-低集聚区呈片状集中、线状延伸于西南—东北方向，并呈现由西南方向向东北方向转移的变化趋势。

4.4 本章小结

本章在评估黄土高原种植业碳排放总量和碳排放强度基础上，分析了碳排放量的时序变化和结构特征，分层次比较分析了种植业碳排放强度和碳排放结构，并采用探索性空间分析法重点探讨了县域种植业碳排放强度的时空分异规律及空间自相关关系。主要得出以下结论：

（1）2005~2019年黄土高原种植业碳排放量总体呈现先上升后下降的变化趋势，区域种植业碳排放结构体系相对稳定，以化肥为主要碳源的碳排放量在区域种植业碳排放结构体系中长期占据主导地位。各碳排放源的贡献率长期呈现化肥>农膜>翻耕能耗>灌溉能耗>农药>农业机械总动力的分布态势。其中，化肥、农膜、灌溉能耗、翻耕能耗的碳排放量占种植业碳排放总量的比例呈现波动上升趋势，而农药和农业机械总动力的碳排放量占种植业碳排放总量的比例呈现波动下降趋势。区域种植业绿色低碳化发展水平依然很低。

（2）黄土高原种植业碳排放量省（自治区）际差异显著。除山西外，2005~2019年各省（自治区）的碳排放总量均呈上升态势，碳排放强度的变化具有明显的区域差异性，各省（自治区）碳排放结构与黄土高原整体类似。黄土高原七个省（自治区）的碳排放强度变化划分为以下三种类型，其中高速增长型仅有甘肃，低速增长型包括内蒙古、河南和青海，波动下降型包括山西、陕西和宁夏。各省（自治区）种植业万元GDP碳排放量呈现明显下降趋势，下降幅度依次为陕西>宁夏>青海>河南>山西>甘肃>内蒙古，种植业各碳排放源排放量贡献率总体呈现化肥>农膜>翻耕能耗>灌溉能耗>农药>农业机械总动力的分布格局。

（3）黄土高原县域种植业碳排放强度时空分异明显。2005年碳排放强度较大的县（区）主要位于黄土高原边缘地区，三级排放区集中分布在忻定盆地和河套平原地区，四级、五级排放区多分布在离中心城市较近的县（区）。2010年碳排放强度明显增强，高碳排放区县（区）数增多，黄土高原东部、北部的县（区）碳排放强度呈下降趋势，新的高碳排放县（区）集中在黄土高原西南部，关中平原地区成为主要的高碳排放区域，黄土高原内部碳排放强度仍然保持较低水平，高碳排放区域仍然分布在黄土高原边缘地区。2015年碳排放强度上升趋势更加明显，关中平原地区县域碳排放强度进一步上升，高碳排放区的分布出现向高原中心扩展的变化趋势。2019年高碳排放区继续向南扩展，最终形成以关中平原为主要核心，宁夏平原、河套平原及陇中地区为次级核心的高碳排放区空间分布格局。

（4）黄土高原县域种植业碳排放强度重心的转移路径是县域种植业碳排放强度在地理空间上转移过程的客观表达。2005~2019年黄土高原种植业碳排放强度重心表现出"由北向南"移动的变化趋势，在陕西中部延安市的安塞区和甘泉县内，总体变化幅度较小。与黄土高原几何中心的距离经历了由近及远再到近的变化过程，这说明黄土高原不同区域之间种植业碳排放强度的差异性经历了由逐步扩大到日益缩小的变化过程。其中，2005~2010年种植业碳排放强度重心向西南方向移动；2010~2015年种植业碳排放强度重心向东南方向移动；2015~2019年种植业碳排放强度重心向西北方向移动。

（5）黄土高原县域种植业碳排放强度全局 Moran's I 指数经历了先增后减的变化过程，县（区）间种植业碳排放强度总体呈现集聚分布态势。2005~2019年高-高集聚区保持着块状密集分布的特点，从黄土高原西部的兰州盆地、河套平原转移至南部的关中平原、豫西土石山区，并进一步缩小至黄土高原西南部地区，以关中平原、兰州盆地为主要集聚区，最终形成西南和西北两个高-高集聚区，而种植业碳排放强度低-低集聚区呈片状集中、线状延伸于西南—东北方向，并呈现由黄土高原西南方向向东北方向转移的变化趋势。

第5章　黄土高原种植业生态效率时空格局与提升路径

种植业生态效率是表征种植业低碳、绿色发展水平的重要指标。科学评估种植业生态效率对促进种植业绿色低碳化转型和高质量发展具有重要作用。改革开放以来，我国社会经济取得快速发展，种植业产出水平不断提升，粮食产量连续多年呈增长态势，全国粮食总产量由1978年的30477万t增加到2019年的66384万t，人均粮食产量由1978年的319kg增加到2019年的472kg，年均增长率分别达到1.92%和0.96%（国家统计局，2020）。这主要得益于家庭联产承包责任制等"政策红利"和现代农业生产资料的投入与农业机械化的推广。

然而，以石油能源为主要动力的农业机械化和以石油制品为主要原料的农业化学制品的大量投入，对生态环境产生了诸多负面影响。一方面，种植业生产直接或间接地使用石油、煤炭等化石能源，导致大气中温室气体排放量增加，为全球气候变暖贡献了重要份额；另一方面，种植业生产所需的农药、化肥、农膜等化学制品过度使用，对农业生态环境产生了显著的负面效应。在建设生态文明、推进种植业高质量发展背景下，需要有效平衡种植业投入、期望产出和非期望产出三者之间的关系，将种植业生产的生态环境影响（主要是负面影响）纳入种植业投入产出分析框架中，综合评估种植业的生态效率。

本章选取黄土高原地区种植业为研究对象，将种植业碳排放和污染作为非期望产出纳入投入产出效率评价框架中，采用DEA-SBM模型，科学评估2005~2019年黄土高原地区种植业生态效率时空格局，总结种植业生态效率时空分异模式，揭示种植业生态效率损失的原因，探究种植业生态效率的改善与提升路径。

5.1　种植业生态效率时空演变特征

尺度问题是地理学最为重要的核心议题之一。探究不同空间尺度上种植业生态效率空间格局与演化过程，可为深化种植业生态效率时空演化规律认知奠定科学基础。因此，本节从全域、省域和县域三个尺度出发，探究黄土高原地区种植业生态效率时空演化特征，总结种植业生态效率在不同空间尺度上的演化规律及其内在关系，力求深化区域种植业生态效率研究中的尺度问题。

在数据统计过程中发现，黄土高原部分县（区）由于城镇化水平较高，以第二产业、第三产业为主，农业生产占比较小，种植业基础数据难以获得，故未将其列入测算生态效率的研究单元中。通过筛选，本章测算的县域种植业生态效率的研究单元共有 332 个，大同市的城区、矿区，阳泉市的城区、矿区，西安市的新城区、碑林区、莲湖区、雁塔区和吴忠市的红寺堡区均未参与测算。

借助 Max-DEA 软件，选择非径向（non-oriented）的 SBM 模型，计算得到 2005~2019 年四个时间断面 332 个县（区）种植业生态效率。参考以往学者研究成果（于婷和郝信波，2018；卢丽文等，2016），结合本书测算结果，将县域种植业生态效率划分为效率最高（完全有效）和非有效区，设定生态效率 ρ =1 时为有效区，ρ <1 为非有效区，进而将非有效区划分为相对高效区（0.70≤ ρ <1.00）、相对中效区（0.45≤ ρ <0.70）和相对低效区（0.10≤ ρ <0.45）三种类型。

5.1.1 全域尺度种植业生态效率格局演变

2005~2019 年黄土高原地区种植业生态效率在波动中略有下降，总体仍处于较低水平，均低于同时期其他学者对全国种植业生态效率的测算结果。2005 年全区种植业生态效率平均值为 0.70，最小值为忻州市五寨县（0.20），ρ 最大（完全有效）的县（区）有 48 个（表 5.1）；2010 年全区种植业生态效率平均值增长到 0.71，最小值为洛阳市吉利区（0.20），ρ 为 1 的县（区）有 50 个；2015 年全区种植业生态效率平均值骤减到 0.62，最小值为忻州市繁峙县（0.19），ρ 为 1 的县（区）有 34 个；2019 年全区种植业生态效率平均值为 0.61，最小值仍为忻州市繁峙县（0.20），ρ 为 1 的县（区）有 44 个。

表 5.1　2005~2019 年黄土高原地区种植业生态效率各等级县（区）数

年份	非有效区 相对低效区 (0.10≤ ρ <0.45)	非有效区 相对中效区 (0.45≤ ρ <0.70)	非有效区 相对高效区 (0.70≤ ρ <1.00)	有效区 (ρ =1)
2005	43	127	114	48
2010	38	124	120	50
2015	88	122	88	34
2019	110	102	76	44

2005~2019 年黄土高原地区种植业生态效率显著下降，15 年间相对中效区和相对高效区的县（区）数明显减少，分别减少了 25 个和 38 个；相对低效区的县（区）数显著增加，由 2005 年的 43 个增长至 2019 年的 110 个；处于有效区的县（区）占比一直较少，在剧烈波动中略有下降。

具体而言，2005 年有 38.25%的县（区）处于相对中效区，34.34%的县（区）处于相对高效区，相对低效区和有效区的县（区）数量仅占 27.41%，表明 2005

年黄土高原地区种植业生态效率普遍偏低，以相对中效区为主。与2005年相比，2010年相对低效区和相对中效区的县（区）数有所降低，相对中效区仍为最主要的类别，相对低效区的县（区）数减少了5个，占比下降为11.45%，相对中效区的县（区）数减少了3个，占比为37.35%；相对高效区和有效区的县（区）数有所增加，主要由原来的相对中效区及相对高效区转换而来。2010年黄土高原地区种植业生态效率整体有所提升，主要表现为相对低效区向相对中效区的转变以及相对中效区向相对高效区的转变。

2015年黄土高原地区种植业生态效率下降趋势明显，主要表现为相对低效区的县（区）数剧增及相对中效区、相对高效区和有效区的减少。相较于2010年，种植业生态效率相对低效区的县（区）数增加了50个，相对低效区占比上升为26.51%；相对中效区的县（区）数稍有下降，较2010年减少了2个，占比为36.75%；相对高效区和有效区的县（区）数均显著下降，分别减少了32个、16个，占比分别为26.51%、10.24%。2019年相对低效区的县（区）数持续增加，较2015年增加了22个，相对低效区占比上升为33.13%，主要由相对中效区转化而来；相对中效区的县（区）数稍有下降，较2015年减少了20个，占比为30.72%；相对高效区的县（区）数有所下降，减少了12个，占比为22.89%；有效区的县（区）数较2015年增长了10个，占比增长到13.25%，主要由原来的相对高效区转换而来。2019年各县（区）的生态效率变化较大，集中表现为相对低效区和有效区的县（区）数快速增加以及相对中效区和相对高效区的县（区）数明显下降。

在研究期内，黄土高原县域种植业生态效率整体偏低，区域种植业生态效率逐渐下降，2005~2010年大部分县（区）处于相对中效区和相对高效区，2015~2019年相对低效区的规模持续扩大，相对低效区和相对中效区长期占据主导地位。相对低效区的县（区）数呈波动上升趋势，其增长规模最为明显，相对中效区和相对高效区的县（区）数呈持续下降趋势，有效区在波动中保持稳定态势，表明黄土高原地区种植业生态效率仍有较大的提升空间。

5.1.2 省域尺度种植业生态效率格局演变

通过分别核算各省（自治区）处于不同生态效率等级的县（区）数可以看出，与黄土高原整体表现出的特点不同，不同省（自治区）种植业生态效率表现出不同的时序变化特征（表5.2）。以表5.2中的深色和浅色背景，识别黄土高原各省（自治区）种植业生态效率各等级县（区）数的上升与下降趋势。由于黄土高原种植业生态效率整体以相对低效区和相对中效区为主，若区域内处于相对低效区的县（区）数下降，处于相对中效区、相对高效区及有效区的县（区）数上升，则可以说明该区域的生态效率有所提高，反之则说明该区域生态效率出现下滑。

表 5.2 2005~2019 年黄土高原各省（自治区）种植业生态效率各等级县（区）数

省（自治区）	年份	相对低效区 (0.1≤ρ<0.45)	相对中效区 (0.45≤ρ<0.70)	相对高效区 (0.70≤ρ<1.00)	有效区 (ρ=1)	生态效率平均值
山西	2005	27	52	27	9	0.601
	2010	22	56	28	9	0.607
	2015	60	37	14	4	0.467
	2019	70	34	9	2	0.438
内蒙古	2005	5	10	13	8	0.713
	2010	4	15	9	8	0.711
	2015	8	22	3	3	0.577
	2019	5	13	10	8	0.701
河南	2005	2	5	8	6	0.787
	2010	7	3	10	1	0.637
	2015	4	3	12	2	0.676
	2019	5	5	8	3	0.683
陕西	2005	5	24	29	15	0.742
	2010	1	16	34	22	0.810
	2015	7	21	27	18	0.746
	2019	9	16	25	23	0.778
甘肃	2005	1	22	23	3	0.707
	2010	0	24	22	3	0.707
	2015	3	27	17	2	0.676
	2019	15	25	6	3	0.571
青海	2005	3	4	4	6	0.760
	2010	4	6	3	3	0.660
	2015	5	5	4	3	0.639
	2019	2	4	7	4	0.730
宁夏	2005	0	11	9	1	0.697
	2010	0	5	13	3	0.805
	2015	1	7	11	2	0.743
	2019	4	5	11	1	0.687

注：表中深色背景代表该区域内生态效率处于该等级的县（区）数是上升的，浅色背景代表该区域内生态效率处于该等级的县（区）数是下降的。

从表 5.2 可以看出，陕西种植业生态效率有明显的提升态势，相对低效区的县（区）数有所增加，相对中效区和相对高效区的县（区）数有所下降，但有效区的县（区）数有明显提升，因此区域种植业生态效率整体呈现上升趋势。内蒙古、青海及宁夏的种植业生态效率在波动中保持着平稳态势，各等级的县（区）数虽有变动，但整体变化幅度较小，其中，内蒙古的变化表现为相对高效区的县（区）数增加和相对低效区的减少；青海的相对中效区县（区）数未发生变化，相对低效区和有效区略有下降，相对高效区有所增加；宁夏的变化主要体现为相对中效区的县（区）数减少，相对低效区和相对高效区的增加。山西、河南和甘肃的相对低效区的县（区）数有所增加，相对高效区或有效区的县（区）数不断下降。因此，种植业生态效率整体上呈现明显的下降态势，这与黄土高原种植业生态效率的整体演化趋势相似。

根据各省（自治区）种植业生态效率平均值进行排序可知：陕西＞宁夏＞青海＞河南＞内蒙古＞甘肃＞山西，这也与各类种植业生态效率区涉及的县（区）数的规模及增减趋势相一致。种植业生态效率有效区县（区）数规模最大、增速最快的陕西生态效率平均值最高，相对低效区县（区）数规模最大、增加最多的山西种植业生态效率平均值最低，甘肃相对低效区县（区）数快速增加，相对高效区显著下降，使得区域生态效率平均值仅高于山西。

综合来看，陕西种植业生态效率平均值最大且整体呈稳定增长态势，2005 年种植业生态效率平均值为 0.742，2010 年增长到 0.810，2015 年下降到 0.746，2019 年再次增加到 0.778；其次是宁夏，从 2005 年的 0.697 增加到 2010 年的 0.805，2015 年下降为 0.743，2019 年下降为 0.687，种植业生态效率平均值在波动中呈下降趋势；排在第三位的是青海，该区域 2005～2015 年种植业生态效率平均值有所下降，2005 年为 0.760，2010 年下降到 0.660，2015 年持续下降到 0.639，2019 年种植业生态效率平均值快速回升到 0.730；排在第四位的是河南，2005 年种植业生态效率平均值最高，为 0.787，2010 年下降到 0.637，随后保持稳定增长态势，2015 年回升到 0.676，2019 年增长到 0.683；内蒙古与河南类似，种植业生态效率平均值呈先下降后上升的演化趋势，2005～2010 年种植业生态效率较为平稳，2005 年为 0.713，2010 年为 0.711，2010～2015 年种植业生态效率有明显下降，下降到 0.577，2019 年种植业生态效率快速回升到 0.701；排在第六位的是甘肃，该区域种植业生态效率平均值呈持续下降趋势，2005 年和 2010 年种植业生态效率平均值均为 0.707，2015 年下降到 0.676，2019 年再次下降到 0.571；种植业生态效率平均值最低的是山西，在研究期内其种植业生态效率平均值总体呈下降趋势，从 2005 年的 0.601 下降为 2019 年的 0.438，年均下降 2.23 个百分点，这也是黄土高原地区种植业生态效率平均值唯一跌破 0.500 的区域。

根据以上特点，可以将黄土高原七个省（自治区）的种植业生态效率划分为三种类型区：稳定增长型，仅包括陕西；波动平稳型，包括内蒙古、青海和宁夏；整体下降型，包括山西、河南和甘肃。

5.1.3 县域尺度种植业生态效率格局演变

为了从县域层面直观地反映黄土高原种植业生态效率的空间分布格局及其演化趋势，利用 ArcGIS10.2 软件将测算得到的黄土高原县域种植业生态效率平均值进行可视化处理，绘制 2005~2019 年四个时间截面的种植业生态效率空间分布图（图 5.1）。由图 5.1 可以看出，黄土高原县域种植业生态效率总体呈现"中间高两侧低"的空间分布格局，相对高效区和有效区围绕陕北地区、鄂尔多斯高原、宁夏平原和关中平原等地区呈集中连片分布态势，相对中效区县（区）数较多，在各省（自治区）广泛分布，相对低效区在山西境内高度集聚。

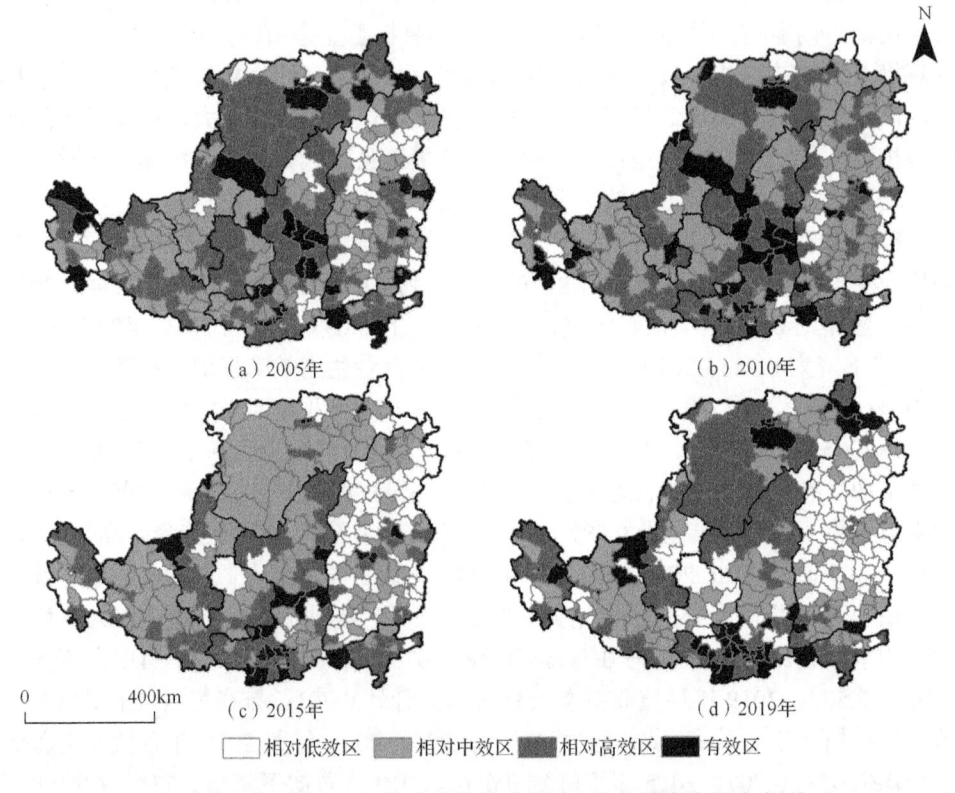

图 5.1 2005~2019 年黄土高原县域种植业生态效率空间分布图

2005 年，黄土高原种植业生态效率有效区集中分布在黄土高原东北部和西南部地区，以及陕西省的陕北地区和关中平原地区，相对高效区集中分布在黄土高原的中部地区，相对中效区广泛分布，主要集中在山西、甘肃和宁夏三省（自治区），相对低效区主要集中分布在山西的晋北地区。2010 年，种植业生态效率的相对高效区和有效区逐渐向黄土高原内部扩展，陕西省成为相对高效区和有效区的主要分布区域，甘肃省的相对高效区向陕甘两省接壤处转移，宁夏平原成为生态效率提升的新地区，以相对高效区为主，鄂尔多斯高原县域种植业生态效率均在相对中效区以上，相对高效区及有效区面积进一步扩大；相对中效区主要分布在山西、内蒙古、甘肃三省（自治区），相对低效区主要分布在山西的吕梁山地和太行山区。

2015 年，黄土高原种植业生态效率相对高效区和有效区进一步向南部集中，有效区以关中平原为主连片集中分布，相对高效区主要集聚在陕西和甘肃的交界处，相对中效区广泛分布于山西、内蒙古、甘肃和陕西四省（自治区），东部由于受到吕梁山地和太行山区的限制，成为相对低效区的主要集聚区，西部青海土石山区以相对低效区为主，逐渐形成了"中部高两侧低"的空间分布格局。2019 年，关中平原地区县域种植业生态效率有效的集聚特征进一步强化，成为有效区的主要极核，内蒙古与陕西交界处的县域种植业生态效率明显提升，成为相对高效区的主要连片分布地区；相对中效区向黄土高原中、南部地区集聚，山西种植业生态效率日益下降，相对低效区集聚程度日益提升，陕、甘、宁三省（自治区）接壤地区成为次一级相对低效区的连片分布区。此外，部分种植业生态效率相对低效区在黄土高原边缘地区呈零星分布格局。

从黄土高原具体县域种植业生态效率分布看，首先，种植业生态效率有效区所在的县（区）多为市辖区，如山西太原市杏花岭区、迎泽区，晋中市榆次区和介休市（晋中市副中心城市），内蒙古呼和浩特市新城区、包头市青山区，陕西灞桥区、阎良区、杨凌区、秦都区、渭城区，甘肃兰州市城关区、安宁区、红古区，以及宁夏大武口区、沙坡头区等。该类市辖区区位优势明显，社会经济发展水平总体较高，农业生产面向城市市场，商品化和集约化程度普遍较高，因此种植业生态效率较高。其次，种植业生态效率有效区还集中分布在距离市中心较近的县，如毗邻山西晋中市的寿阳县，位于宝鸡市与西安市的交界处的扶风县，且紧邻杨凌农业高新技术产业示范区，毗邻洛阳市的嵩县。这说明区位条件对县域种植业生态效率具有显著影响，故各县（区）应该充分利用区位优势，把握有利条件，促进县域种植业生态效率的优化提升。最后，产业结构也影响着种植业生态效率，一些旅游业发达的县（区）种植业生态效率同样处于有效区，如山西运城市临猗县、陕西咸阳市礼泉县、延安市子长市，临猗县有仰韶文化、龙山文化、殷商文化遗迹，礼泉县有乾陵、袁家村，子长市有钟山石窟、安定古城、瓦窑堡会议旧址等，这些都是区域发展旅游业的重要资源，丰富的旅游资源有效支撑了区域旅游业发展和产业结构调整。该类县（区）种植业所占比重相对降低，农业生产资料投入呈现减少趋势，种植业生态效率均处于有效区，这说明优化调整产业结构对改善种植业生态效率具有重要作用。

5.2 种植业生态效率时空分异模式

地理学第一定律明确指出，地理事物或属性在空间分布上互为相关。种植业生态效率作为种植生产活动与资源环境相互作用关系的客观表达，必然呈现空间相关性，开展种植业生态效率空间相关性分析，是种植业生态效率时空格局演变特征分析的重要内容，能较好地反映种植业生态效率空间关联程度、组织模式及演化趋势。因此，本节在分析黄土高原地区种植业生态效率时空格局演变特征的基础上，采用全局空间自相关分析法，全面分析黄土高原地区种植业生态效率的整体空间集聚特征与演化态势，并通过 LISA 集聚图，揭示区域种植业生态效率的空间集聚模式、集聚位置和地域演化规律。

5.2.1 种植业生态效率空间集聚模式

利用 ArcGIS10.2 软件计算黄土高原 2005～2019 年四个时间断面种植业生态效率的 Moran's I 指数（表 5.3），进而识别黄土高原种植业生态效率的空间集聚模式。根据表 5.3 可以发现，2005～2019 年黄土高原县域种植业生态效率的全局 Moran's I 指数均在 0 以上，且 P 值均在 0.001 以下，全局 Moran's I 指数的检验值 Z 值均大于 0.01 置信水平的临界值 2.58，说明其通过了显著性检验。这表明 2005～2019 年黄土高原地区相邻或相近县（区）的种植业生态效率存在相似性，具有明显的正向空间相关性，表现出一定的空间集聚特征，即种植业生态效率较高的县（区）趋于邻近分布，种植业生态效率较低的县（区）趋于邻近分布。

表 5.3 2005～2019 年黄土高原县域种植业生态效率全局 Moran's I 指数

年份	Moran's I 指数	Z 值	P 值
2005	0.091	4.528	0.000006
2010	0.109	5.402	0.000000
2015	0.205	10.029	0.000000
2019	0.282	13.713	0.000000

相较于黄土高原县域种植业碳排放强度的集聚程度，县域种植业生态效率的全局 Moran's I 指数呈现持续增加趋势，这说明黄土高原县域种植业生态效率的空间相关性日益增强，空间集聚特征不断强化，这与黄土高原县域种植业生态效率空间格局演化规律互为印证。2005 年、2010 年、2015 年和 2019 年黄土高原地区

种植业生态效率的 Moran's I 指数分别为 0.091、0.109、0.205 和 0.282，Z 值分别为 4.528、5.402、10.029 和 13.713，这表明黄土高原县域种植业生态效率的空间集聚特征持续增强。2005~2010 年县域种植业生态效率空间集聚程度增速相对较缓，全局 Moran's I 指数仅增长了 0.018，2015~2019 年县域种植业生态效率集聚程度明显增强，全局 Moran's I 指数增加了 0.077，说明黄土高原县域种植业生态效率空间集聚程度的增长速度逐渐加快，县域种植业生态效率空间集聚态势日渐增强。

5.2.2 种植业生态效率空间关联模式

为了进一步分析黄土高原不同县（区）之间种植业生态效率的空间关联关系，利用 OpenGeoDa 软件绘制出 2005~2019 年四个时间断面的县域种植业生态效率 LISA 集聚图（图 5.2）。从集聚模式类型数量分布看，黄土高原县域种植业生态效率集聚类型以高-高集聚和低-低集聚模式为主且不断强化，高-低集聚和低-高集聚模式占比较低，总体较为稳定（表 5.4）。2005~2019 年县域种植业生态效率高-高

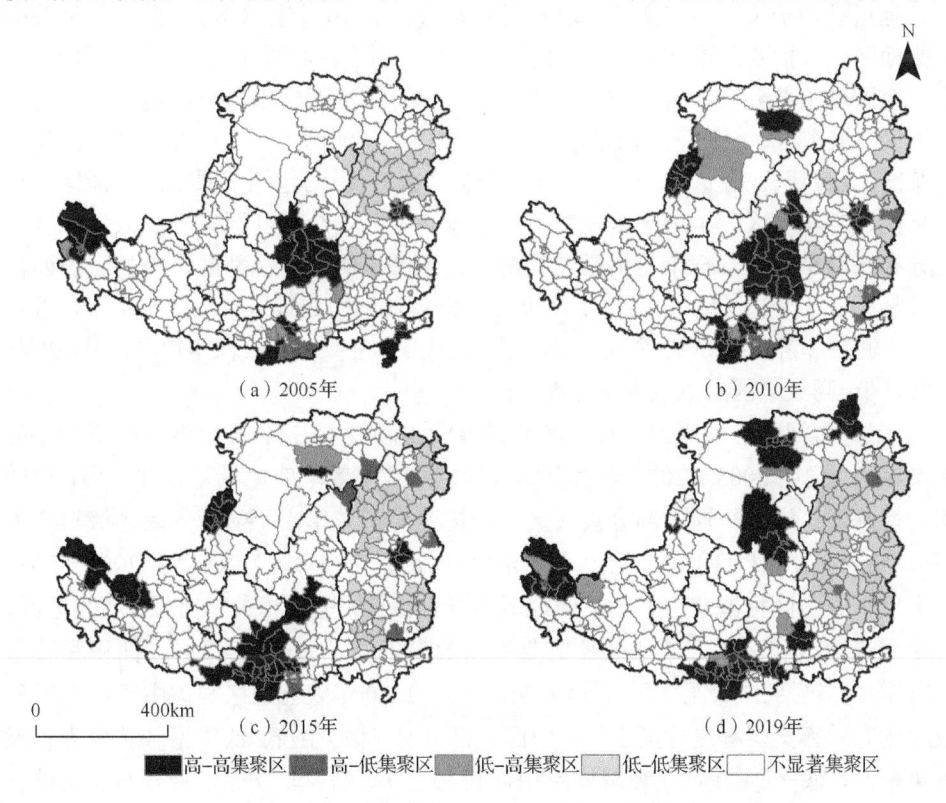

图 5.2 2005~2019 年黄土高原县域种植业生态效率 LISA 集聚图

集聚和低-低集聚两类集聚区的县（区）数随着时间变化逐年增多，高-高集聚类型县（区）数由2005年的37个增长至2019年54个，年均增长2.74%，低-低集聚由2005年的35个增长至2019年的70个，年均增长5.08%；2005~2019年县域种植业生态效率高-低集聚和低-高集聚的县（区）数相对较少，集聚程度变化并不明显，两类县（区）数随时间的演进出现小幅波动。

表5.4 2005~2019年黄土高原县域种植业生态效率LISA集聚类型县（区）数统计

年份	高-高集聚	高-低集聚	低-高集聚	低-低集聚	不显著集聚
2005	37	6	6	35	257
2010	49	10	4	34	244
2015	55	8	1	61	216
2019	54	2	8	70	207

从集聚区域分布看，2005年黄土高原县域种植业生态效率高-高集聚区集中分布在五个区域，一个是陕北地区，包括富县、宜川县、甘泉县、宝塔区、延长县、延川县、子长市、安塞区、志丹县和靖边县等10个县（区）；另一个是关中平原地区，包括陕西淳化县、三原县、泾阳县、周至县和兴平市5个县（区）；其他三个区域主要分布在省会城市周边地区，如青海沿西宁市分布，包括湟中区、城中区、城东区、城西区及城北区等8个县（区）；河南主要集中在洛阳市，包括老城区、涧西区、洛龙区、伊川县等6个县（区）；山西包括太原市的迎泽区、万柏林区、杏花岭区、小店区以及晋中市的榆次区等7个县（区）。低-低集聚区主要分布在两个区域，一个是山西的临汾市，包括洪洞县、尧都区、蒲县、汾西县以及隰县等5个县（区）；另一个位于山西忻定盆地周边地区，包括原平市、忻府区、宁武县和静乐县等23个县（区）。高-低集聚区主要集中在陕南地区，呈组团状分布，低-高集聚区呈点状零星分布。

2010年河湟谷地周围的县（区）种植业生态效率由高-高集聚区转变为不显著集聚区，说明2005~2010年西宁地区种植业生态效率的地域差异性增强，空间相关性降低；宁夏平原的部分县（区）种植业生态效率由不显著集聚区域转变为高-高集聚区，包括西夏区、金凤区、永宁县等10个县（区），这说明2005~2010年宁夏平原地区种植业生态效率的地域差异性减弱，空间相关性增强；陕北地区、关中平原地区和山西太原地区种植业生态效率仍处于高-高集聚区且面积和数量皆有增加，包括37个县（区），这表明2005~2010年陕北地区和关中平原地区种植业生态效率集聚程度逐渐上升；山西大部分县（区）由低-低集聚区转变为不显著集聚区，低-低集聚区主要分布在山西边缘地区，包括广灵县、灵丘县、繁峙县和五台县等26个县（区），全省种植业生态效率差异性显著增强，空间相关性降低。高-低集聚区和低-高集聚区分布较为零散。相较于 2005 年，2010 年黄土高原种植业生态效率的集聚程度略有上升，高-高集聚区的县（区）数有所增加，低-低集聚区的县（区）数略有下降。陕北地区和关中平原地区高-高集聚区面积扩大，宁夏平原出现新的高-高集聚区，山西的低-低集聚区的县（区）数明显下降，并转变为不显著集聚区。

2015 年黄土高原县域种植业生态效率高-高集聚区向南集聚，陕北地区大部分县（区）由高-高集聚区转变为不显著集聚区，空间差异性增强；关中平原及周边地区的高-高集聚区面积进一步扩大；黄土高原西南地区成为新的高-高集聚区，包括甘肃的红古区、西固区、皋兰县、永登县以及青海城东区和门源县等 7 个县（区）。低-低集聚区的空间集聚特征进一步强化，均分布在山西境内，包括繁峙县、代县、原平市、宁武县、广灵县、浑源县、灵丘县、五台县等 61 个县（区），占全省县（区）数的 52.59%。总体上看，2015 年全区种植业生态效率的空间集聚强度显著增强，形成了以关中平原及其周边地区为主要核心，宁夏平原和黄土高原西南地区为次要核心的高-高集聚区，以及以临汾盆地和忻定盆地及其周围区域为核心的低-低集聚区。

2019 年黄土高原县域种植业生态效率的空间集聚程度进一步增强，高-高集聚区进一步向关中平原和青海河湟谷地地区集聚，形成高-高集聚区的主要核心。此外，陕西与内蒙古交界处及内蒙古北部地区成为新的高-高集聚区，形成高-高集聚区的次级核心，宁夏平原地区和山西太原地区的大部分县（区）由高-高集聚区转变为不显著集聚区，县域种植业生态效率的地域空间差异性趋于增强，高-高集聚区形成了多核心集聚特征。山西低-低集聚区的县（区）数持续增加至 70 个，形成了"环状"低-低集聚区，在地理空间上呈现沿黄土高原中心南北对称的空间集聚格局。

纵观黄土高原县域种植业生态效率空间集聚时空格局，种植业生态效率集聚区主要包括 6 个，分别是关中平原、陕北地区、汾河河谷平原、临汾盆地、河湟谷地和宁夏平原。2005~2019 年关中平原地区种植业生态效率保持高度集聚的状态相对稳定，且集聚程度有增强趋势，成为高-高集聚区的主要集聚核心；陕北地区的集聚程度逐渐下降，由高-高集聚区逐渐转变为不显著集聚区；由于山西县域种植业生态效率普遍下降，汾河河谷平原由以前的高-高集聚区逐渐转变为不显著集聚区；临汾盆地的集聚性有所提升，主要表现为低-低集聚区的扩大；河湟谷地的集聚性逐年升高，处于高-高集聚区的县（区）数日渐增多，逐渐成为次级高-高集聚区；宁夏平原县域种植业生态效率的空间集聚性逐渐下降，2010 和 2015 年表现为高-高集聚区，其他年份表现为不显著集聚区。

5.3 种植业生态效率的提升路径

研究黄土高原地区种植业生态效率时空演化规律的主要目的在于，提升区域种植业生态效率。科学认知种植业生态效率损失的原因是提高种植业生态效率的关键科学基础，也是面向种植业绿色低碳化转型发展需求、推动种植业高质量发展亟须解决的重要命题。为此，本节从种植业投入产出视角，分析黄土高原地区种植业生态效率的冗余状况，揭示种植业生态效率损失的内在原因，提出区域种植业生态效率提升路径，为系统设计黄土高原地区种植业生态效率优化调控模式奠定基础。

5.3.1 种植业生态效率损失的原因

根据非径向 SBM 模型的基本原理，当种植业生态效率值<1 时，各要素松弛量的大小可以反映种植业生态效率损失的原因。本小节将 2005~2019 年种植业各投入变量的松弛量除以对应的投入指标值得到各投入要素的冗余率，将碳排放松弛量除以相应的碳排放值得到碳排放产出冗余率，将种植业总产值松弛量除以相应的种植业总产值得到种植业总产值的产出冗余率，进而分析区域种植业生态效率的投入/产出冗余情况，初步确定造成黄土高原种植业碳排放量高而生态效率低的主要原因（表 5.5）。

表 5.5　2005~2019 年黄土高原各省（自治区）种植业生态效率的投入/产出冗余率

省（自治区）	年份	投入冗余率/%						产出冗余率/%	
		土地	劳动力	农业机械总动力	化肥	农药	农膜	种植业总产值	碳排放
山西	2005	30.14	5.15	27.83	7.09	6.27	10.33	0.00	5.97
	2010	16.74	10.80	26.31	9.56	22.76	19.19	0.00	7.73
	2015	34.41	24.05	35.76	7.07	30.77	28.49	0.00	13.46
	2019	19.18	11.04	7.32	8.76	42.17	32.27	0.00	4.19
内蒙古	2005	31.37	4.51	36.99	18.08	5.23	19.29	0.00	42.75
	2010	27.22	2.24	30.40	27.18	20.62	29.68	0.00	30.96
	2015	38.46	8.76	37.97	23.37	18.38	40.89	0.00	35.45
	2019	20.90	4.37	26.63	13.19	23.79	34.84	0.00	21.93
河南	2005	25.31	23.27	23.99	13.31	14.24	3.77	0.00	7.59
	2010	8.64	16.72	35.03	16.17	42.03	15.90	0.00	5.85
	2015	7.63	16.16	25.63	17.11	26.70	17.08	0.00	5.21
	2019	17.48	7.70	25.65	19.13	25.90	19.40	0.00	8.40

续表

省（自治区）	年份	投入冗余率/%						产出冗余率/%	
		土地	劳动力	农业机械总动力	化肥	农药	农膜	种植业总产值	碳排放
陕西	2005	35.19	19.82	13.85	20.15	13.08	8.23	0.00	25.48
	2010	12.28	8.09	8.69	19.11	13.68	12.35	0.00	21.07
	2015	27.38	26.06	19.46	22.34	10.74	14.00	0.00	15.60
	2019	20.70	13.16	14.59	19.52	9.25	26.61	0.00	19.45
甘肃	2005	49.34	34.26	13.14	1.363	33.64	35.06	0.00	9.06
	2010	10.20	25.93	16.95	3.74	47.19	58.16	0.00	10.32
	2015	50.21	34.65	28.78	5.18	56.23	80.29	0.00	31.30
	2019	38.28	19.36	19.17	1.80	28.30	80.97	0.00	24.38
青海	2005	12.63	16.17	21.89	2.73	10.94	0.00	0.00	0.43
	2010	5.92	20.09	19.89	2.78	34.04	9.77	0.00	1.26
	2015	48.72	36.62	41.78	6.91	35.05	20.19	0.00	3.02
	2019	34.01	12.41	41.52	4.34	32.35	37.45	0.00	2.21
宁夏	2005	36.02	4.71	38.31	18.64	0	13.94	0.00	8.35
	2010	28.36	3.51	39.43	24.52	11.69	15.19	0.00	10.50
	2015	29.73	13.83	33.43	22.18	13.67	23.41	0.00	11.74
	2019	27.91	10.42	37.90	25.30	19.11	51.71	0.00	5.92

注：表中黑色背景代表该区域内对种植业生态效率损失影响第一（最大）的因素，深灰色背景代表该区域内对种植业生态效率损失影响第二的因素，浅灰色背景代表该区域内对种植业生态效率损失影响第三的因素。

从种植业生产过程中的投入产出看，黄土高原各省（自治区）种植业总产值的冗余率均为 0.00，而各投入要素和碳排放都存在一定程度的冗余，表明种植业产出不足不是黄土高原种植业生态效率损失的原因，而种植业投入要素和非期望产出的冗余才是黄土高原种植业生态效率损失的主要原因，因此科学调控种植业生产资料投入、有效减少种植业非期望产出是黄土高原种植业生态效率提升的主要方向。

从黄土高原整体看，土地、农业机械总动力、农药和农膜等资源投入过多以及碳排放这一非期望产出过量是区域种植业生态效率低下的主要原因。土地投入冗余的主要原因是耕地资源未得到充分利用，耕地利用效率较低，从而导致土地投入的大量冗余；农药冗余表明在种植业生产过程中存在农药使用过量的问题，近年来，河南、陕西、甘肃和青海的农药冗余程度有所下降，这与其农药投入减少的趋势相一致。化肥、农药、农膜等农业生产投入要素的冗余是碳排放过量的主要因素，对农业生态环境具有较大的影响。随着经济社会的发展和科学技术的进步，农业机械总动力和农膜等生产要素投入逐渐增多，超过了种植业发展的实际需求，导致农业机械总动力和农膜投入过度，综合利用效率低下，产生了大量的投入冗余。

从黄土高原省域尺度看，各省（自治区）种植业生态效率损失的影响因素有所不同，地域间要素冗余程度及演化方向存在着明显差异。山西种植业生态效率损失的影响因素依次为农药、土地和农业机械总动力投入过度，其中，农药冗余率持续上升，土地冗余率和农业机械总动力冗余率整体有所下降。内蒙古种植业生态效率损失的影响因素依次为碳排放、农业机械总动力和农膜投入过度，其中农膜冗余率总体呈上升趋势，碳排放冗余率和农业机械总动力冗余率有所下降。河南种植业生态效率损失的影响因素依次为农业机械总动力、农药和化肥，其农业机械总动力冗余率和农药冗余率呈先上升后下降趋势，化肥冗余率持续增长。陕西种植业生态效率损失的影响因素依次为土地、碳排放和化肥，其中化肥冗余率整体稳定，土地冗余率和碳排放冗余率总体有所下降。甘肃种植业生态效率损失的影响因素依次为农膜、农药和土地，其中农膜冗余率显著增加，农药冗余率呈现先上升后下降的变化趋势，土地冗余率在波动中有所降低。青海种植业生态效率损失的影响因素依次为农业机械总动力、农药和土地，农业机械总动力冗余率、农药冗余率和土地冗余率都显著增加。宁夏种植业生态效率损失的影响因素依次为农业机械总动力、土地和农膜，其中农膜冗余率显著增加，土地冗余率有所下降，农业机械总动力冗余率基本稳定。通过分析黄土高原地区各省（自治区）种植业农业生态效率损失的主要原因及其演化态势，可以为改善种植业生态效率提供合理路径。

5.3.2 种植业生态效率的改善路径

从投入要素利用看，黄土高原地区各省（自治区）种植业生态效率有不同的要素改善方向和潜力，因此因地制宜、分类施策是推进黄土高原种植业生态效率改善的关键。土地资源是种植业生产投入的最基本要素，然而过多的土地投入和较低的土地资源利用效率都将导致土地投入冗余。除青海外，2005～2019年黄土高原地区各省（自治区）土地冗余率均呈下降趋势，表明黄土高原地区的土地资源利用效率在逐步提高，但内蒙古、陕西、甘肃、青海和宁夏均有较高的改善潜力，这些省（自治区）的种植业土地经营规模小，市场化程度低，土地利用效率普遍低下，土地冗余率较高。该类型地区需要加快土地资源流转，推动土地要素市场化、集约化和规模化经营，提高土地资源利用效率，减少土地冗余率。

农业劳动力冗余程度总体较低且呈现减小趋势，这与快速城镇化背景下农村劳动力大量外流，农业从业人员规模日益缩小紧密相关。陕西、甘肃及青海等省（自治区）是主要的劳动力冗余分布地，说明推动农村劳动力资源合理有序配置，对减少上述地区劳动力冗余问题十分重要。农业机械是种植业发展的重要资源投入，随着农业生产技术的更新和政府农业机械补贴额度的增加，种植业生产的机械投入日益增加，内蒙古、河南、青海和宁夏四省（自治区）的农业机械总动力投入冗余程度较高，改善潜力巨大。该类省（自治区）农业生产机械化水平可能较高，但在实际利用中农业机械总动力的投入可能已经达到帕累托最优，随着投入要素的增加会产生规模报酬递减的可能性，进而导致农业机械总动力冗余率居高不下。为此，该类省（自治区）应积极推广先进农机与生产技术，推动农业机械化提档升级，建立农机更新报废制度，完善农业机械购置补贴制度。

化肥是黄土高原地区种植业各投入要素中冗余率最低的要素，内蒙古、河南、陕西和宁夏仍有较大的改善潜力，减少化肥投入或提高化肥利用率对改善该类型地区种植业生态效率至关重要。山西、河南、甘肃和青海等省（自治区）农药投入冗余率高，仍然具有较大的改善空间，说明减少农药使用或提升农药使用效率对改善该地区种植业生态效率十分重要。农膜作为设施农业的重要生产资料，在我国农业生产中得到广泛推广，黄土高原各省（自治区）农膜冗余率均较高，且冗余程度呈现明显增强趋势，说明在发展现代农业过程中，农膜过度使用、低效利用问题已经成为各省（自治区）种植业发展过程中普遍面临的现实问题和亟须解决的发展难题，其中2019年甘肃农膜冗余率高达80.97%，其次是宁夏，农膜冗余率为51.71%，两省（自治区）农膜冗余率皆超过50%，亟须科学调控农膜使用规模，提高农膜使用效率，减少农膜冗余。山西、内蒙古、陕西和青海等省（自治区）农膜冗余率较高，也具有较大的改善潜力。

研究期内，黄土高原地区碳排放冗余率总体呈下降趋势，这与碳排放强度变化趋势相一致。内蒙古、陕西和甘肃碳排放冗余率均较高，碳排放改善潜力巨大。这些省（自治区）是我国的传统农业大省，种植业发展基础较好，各种农业生产要素投入多、碳排放量大、冗余率高，降低种植业生产过程中的碳排放强度对提升区域农业生态效率具有重要意义。

5.4 本章小结

本章采用DEA-SBM模型，在评估2005~2019年黄土高原种植业生态效率的基础上，从黄土高原全域、省域和县域三种尺度分别总结了区域种植业生态效率的时空分布特征，并借助OpenGeoDa软件分析了区域种植业生态效率的空间集聚程度与空间关联关系，进而基于非径向SBM模型，解析了种植业生态效率损失的主要原因及其演化趋势，探讨了种植业生态效率的提升路径，主要得出以下结论。

（1）黄土高原种植业生态效率水平整体较低且不断下降，种植业生态效率演变存在稳定增长型（陕西）、波动平稳型（内蒙古、青海及宁夏）和整体下降型（山西、河南和甘肃）三种类型，在不同空间尺度上呈现出明显的地域差异性。

从黄土高原整体看，种植业生态效率由以相对中效区和相对高效区为主向以相对低效区和相对中效区为主转变。处于有效区的县（区）数占比较少，全区种植业生态效率普遍偏低，种植业生态效率在波动中呈下降趋势，相对低效区的县（区）数显著增加，相对中效区和相对高效区的县（区）数逐渐减少，有效区的县（区）数在波动中保持稳定态势，种植业生态效率提升空间较大。

从省际地域差异看，仅陕西的种植业生态效率呈上升趋势，有效区的县（区）数明显上升，内蒙古、青海及宁夏的种植业生态效率较为平稳，整体变化幅度较小；山西、河南和甘肃的种植业生态效率明显下降，相对低效区的县（区）数有所增加，相对高效区或有效区的县（区）数不断减少，各省（自治区）种植业生态效率平均值以陕西、宁夏为首，甘肃、山西最低。

从县域尺度看，种植业生态效率总体呈现"中间高两侧低"的空间格局，相对高效区和有效区围绕陕北地区、鄂尔多斯高原、宁夏平原和关中平原等地区呈集中连片分布态势，相对中效区县（区）数较多，在各省（自治区）广泛分布，相对低效区在山西境内高度集聚。这说明区位条件和产业结构可能是影响种植业生态效率的重要因素，也反映出政府需要加大政策支持和引导，推进边缘县（区）种植业的均衡发展，促进种植业结构升级和生态效率优化提升。

（2）黄土高原种植业生态效率在地理空间上具有明显的空间正相关性，且在研究期内空间集聚程度逐渐增强。2005年种植业生态效率高-高集聚区主要分布在陕北地区、关中平原、汾河河谷平原、河湟谷地和河南部分区县，低-低集聚区集中在临汾盆地和忻定盆地及其周围区域；2010年陕北地区和关中平原种植业生态效率高-高集聚区面积扩大，宁夏平原出现新的高-高集聚区，河湟谷地周围的县（区）不再处于高-高集聚区，低-低集聚区主要分布在山西边缘县（区）；2015年黄土高原种植业生态效率形成了以关中平原为主要核心，宁夏平原和黄土高原西南地区为次核心的高-高集聚区，临汾盆地和忻定盆地及其周边地区为低-低集聚区的空间分布模式；2019年高-高集聚区进一步向关中平原和青海河湟谷地地区集聚，陕西与内蒙古交界处及内蒙古北部地区成为新的高-高集聚区，山西形成了"环状"低-低集聚区，在地理空间上形成沿黄土高原中心南北对称的空间集聚模式。

（3）2005～2019年种植业投入要素和非期望产出的冗余是黄土高原种植业生态效率损失的主要原因。碳排放是种植业生产过程中的主要非期望产出，对种植业生态效率具有重要影响。各省（自治区）种植业生态效率损失的主要影响因素有所不同，地区之间各要素冗余程度也存在一定差异。内蒙古、陕西和甘肃碳排放冗余率均较高，碳排放改善潜力巨大。除青海外，各省（自治区）土地冗余率均呈下降趋势，农业劳动力冗余程度总体较低且呈减小趋势，而种植业生产的农业机械投入日益增加，内蒙古、河南、青海和宁夏四省（自治区）的农业机械总动力投入冗余程度较高；化肥是区域种植业各投入要素中冗余率最低的要素，但内蒙古、河南、陕西和宁夏仍有较大的改善潜力。山西、河南、甘肃和青海等省（自治区）农药投入冗余率高，仍然具有较大的改善空间。农膜作为设施农业的重要生产资料，各省（自治区）农膜冗余率均较高，且冗余程度呈现明显增强趋势。

为此，要立足区域种植业发展实际，因地制宜，针对造成种植业生态效率损失的主导因素，制定切实可行的调控对策，有序平衡种植业发展与生态环境保护之间的关系，在维持基本生态效益的前提下，优化农业生产资料配置，不断提高种植业全要素生产率，实现种植业生态效益、经济效益和社会效益相统一，推动黄土高原地区种植业绿色、低碳、高效发展。

第6章 黄土高原种植业生态效率影响因素与演变机制

种植业生态效率是一个系统问题，其发展演变是自然地理因素、社会经济因素和科学技术因素等综合作用的结果。提高种植业生态效率有两种途径：一是减少种植业生产要素的投入；二是提高单位生产要素的期望产出。在现有的生态环境压力和自然资源有限性约束下，只能通过提升种植业单位生产要素的期望产出来实现。因此，单位生产要素期望产出的增加就成为种植业生态效率提高的重要动力源泉。怎样提高种植业生态效率、种植业生态效率格局演变的内在机理如何就成为亟待回答的科学问题。

本章基于黄土高原种植业生态效率时空演变过程及种植业发展的实际情况，参考以往研究成果，首先从经济因素、结构因素、物质投入和自然因素四个维度选取12个影响黄土高原地区种植业生态效率的关键指标，并采用普通最小二乘法和多元线性回归模型等统计分析方法探测各影响因素对黄土高原地区种植业生态效率的影响程度，筛选出显著指标，最后利用地理探测器模型识别区域种植业生态效率时空分异的驱动因素及其交互作用，厘清造成黄土高原地区种植业生态效率时空分异的主导因子，进而全面揭示区域种植业生态效率的时空演变机制。

6.1 种植业生态效率影响因素理论解析

构建影响因素评价指标体系是计量模型分析中的重要环节，也是科学确定关键影响因素的重要依据。随着自然地理环境的变迁和社会经济环境的逐渐复杂化，单凭一个指标已很难对特定地理现象做出科学、全面的解释。种植业生态效率评价是一个系统性的问题，不仅受到种植业生产自身禀赋条件等内部资源条件的影响，还受到社会经济发展、自然生态环境等外部条件的制约。鉴于此，本书基于种植业发展规模，参考以往研究成果（汪亚琴等，2021；伍国勇等，2020；丁宝根等，2012），结合前文总结的规律、种植业生产活动特点和黄土高原地域特征，从经济因素、结构因素、物质投入和自然因素四个维度选取人均地区生产总值、人均农业生产总值、农村居民人均纯收入、城镇化率、产业结构、种植业结构、种植业面积占比、劳动力规模、农业机械强度、人均农作物播种面积、区位因素、地形地貌12个指标，构建了黄土高原地区种植业生态效率影响因素框架表（表6.1）。

表 6.1 黄土高原地区种植业生态效率影响因素框架表

类型	变量	解释
经济因素	人均地区生产总值	地区生产总值/常住人口
	人均农业生产总值	农业生产总值/农业从业人员
	农村居民人均纯收入	农村居民人均纯收入
结构因素	城镇化率	城镇人口/常住人口
	产业结构	第一产业产值/地区总产值
	种植业结构	粮食作物种植面积/经济作物种植面积
	种植业面积占比	农作物播种面积/辖区面积
物质投入	劳动力规模	农业从业人员
	农业机械强度	农业机械总动力/农作物播种面积
	人均农作物播种面积	农作物播种面积/农村人口
自然因素	区位因素	距中心城市距离
	地形地貌	虚拟变量赋值

具体变量的预期影响：

（1）经济因素包括人均地区生产总值、人均农业生产总值和农村居民人均纯收入，分别代表了当地总体经济水平、农业经济水平和农村经济水平。经济因素除了反映当地经济环境、农业生产效率以及居民生活水平外，在某种程度上还可以表示当地的认知水平、地区资源利用率、科教文卫水平、资本流动性等情况，同时会对农业技术水平和管理水平产生一定影响。经济发展水平越高，地区综合实力越强，农业生产条件越好，生产方式越先进，对种植业生产经营及务农人口的培训等支持相对增大，对提升种植业生态效率的意愿和能力也就越来越强，所以经济因素下的3类指标预期影响均为正向。

（2）结构因素包括城镇化率、产业结构、种植业结构和种植业面积占比。城镇化率选取城镇人口与常住人口之比来衡量城镇化程度，一方面，随着城镇化水平不断提升，农村剩余劳动力向城市转移量增加，使得农业生产过程中投入越来越多的农业机械来弥补劳动力的缺失，导致种植业生态环境出现一定的恶化；另一方面，人口城镇化进程加快，大众的生态环境保护意识增强，对种植业生产者的生产方式、消费者的消费方式产生一定的约束和要求，进而对种植业产生积极影响，因此城镇化率对种植业生态效率的影响方向是不可预期的。产业结构采用第一产业产值占地区总产值的比例来衡量，第一产业在国民经济中的地位影响政府的扶持力度和资源资本的流向，在一定程度上反映地区对第一产业的重视程度和对农业的投入情况，第一产业占比越大，农业发展前景越好，对种植业生态效率的提升预期产生正向影响。种植业结构选取粮食作物种植面积与经济作物种植面积之比来衡量，经济作物与粮食作物在要素投入的区别会引起包含非期望产出在内的总产出的差别，经济作物种植面积与耕地经济效益呈正相关，经济作物种植面积的增加有利于提高农民收入。在追求更高经济效益的背景下，经济作物生产过程中化肥、农膜的投入量相较于粮食作物要少一些，所以经济作物种植面积的增加对种植业生态效率具有积极影响，种植业结构对种植业生态效益的预期影响是正向的。种植业面积占比选取农作物播种面积占辖区面积的比例来表示，近年来，粮食安全是全世界面临的一个严峻问题，我国出台各项政策应对粮食安全带来的挑战，不断优化粮食种植技术和种植模式，促进粮食种植向生态化发展，因此种植业面积占比预期影响为正向。

（3）物质投入方面着重强调了农业机械强度、劳动力规模和人均农作物播种面积。农业机械强度选取农业机械总动力与农作物播种面积之比来表示。随着农业现代化的推进，农业机械化耕作越来越普及，大大提高了农业生产效率，同时导致了种植业生产过程中碳排放量的增加，但总体来看，机械化程度对提高农业产业化水平、促进生态效率提升预期具有积极影响。劳动力规模选取农业从业人员来衡量，随着机械化水平和劳动力转移程度的提高，大量高素质青年涌入城市，农村剩余大量低教育水平的劳动力，农业经营方式粗放，生产效率低下，区域整体的劳动力冗余；但高质量的劳动力又较为稀缺，劳动力投入构成种植业生态效率损失的一大因素（潘丹和应瑞瑶，2013），因此劳动力规模对种植业生态效率预期表现出负向影响。人均农作物播种面积选取农作物播种面积与农村人口之比，表征种植业生产规模和发展种植业基础资源的优劣，过大的人均农业播种面积不利于农业精细化管理的实施，也不利于各生产要素的优化配置（许燕琳和李子君，2021），因此人均农作物播种面积对种植业生态效率预期产生负向影响。

（4）自然因素是引起区域种植业生态效率空间差异的主要原因。自然因素主要从两个方面考察，一是研究单元所在的地貌类型，由于黄土高原地形复杂，种植业的发展与当地的地形地貌息息相关，因此将黄土高原分为五种地貌类型，根据不同地貌类型对种植业发展的适宜程度，采用专家评价法进行赋值，将定性指标转化为定量指标，从而衡量地貌类型对种植业生态效率的影响（表6.2）。赋值越高，该类地貌对种植业发展的适宜程度越低，因此地形地貌对种植业生态效率的预期影响是负向的。二是区位因素，前述研究表明，距离市中心越近的县（区）种植业生态效率越高，距离中心城市的距离可能影响种植业的生态效率，故选择各县（区）到中心城市的路径距离来刻画，该指标对种植业生态效率预期表现为负向影响。

表 6.2　黄土高原地貌类型虚拟变量赋值表

地貌类型	赋值
河谷平原区	1
黄土高原沟壑区	2
黄土丘陵沟壑区	3
风沙丘陵沟壑区	4
土石山区	5

6.2　种植业生态效率影响因素模型探测

通过第 5 章黄土高原种植业生态效率时空格局的综合分析发现，黄土高原种植业生态效率普遍偏低，总体上呈波动下降趋势，各县（区）种植业生态效率有不同程度的损失。本节在选取种植业生态效率影响因素指标的基础上，通过多种模型挖掘黄土高原种植业生态效率时空变化的影响因素及其作用程度和作用方向。首先，采用普通最小二乘法和多元线性回归分析法对种植业生态效率影响因素进行分析，其中，利用普通最小二乘法核算检验各影响因素的共线性，采用多元线性回归分析法得到更加普适、全面的分析结果。其次，采用地理探测器模型中的因子探测和交互探测模块，揭示黄土高原种植业生态效率时空分异的关键驱动因子及其交互作用机制，为黄土高原种植业生态效率的优化提升提供科学依据。

6.2.1　普通最小二乘法拟合

最小二乘法是一种用来建立因变量与解释变量之间关系的统计研究方法，是回归分析的基础，本书基于 ArcGIS10.2 软件中普通最小二乘法工具，构建 2005～2019 年黄土高原种植业生态效率影响因素模型，计算各因素对黄土高原种植业生态效率的影响程度。

为了确定各个解释变量之间是否存在多重共线性，需要对变量进行多重共线性检验。共线性是指变量之间存在的近线性关系。如果出现高共线性，则说明变量之间具有高度相关关系，若同时输入模型中，可能会造成模型估计失真或精度过低。方差膨胀因子（variance inflation factor，VIF）是测度变量多重共线性的重要指标，在所构建的模型中，每个给定的解释变量都有一个方差膨胀因子，表示给定变量可被其他解释变量解释的程度。方差膨胀因子通过存在多重共线性的变量方差与不存在多重共线性的变量方差之比计算得出。当 VIF≥7.5 时，说明给定解释变量之间存在严重的多重共线性问题，反之则说明多重共线性较弱。由最小二乘法拟合结果可知，人均地区生产总值、人均农业生产总值、农村居民人均纯收入、产业结构、种植业结构、城镇化率、劳动力规模、农业机械强度、人均农作物播种面积、种植业面积占比、地形地貌、区位因素的 VIF 分别为 1.947、1.465、2.865、2.259、1.379、2.602、1.863、1.674、1.081、2.004、1.333、1.448，经过分析发现不同影响因素的方差膨胀因子均小于 7.5，表明各影响因素之间没有冗余，即不存在明显的多重共线性问题（表 6.3）。根据表 6.3 分析得出黄土高原种植业生态效率的线性回归模型表达式为

$$
\begin{aligned}
\text{黄土高原种植业生态效率} =\ & 0.366 + 0.000004 \times \text{人均农业生产总值} + 0.000002 \\
& \times \text{农村居民人均纯收入} + 0.200757 \times \text{产业结构} \\
& + 0.001235 \times \text{种植业结构} + 0.001112 \times \text{城镇化率} \\
& + 0.000012 \times \text{农业从业人员} + 0.002018 \times \text{农业机械} \\
& \text{强度} - 0.109751 \times \text{种植业面积占比} - 0.029312 \\
& \times \text{地形地貌} + 0.000004 \times \text{区位因素}
\end{aligned}
$$

其中，人均地区生产总值和人均农作物播种面积回归系数为 0.000000，故不放入表达式中。

表 6.3 黄土高原种植业生态效率最小二乘法拟合结果

变量	回归系数	标准差	T 统计量	概率（p 值）	VIF
截距	0.366***	0.079428	4.609	0.000008	—
人均地区生产总值	0.000000	0.000000	−0.206	0.836358	1.947
人均农业生产总值	0.000004***	0.000001	5.808	0.000001	1.465
农村居民人均纯收入	0.000002	0.000004	0.484	0.635284	2.865
产业结构	0.200757	0.131764	1.523	0.128808	2.259
种植业结构	0.001235**	0.000572	2.159	0.031737	1.379
城镇化率	0.001112	0.000781	1.424	0.155648	2.602
农业从业人员	0.000012**	0.000000	2.006	0.045888	1.863
农业机械强度	0.002018	0.001630	1.237	0.216982	1.674
人均农作物播种面积	0.000000	0.000060	−0.001	0.998914	1.081
种植业面积占比	−0.109751**	0.050920	−2.155	0.032019	2.004
地形地貌	−0.029312***	0.007483	−3.917	0.000122	1.333
区位因素	0.000004	0.000004	0.953	0.341517	1.448

注：**表示在 5%置信水平下显著相关；***表示在 1%置信水平下显著相关。

从最小二乘法模型分析结果给出的解释变量回归系数及其相对应的显著性检验结果，得出各影响因素对种植业生态效率的影响方向和程度，人均农业生产总值、农村居民人均纯收入、产业结构、种植业结构、城镇化率、农业从业人员、

农业机械强度和区位因素与种植业生态效率呈正相关关系,即这些影响因素的值越高,种植业生态效率越大。其中,人均农业生产总值、农业从业人员和种植业结构的 p 值均小于 0.1,在 95%置信区间内表现出相关性,说明黄土高原种植业生态效率受这些影响因素显著的正向影响。人均农业生产总值和农业机械强度与预期影响相符合,而农业从业人员未像预期表现为负向,原因可能在于随着城镇化水平的不断提高,农村人口流失严重,劳动力冗余情况有所缓解,故劳动力规模对种植业生态效率表现为正向影响。

人均地区生产总值、人均农作物播种面积、种植业面积占比、地形地貌与种植业生态效率呈负相关关系,即这些影响因素的值越高,种植业生态效率越差。其中种植业面积占比和地形地貌的 p 值均小于 0.05,说明黄土高原种植业生态效率受这些因素的显著负向影响,其中地形地貌与预期一致,而种植业面积占比却与预期相反。人均农作物播种面积越大,种植业生态效率反而下降,说明当前农作物所需的化肥、农药等物质资料要素投入较高,对生态环境的负面影响较大。影响程度最大的为种植业面积占比,地形地貌次之,农业机械化强度、农业从业人员和人均地区生产总值对生态效率的影响程度略弱。最小二乘法诊断结果显示,拟合优度 R^2 为 0.515,表示该模型可解释 51.5%的县(区)结果。

6.2.2 多元线性回归分析

本书基于 SPSS20.0 软件的相关分析和回归分析工具,首先验证了各影响因素之间的相关性,筛除了显著相关的因素;其次,利用逐步回归方法,得到以下分析结果。

1)模型汇总

通过逐步回归得到的模型结果可以看出,随着逐步添加变量,拟合优度 R^2 不断提高,由 0.186 上升到 0.272,标准估计误差逐渐缩小,由 0.15905 下降到 0.15123,表明模型的拟合度随着变量的增加有所提升(表 6.4)。模型 4 的调整

表 6.4 黄土高原种植业生态效率逐步回归模型汇总表

模型	R	R^2	调整 R^2	标准估计误差
1	0.431a	0.186	0.183	0.15905
2	0.492b	0.242	0.236	0.15376
3	0.505c	0.255	0.247	0.15271
4	0.533d	0.272	0.261	0.15123

注:a-预测变量:人均农业生产总值;
b-预测变量:人均农业生产总值,地形地貌;
c-预测变量:人均农业生产总值,地形地貌,种植业结构;
d-预测变量:人均农业生产总值,地形地貌,种植业结构,农业机械强度。

R^2 为 0.261，R 为 0.533，介于 0 到 1 之间，且接近于 1，说明回归方程拟合情况良好，可用来解释回归模型，因此模型 4 可以解释 53.3%的种植业生态效率变化的影响因素。模型 4 涉及的指标包括人均农业生产总值、种植业结构、地形地貌、农业机械强度四个因素。

2）方差分析

表 6.5 为模型 4 的方差分析，由表 6.5 可得模型 4 的回归平方和、残差平方和、总计平方和分别为 2.354、6.313、8.667。F 值可用来解释回归方程的检验结果，F 值为 25.728 时，其对应的 Sig 值小于 0.05，说明当前的回归模型是具备实证研究价值的，且在解释因变量上具备显著的能力，至少有一个自变量能起关键作用，因此可认为该模型的回归方程具有解释效力。F 值应大于 $Fa(k, n-k-1)$，这里的 a 为显著性水平（0.05），n、k 分别为样本容量和自变量个数，此回归 $Fa(k, n-k-1)$ 为 2.241179，远小于 F 值，故可以认为模型 4 的回归方程在解释黄土高原种植业生态效率时空演变机制方面有效。

表 6.5 黄土高原种植业生态效率回归模型 4 的方差分析

模型	平方和	均方	F 值	Sig 值
回归	2.354	0.588	25.728	0.000
残差	6.313	0.023		
总计	8.667			

3）回归系数及显著性检验

表 6.6 为回归系数及显著性水平检验结果，人均农业生产总值、种植业结构、农业机械强度、地形地貌这 4 个变量对应的 Sig 值分别是 0.000、0.006、0.000、0.000，均小于 0.01，表明这 4 个变量都通过了显著性水平检验，回归系数存在，有统计学意义，模型效果比较好，故不需要剔除变量。

表 6.6 黄土高原种植业生态效率回归模型系数及显著性检验

模型	非标准化系数 B	非标准化系数 标准误差	标准系数 试用版	t 检验	Sig 值
常量	0.534	0.068	—	7.855	0.000
人均农业生产总值	0.085	0.081	0.076	5.736	0.000
种植业结构	7.617×10⁻⁵	0.000	0.310	1.060	0.006
农业机械强度	0.001	0.001	0.067	−0.866	0.000
地形地貌	−0.026	0.008	−0.222	3.486	0.000

根据表 6.6 可知，人均农业生产总值、种植业结构、农业机械强度和地形地貌对黄土高原种植业生态效率的影响最为显著，其中人均农业生产总值、种植业

结构和农业机械强度对生态效率具有明显的正向影响。农业经济水平的提高促进农业生产技术进步,进而提升农业机械化普及率,农业生产效率大大提高。种植业结构的改善对种植业生态效率产生积极影响,粮食作物播种面积相较于经济作物,其作用更为明显,说明在区域面对粮食安全这一严峻挑战时采取的生产措施积极有效,粮食种植技术和模式均有所改善,种植业生态化转型富有成效。地形地貌对种植业生态效率具有显著的负向影响,表明种植业生态效率的提升受地形地貌的限制,随着地形起伏度和干旱程度的加大,种植业生产难度也随之提高,各类生产要素的投入要高于其他地貌类型区,种植业生态效率难以提升。

6.2.3 地理探测器识别

为了更深入地探讨黄土高原县域种植业生态效率地域分异格局的影响因素与形成机制,依据《黄土高原地区综合治理规划大纲(2010—2030)》,以及黄土高原地区自然地理条件和社会经济发展实际,将全区划分为黄土高原沟壑区、黄土丘陵沟壑区、河谷平原区、灌溉农业区、土石山区和高原风沙区六大地理单元。较 6.1 节的分区更为标准可靠,主要的变化在于将河谷平原区北部区域进一步划分为灌溉农业区,土石山区的西部和黄土丘陵沟壑区南部归并为黄土高原沟壑区。

黄土高原沟壑区主要涉及渭北旱塬、陇东黄土高原沟壑区等,塬面广阔平坦、沟壑深切,水土流失比较严重,光热资源丰富,昼夜温差较大,为黄土高原水果重要产区,加之农耕历史悠久,是黄土高原地区农业生产条件较为优越的地区;黄土丘陵沟壑区是黄土高原地区最典型的地貌单元之一,以峁状、梁状丘陵为主,沟壑纵横、地形破碎,主要以沟蚀和面蚀为主,干旱、水土流失及落后的耕作方式,使该地区的农业产量低而不稳;河谷平原区位于渭河、汾河谷地,区域内地势低平,水土流失较轻,水量相对充足,光热资源丰富,是重要的农业区和区域经济活动中心地带,但由于排水不畅、灌溉不合理等问题产生次生盐渍化现象;灌溉农业区主要为河套地区和宁夏沿黄地区,区内水源比较充足,分布着大片绿洲和大型农灌区,植被以农田防护林和农作物为主,气候干旱,地下水位高,不合理的饮水和灌溉导致该区土地盐渍化严重;土石山区多为薄层黄土所覆盖,植被条件较好,是黄土高原地区重要的水源涵养区;高原风沙区气候干旱、降水稀少,土地沙化严重,以毛乌素沙地地貌类型为主,由于长期过牧滥牧造成比较严重的草原退化和沙化,部分固定、半固定沙丘被激活形成移动沙丘。各分区地理边界较为连贯,行政区界相对完整,为后续在识别各分区生态效率空间分异格局的关键影响因素、制定科学的种植业生态效率优化调控模式与策略奠定了基础。

种植业生态效率是一个系统性问题,不仅受到种植业自身资源禀赋等内在条件的影响,还会受到社会经济发展、区位等外部条件的制约(汪亚琴等,2021)。因此,黄土高原种植业生态效率地域分异格局的形成和演变受到多种因素的综合作用，归纳种植业生态效率影响因素，涉及人均地区生产总值（X_1）、人均农业生产总值（X_2）、农村居民人均纯收入（X_3）、城镇化率（X_4）、产业结构（X_5）、种植业结构（X_6）、种植业面积占比（X_7）、劳动力规模（X_8）、农业机械强度（X_9）、人均农作物播种面积（X_{10}）和区位因素（X_{11}），各因素在地理空间上具有不同的分布和组合特征。由于各指标之间的单位和量级不同，如果直接进行比较处理，容易造成误差，数值较高指标在综合评价中作用偏高，而数值较低指标作用偏低，从而导致评估结果不准确。同时，地理探测器模型中自变量要求是类型变量，因此本书基于上述驱动因子，采用 K-Means 聚类算法对原始数据进行离散化处理。通过地理探测器模型，判定识别 2005 年、2010 年、2015 年和 2019 年四个时间截面黄土高原全区及六个分区种植业生态效率空间分异格局形成的关键驱动因子及其交互作用强度，具体采用因子探测方法计算出各个因子的 q 值，q 值与驱动因子的解释力呈正相关关系，能够定量解释黄土高原种植业生态效率的空间分异性，并探测某影响因素在多大程度上解释了种植业生态效率的空间分异格局，再利用交互探测方法识别不同变量之间的交互作用强度，测度任意两个影响因素交互作用时，是否会增强或减弱对区域种植业生态效率时空分异格局的解释度，或者这些影响因素对区域种植业生态效率空间分异格局的影响是否相互独立。

1. 单因子探测

1) 2005 年单因子探测

2005 年，各因子对黄土高原县域种植业生态效率地域分异格局的影响差异显著，q 值依次是 $X_2>X_3>X_6>X_4>X_1>X_9>X_7>X_{11}>X_{10}>X_8>X_5$（表 6.7），除了后四位因子未通过显著性水平检验外，其余因子均通过至少 10%显著性水平检验，这说明 2005 年在以农业生产为主的黄土高原地区，对种植业生态效率空间分异格局影响较大的因子分别是人均农业生产总值、农村居民人均纯收入、种植业结构、城镇化率、人均地区生产总值、农业机械强度和种植业面积占比，这 7 项因子是影响全区种植业生态效率空间格局形成的关键驱动力，其 q 值均大于 0.03。区位条件、人均农作物播种面积、劳动力规模和产业结构等因素对种植业生态效率空间分异格局的作用强度相对较低。

表 6.7 2005 年黄土高原县域种植业生态效率的影响因子探测结果

因子	q 值						
	全区	黄土高原沟壑区	黄土丘陵沟壑区	河谷平原区	灌溉农业区	土石山区	高原风沙区
X_1	0.046**	0.053	0.160	0.078	0.139	0.063	0.161
X_2	0.187***	0.207***	0.266**	0.344***	0.194	0.254**	0.472

续表

| 因子 | q 值 |||||||
	全区	黄土高原沟壑区	黄土丘陵沟壑区	河谷平原区	灌溉农业区	土石山区	高原风沙区
X_3	0.111***	0.234***	0.152	0.305***	0.066	0.163	0.004
X_4	0.054**	0.092	0.144	0.109	0.065	0.077	0.070
X_5	0.014	0.058	0.006	0.044	0.118	0.083	0.020
X_6	0.090***	0.189**	0.332***	0.229**	0.086	0.159	0.356
X_7	0.032*	0.045	0.124	0.126	0.244	0.108	0.082
X_8	0.020	0.104	0.146	0.013	0.054	0.162*	0.070
X_9	0.034*	0.204***	0.101	0.040	0.088	0.036	0.212
X_{10}	0.024	0.073	0.066	0.098	0.044	0.058	0.020
X_{11}	0.027	0.114*	0.073	0.168*	0.052	0.009	0.004

注：*表示在 10%置信水平下显著相关；**表示在 5%置信水平下显著相关；***表示在 1%置信水平下显著相关。

从表 6.7 可以看出，不同影响因素对黄土高原全区县域种植业生态效率地域分异格局的影响呈现出显著的差异性，且各个影响因素对黄土高原六大分区种植业生态效率地域分异格局的影响程度也各不相同。黄土高原沟壑区县域种植业生态效率空间格局形成的主导因子依次是 X_3、X_2、X_9、X_6、X_{11}，q 值分别为 0.234、0.207、0.204、0.189、0.114，且均通过了至少 10%的显著性检验，说明农村居民人均纯收入、人均农业生产总值、种植业结构、农业机械强度和区位因素这 5 个因子是该分区影响种植业生态效率空间分异格局形成的主要驱动因子。

黄土丘陵沟壑区县域种植业生态效率地域分异格局形成的主导因子分别是 X_2 和 X_6，q 值分别为 0.266 和 0.332，且通过了至少 5%的显著性检验，表明该分区县域种植业生态效率空间分异格局主要受种植业结构和人均农业生产总值的显著影响。河谷平原区县域种植业生态效率空间格局形成的主导因子依次是 X_2、X_3、X_6、X_{11}，q 值分别为 0.344、0.305、0.229、0.168，且均通过了显著性检验，说明人均农业生产总值、农村居民人均纯收入、种植业结构和区位因素是影响该分区县域种植业生态效率空间分异格局的主导因素。

灌溉农业区的农用水利灌溉设施便利，可以保证农作物的灌溉用水和生长环境需求，县域种植业生态效率地域差距较小，地理探测结果显示各因素均未通过显著性检验，但从 q 值可以看出，X_7、X_2、X_1、X_5 对灌溉农业区县域种植业生态效率空间分异格局的作用程度较大，q 值均在 0.1 以上，说明种植业面积占比、人均农业生产总值、人均地区生产总值和产业结构是影响灌溉农业区种植业生态效率空间分异格局形成与演变的主导因子。

土石山区县域种植业生态效率空间格局形成的主导因子为 X_2、X_8，q 值分别为 0.254、0.162，说明人均农业生产总值和劳动力规模是影响该分区县域种植业生态效率空间分异的关键因素。高原风沙区地处农牧交错地带，地形条件复杂，由于该分区分析样本数量少，地理探测分析结果显示各因素均未通过显著性检验。但从 q 值可以看出，X_2、X_6、X_9、X_1 等对高原风沙区县域种植业生态效率空间分异格局的影响较大，说明人均农业生产总值、种植业结构、农业机械强度和人均地区生产总值是影响高原风沙区县域种植业生态效率空间分异的重要潜在因素。

从 2005 年黄土高原六大分区各影响因素显著性水平检验的通过情况来看，X_2、X_3、X_6 这 3 个因子总体上对黄土高原县域种植业生态效率空间分异格局的解释力较大，表明 2005 年人均农业生产总值、农村居民人均纯收入和种植业结构在不同程度上影响黄土高原县域种植业生态效率的空间分异格局。经济水平的提升能够促进种植业生产方式的转型升级，解决因农业生产带来的环境污染问题，而种植业结构的优化能够促进生产要素的合理配置，减少对农业生态环境的负面影响。

2）2010 年单因子探测

2010 年各影响因子对黄土高原县域种植业生态效率空间分异格局的 q 值依次为 $X_2>X_3>X_7>X_6>X_{11}>X_9>X_1>X_8>X_4>X_5>X_{10}$（表 6.8），其中通过显著性检验的是 X_2、X_3、X_6、X_7、X_{11}，q 值分别为 0.202、0.065、0.053、0.063、0.047，说明人均农业生产总值、农村居民人均纯收入、种植业结构、种植业面积占比、区位因素是影响全区种植业生态效率空间分异的关键因素。相较于 2005 年，具有解释力的因子减少，城镇化率和农业机械强度未通过显著性检验，区位因素通过了 5% 的显著性水平检验，人均农业生产总值、种植业面积占比的解释力有所提高，而农村居民人均纯收入的解释力出现下降。说明 2010 年距离中心城市的距离越近，种植业生态效率相应越高，人均农业生产总值、种植业面积占比对黄土高原种植业生态效率空间分异格局的影响程度提升，但农村居民人均纯收入对区域种植业生态效率空间格局形成及演变的作用程度出现降低趋势。

表 6.8　2010 年黄土高原县域种植业生态效率的影响因子探测结果

因子	q 值						
	全区	黄土高原沟壑区	黄土丘陵沟壑区	河谷平原区	灌溉农业区	土石山区	高原风沙区
X_1	0.027	0.035	0.109	0.048	0.167	0.140	0.239
X_2	0.202***	0.148*	0.356***	0.361***	0.113	0.315***	0.469
X_3	0.065***	0.031	0.214*	0.268**	0.211	0.206*	0.245
X_4	0.021	0.133*	0.214*	0.083	0.210	0.031	0.843**
X_5	0.017	0.015	0.048	0.155*	0.231	0.067	0.239

续表

因子	q 值						
	全区	黄土高原沟壑区	黄土丘陵沟壑区	河谷平原区	灌溉农业区	土石山区	高原风沙区
X_6	0.053**	0.014	0.170*	0.212*	0.023	0.098	0.000
X_7	0.063***	0.057	0.168	0.040	0.112	0.087	0.023
X_8	0.026	0.015	0.159	0.021	0.135	0.214*	0.029
X_9	0.029	0.210***	0.089	0.047	0.097	0.086	0.239
X_{10}	0.009	0.080	0.015	0.099	0.137	0.060	0.074
X_{11}	0.047**	0.104	0.109	0.184*	0.142	0.011	0.002

注：*表示在10%置信水平下显著相关；**表示在5%置信水平下显著相关；***表示在1%置信水平下显著相关。

从表 6.8 可以看出，2010 年黄土高原六大分区县域种植业生态效率空间格局形成的关键驱动因子存在显著差异。黄土高原沟壑区县域种植业生态效率空间格局形成的主导因子依次是 X_9、X_2、X_4，q 值分别为 0.210、0.148、0.133，其中 X_9 通过了 1%的显著性检验，说明农业机械强度、人均农业生产总值和城镇化率显著影响该分区县域种植业生态效率空间分异格局。黄土丘陵沟壑区县域种植业生态效率空间格局形成的主导因子依次是 X_2、X_4、X_3、X_6，q 值分别为 0.356、0.214、0.214、0.170，其中 X_2 通过了 1%显著性检验，说明人均农业生产总值、城镇化率、农村居民人均纯收入和种植业结构是影响该分区县域种植业生态效率空间分异格局的主导因素。

河谷平原区县域种植业生态效率空间分异格局形成的主导因子依次是 X_2、X_3、X_6、X_{11}、X_5，q 值分别为 0.361、0.268、0.212、0.184、0.155，说明人均农业生产总值、农村居民人均纯收入、种植业结构、区位因素和产业结构是影响该分区县域种植业生态效率空间格局的关键因素。灌溉农业区的地理探测分析结果显示各因素均未通过显著性检验，但从 q 值可以看出，X_5、X_3、X_4、X_1 是灌溉农业区县域种植业生态效率空间格局形成的主导因子，说明产业结构、农村居民人均纯收入、城镇化率和人均地区生产总值对该分区县域种植业生态效率的空间格局影响深刻。

土石山区县域种植业生态效率空间格局形成的主导因子依次是 X_2、X_8、X_3，q 值分别为 0.315、0.214、0.206，说明人均农业生产总值、劳动力规模、农村居民人均纯收入对该分区县域种植业生态效率空间分异的影响显著。高原风沙区县域种植业生态效率空间格局形成的主导因子是 X_4，q 值为 0.843，说明城镇化率是影响高原风沙区县域种植业空间分异的关键因素。该区域水土资源匮乏，种植业生产条件较差，随着城镇化的快速发展，大量农村人口转变为城市居民，减轻了区域资源环境压力，为种植业的机械化生产提供了可能，一定程度上促使区域种植业生态效率优化。

从 2010 年黄土高原六大分区各影响因素显著性水平检验的通过情况来看，X_2、X_3、X_4 这 3 个因子总体上对黄土高原种植业生态效率的解释力较大，表明 2010 年人均农业生产总值、农村居民人均纯收入和城镇化率对黄土高原种植业生态效率空间格局影响的显著性较强。相较于 2005 年，新增城镇化率这一关键因子，结合前文最小二乘法模型结果城镇化率表现为正向影响，说明随着城镇化水平的不断提升，种植业生产机械化和集约化程度提高，促使县域种植业生态效率得到优化提升。但种植业结构对种植业生态效率的影响程度较 2005 年有明显的下降，种植业机械化水平的提升一定程度上突破了种植业结构对种植业生态效率空间格局的影响。

3）2015 年单因子探测

2015 年各影响因子对黄土高原县域种植业生态效率空间分异格局的 q 值依次为 $X_6 > X_2 > X_{11} > X_3 > X_1 > X_8 > X_9 > X_7 > X_{10} > X_5 > X_4$（表 6.9），其中 X_4、X_5、X_{10} 未通过显著性检验，通过显著性水平检验的影响因素的 q 值由高到低分别为 0.116、0.113、0.108、0.078、0.067、0.052、0.043、0.035，整体上看作用程度一般，q 值在 0.1 左右，说明种植业结构、人均农业生产总值、区位因素、农村居民人均纯收入、人均地区生产总值、劳动力规模、农业机械强度、种植业面积占比是影响全区种植业生态效率空间分异格局的关键驱动力，而人均农作物播种面积、产业结构和城镇化率对种植业生态效率空间分异的影响程度较低。相比 2010 年，人均地区生产总值、劳动力规模、农业机械强度的解释力增强。

表 6.9 2015 年黄土高原县域种植业生态效率的影响因子探测结果

因子	全区	黄土高原沟壑区	黄土丘陵沟壑区	河谷平原区	灌溉农业区	土石山区	高原风沙区
				q 值			
X_1	0.067***	0.101	0.139	0.258**	0.026	0.125	0.011
X_2	0.113***	0.089	0.226*	0.121	0.102	0.188*	0.001
X_3	0.078***	0.126*	0.263**	0.330***	0.263	0.071	0.011
X_4	0.013	0.134*	0.060	0.029	0.385*	0.060	0.098
X_5	0.014	0.016	0.036	0.027	0.137	0.039	0.299
X_6	0.116***	0.252***	0.133	0.040	0.072	0.139	0.283
X_7	0.035*	0.017	0.055	0.008	0.144	0.147	0.299
X_8	0.052**	0.055	0.096	0.077	0.226	0.201*	0.299
X_9	0.043*	0.099	0.029	0.073	0.265	0.003	0.283
X_{10}	0.029	0.088	0.071	0.158	0.338	0.007	0.299
X_{11}	0.108***	0.062	0.215*	0.388***	0.221	0.041	0.139

注：*表示在 10%置信水平下显著相关；**表示在 5%置信水平下显著相关；***表示在 1%置信水平下显著相关。

由表 6.9 可以看出，2015 年黄土高原六大分区种植业生态效率空间格局形成的主导因素各不相同。黄土高原沟壑区种植业生态效率空间格局形成的主导因子依次是 X_6、X_4、X_3，q 值分别为 0.252、0.134、0.126，说明种植业结构、城镇化率和农村居民人均纯收入是影响该分区县域种植业生态效率空间分异的最为关键的驱动因素。

黄土丘陵沟壑区县域种植业生态效率空间格局形成的主导因子依次是 X_3、X_2、X_{11}，q 值分别为 0.263、0.226、0.215，均大于 0.2，说明黄土丘陵沟壑区县域种植业生态效率空间分异主要受农村经济水平的驱动和区位因素的约束。河谷平原区种植业生态效率空间格局形成的主导因子依次是 X_{11}、X_3、X_1，q 值分别为 0.388、0.330、0.258，说明区位因素、农村居民人均纯收入、人均地区生产总值等经济是河谷平原区种植业生态效率空间分异的关键驱动因素。灌溉农业区种植业生态效率空间格局形成的主导因子是 X_4，q 值为 0.385，说明城镇化率对灌溉农业区县域种植业生态效率空间分异格局的形成和演化具有重要的驱动作用。

土石山区种植业生态效率空间格局形成的主导因子分别是 X_8 和 X_2，q 值分别为 0.201、0.188，说明劳动力规模和人均农业生产总值是影响该土石山区县域生态效率空间分异格局的关键因素。高原风沙区的地理探测分析结果显示各因素均未通过显著性检验，但从 q 值可以看出，X_8、X_7、X_5、X_{10} 是高原风沙区县域种植业生态效率空间分异的主导因子，说明劳动力规模、种植业面积占比、产业结构和人均农作物播种面积对该分区种植业生态效率空间分异格局具有一定的影响。

从 2015 年六大分区各影响因素显著性水平检验的通过结果看，X_3 这一个因子总体上对黄土高原县域种植业生态效率的影响程度较大，表明 2015 年农村居民人均纯收入是影响黄土高原县域种植业生态效率空间格局形成的主导因子，可见农村居民收入状况对县域种植业生态效率的改善至关重要。在以粮食生产为主体的黄土高原农业生产体系中，增加农村居民人均纯收入是扩大种植业生产规模、改善生产设备、提高农业机械化水平的基础，也是农民从事农业生产的重要动力，对种植业生态效率空间格局的形成和演化影响深刻。

4）2019 年单因子探测

2019 年各影响因子对黄土高原种植业生态效率空间分异格局的 q 值依次为 $X_6>X_2>X_{11}>X_8>X_7>X_3>X_5>X_1>X_9>X_4>X_{10}$，通过显著性检验的影响因素数量较以往增加，除了 X_{10} 这一因子未通过显著性检验外，其余因子均在 5%或 1%显著性水平下显著，说明选取的影响因素可以较好地解释黄土高原县域种植业生态效率的空间分异格局（表 6.10）。县域种植业生态效率空间分异格局的形成和演化主要受到经济因素、结构因素、区位因素、劳动力规模和农业机械强度的深刻影响，而人均农作物播种面积对种植业生态效率空间分异格局的影响程度较小。

表 6.10　2019 年黄土高原县域种植业生态效率的影响因子探测结果

因子	全区	黄土高原沟壑区	黄土丘陵沟壑区	河谷平原区	灌溉农业区	土石山区	高原风沙区
			q 值				
X_1	0.062***	0.091	0.144	0.087	0.235	0.074	0.009
X_2	0.167***	0.162**	0.230*	0.347***	0.179	0.218*	0.580
X_3	0.065***	0.091	0.204*	0.067	0.075	0.155	0.009
X_4	0.044**	0.093	0.385***	0.032	0.170	0.066	0.040
X_5	0.064***	0.074	0.045	0.045	0.063	0.138	0.040
X_6	0.226***	0.123*	0.265**	0.223**	0.121	0.590***	0.040
X_7	0.080***	0.052	0.123	0.067	0.050	0.064	0.026
X_8	0.126***	0.032	0.160	0.064	0.121	0.175*	0.004
X_9	0.045**	0.028	0.195*	0.065	0.075	0.018	0.573
X_{10}	0.020	0.031	0.058	0.014	0.184	0.119	0.040
X_{11}	0.127***	0.211***	0.361***	0.196*	0.137	0.047	0.066

注：*表示在 10%置信水平下显著相关；**表示在 5%置信水平下显著相关；***表示在 1%置信水平下显著相关。

由表 6.10 可以看出，2019 年黄土高原六大分区县域种植业生态效率的主导因素有一定的相似性和差异性。黄土高原沟壑区县域种植业生态效率空间格局形成的主导因子依次是 X_{11}、X_2、X_6，q 值分别为 0.211、0.162、0.123，说明区位因素、人均农业生产总值和种植业结构是影响该分区县域种植业生态效率空间分异格局演化的关键驱动因素。

黄土丘陵沟壑区县域种植业生态效率空间格局形成的主导因子依次是 X_4、X_{11}、X_6、X_2、X_3、X_9，q 值分别为 0.385、0.361、0.265、0.230、0.204、0.195，q 值基本在 0.2 以上，说明黄土丘陵沟壑区县域种植业生态效率空间分异格局深受城镇化率、区位因素、种植业结构、人均农业生产总值、农村居民人均纯收入和农业机械强度的驱动的制约。

河谷平原区县域种植业生态效率空间格局形成的主导因子依次是 X_2、X_6、X_{11}，q 值分别为 0.347、0.223、0.196，说明人均农业生产总值、种植业结构、区位因素是影响河谷平原区县域种植业生态效率空间分异的主要驱动因素。灌溉农业区的各影响因素均未通过显著性水平检验，影响程度较大因子分别为 X_1、X_{10}、X_2、X_4，q 值分别为 0.235、0.184、0.179、0.170，说明人均地区生产总值、人均农作物播种面积、人均农业生产总值和城镇化率相较于其他影响因素，对该分区县域种植业生态效率空间分异格局形成和演化的影响作用更大。

土石山区县域种植业生态效率空间格局形成的主导因子依次是 X_6、X_2、X_8，q

值为 0.590、0.218、0.175，说明种植业结构、人均农业生产总值和劳动力规模是土石山区县域种植业生态效率空间分异的关键驱动因素，其中种植业结构的 q 值达到 0.590，对区域种植业生态效率的解释能力较强，表明调整粮食作物播种面积和经济作物播种面积的比例，扩大经济作物种植面积，积极发展绿色有机特色种植业，可以促进该区域种植业生态效率的优化提升。

高原风沙区由于分析样本数量少，地理探测分析结果显示各因素均未通过显著性检验。q 值结果显示，X_2、X_9、X_{11} 对高原风沙区县域种植业生态效率地域分异格局的影响较大，说明人均农业生产总值、农业机械强度、区位因素是该分区县域种植业生态效率空间分异形成和演化的重要影响因素。

从 2019 年黄土高原六大分区各影响因素显著性水平检验的通过情况看，X_2、X_6、X_{11} 这三个因子总体上对黄土高原县域种植业生态效率空间分异格局的影响较大，说明 2019 年人均农业生产总值、种植业结构和区位因素等是黄土高原县域种植业生态效率的空间分异的重要影响因子。因此，提高农业经济收益，合理调整种植业结构，改善区域内外部交通条件是提升黄土高原县域种植业生态效率的重要途径。

2. 因子变化分析

对 2005 年、2010 年、2015 年、2019 年四个时间截面的黄土高原县域种植业生态效率空间格局形成的各影响因子 q 值排序情况进行统计分析（排序由高到低依次赋值 11 到 1，即值越大因子解释力排名越前），结果发现各影响因子 q 值的排序呈现波动变化趋势，随着时间推移，同一影响因子对不同地区种植业生态效率空间格局的 q 值存在差异，不同影响因子对同一地区种植业生态效率空间格局的 q 值也不尽相同（图 6.1）。

1）全区

由图 6.1（a）可知，X_2 始终是影响黄土高原县域种植业生态效率空间分异的关键影响因素，说明人均农业生产总值对黄土高原县域种植业生态效率空间分异的影响程度最为突出。X_6、X_{11}、X_8 的 q 值在逐年增强，其中 X_8 的 q 值从 2005 年 2 上升到 2019 年 8，整体提升幅度十分明显，说明种植业结构、区位因素和劳动力规模在黄土高原种植业生态效率的影响因素中的地位越来越重要，对种植业生态效率空间分异的影响在逐渐强化。X_3、X_4 的 q 值在变小，X_4 的 q 值从 2005 年的 8 下降到 2019 年的 2，降幅明显，说明农村居民人均纯收入和城镇化率对种植业生态效率空间分异的影响程度在减小，主要是因为随着农村经济的发展和城市化水平的提升，大量农村人口进入城市，促使种植业生产已经由原来的劳动力密集型转变为依托现代农业机械等支撑的科技型，而 X_5、X_{10} 的 q 值始终保持在较低水平，说明产业结构和人均农作物播种面积对种植业生态效率空间格局形成的影响程度较低。

(a)全区

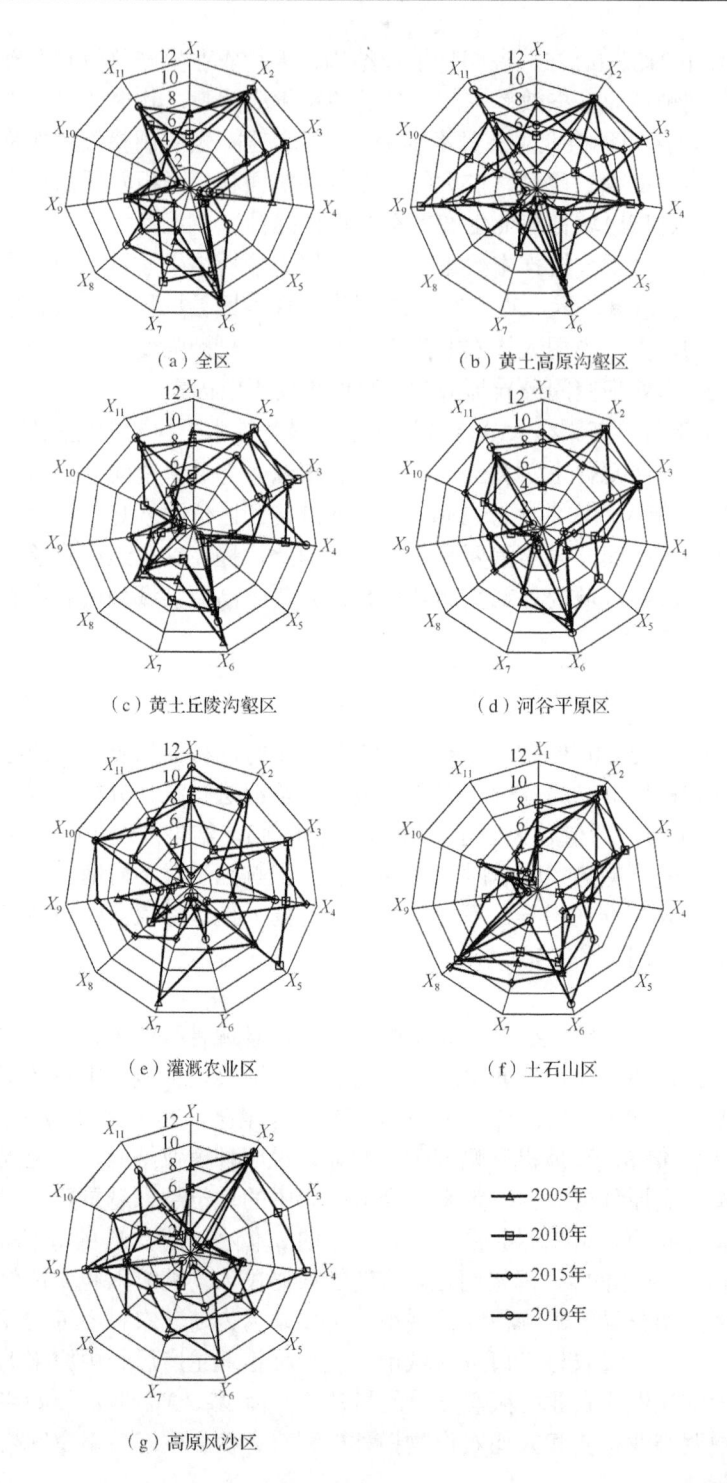

(b)黄土高原沟壑区

(c)黄土丘陵沟壑区

(d)河谷平原区

(e)灌溉农业区

(f)土石山区

(g)高原风沙区

图6.1 2005~2019年黄土高原县域种植业生态效率影响因子 q 值排序变化

2）黄土高原沟壑区

由图 6.1（b）可知，研究期内影响黄土高原沟壑区县域种植业生态效率最显著的因子均不同，2005 年为 X_3，2010 年为 X_9，2015 年为 X_6，2019 年为 X_{11}，说明黄土高原沟壑区县域种植业生态效率空间分异由受经济因素影响转变为受区位因素作用。X_4、X_6 的 q 值逐渐增强，说明城镇化率和种植业结构对该分区县域种植业生态效率的影响日趋显著。X_9 的 q 值明显减小，说明农业机械强度对黄土高原沟壑区县域种植业生态效率空间分异的驱动力呈减小趋势。X_5、X_8 因子的 q 值始终较低，说明产业结构和劳动力规模对该分区县域种植业生态效率空间格局的影响程度较小。

3）黄土丘陵沟壑区

由图 6.1（c）可知，X_2、X_6 的 q 值始终较高，说明人均农业生产总值和种植业结构对黄土丘陵沟壑区县域种植业生态效率空间格局的影响程度较显著，是影响区域种植业生态效率空间差异的关键因子。X_4 和 X_{11} 的 q 值增大，说明城镇化率和区位因素在该分区县域种植业生态效率空间格局影响因素中的地位在上升，而 X_1 的 q 值呈减小趋势，说明人均地区生产总值对该分区县域种植业生态效率空间分异的影响程度逐渐降低。X_{10} 和 X_5 的 q 值始终较低，说明人均农作物播种面积和产业结构对黄土丘陵沟壑区县域种植业生态效率空间格局的影响较小。

4）河谷平原区

由图 6.1（d）可知，X_2 的 q 值在 2005 年、2010 年和 2019 年均最大，说明人均农业生产总值是影响河谷平原区县域种植业生态效率空间格局最显著的因素，X_6、X_{11} 的 q 值保持较高水平，说明种植业结构和区位因素对该分区县域种植业生态效率空间分异的影响较大。X_1 的 q 值在增大，说明人均地区生产总值对河谷平原区县域种植业生态效率空间格局的影响呈增强趋势，而 X_3、X_{10} 的 q 值逐渐减小，说明农村居民人均纯收入和人均农作物播种面积对该分区县域种植业生态效率空间格局的影响呈减弱趋势。X_4、X_5、X_8、X_9 因子的 q 值较小，说明城镇化率、产业结构、劳动力规模和农业机械强度对河谷平原区县域种植业生态效率空间分异格局的影响程度较低。

5）灌溉农业区

由图 6.1（e）可知，研究期内影响灌溉农业区县域种植业生态效率空间格局的各影响因子变化差异较大，最显著的影响因子由 2005 年的 X_7 转变为 2019 年的 X_1，种植业面积占比不再是影响灌溉农业区县域种植业生态效率空间分异的最重要因素，而人均地区生产总值成为影响力最大主导因子。X_4、X_{10}、X_{11} 因子的 q 值逐渐增大，说明城镇化率、人均农作物播种面积、区位因素对灌溉农业区县域种植业生态效率空间分异的影响呈增强趋势。X_5、X_9 的 q 值逐渐减小，说明产业结构、农业机械强度对灌溉农业区种植业生态效率空间格局的影响程度呈减弱趋势。

6）土石山区

由图 6.1（f）可知，X_2、X_8 的 q 值始终保持较高水平，说明人均农业生产总值和劳动力规模是影响土石山区县域种植业生态效率空间格局形成的主要驱动因子。X_6 的 q 值逐渐增大，说明种植业结构对土石山区县域种植业生态效率空间格局的影响呈增强趋势。X_7 的 q 值逐渐减小，说明种植业面积占比对土石山区县域种植业生态效率空间格局的影响呈降低趋势。X_{11}、X_{10}、X_4 的 q 值均较低，说明区位因素、人均农作物播种面积和城镇化率对土石山区县域种植业生态效率空间格局的影响程度较弱。

7）高原风沙区

由图 6.1（g）可知，X_2、X_9 对高原风沙区县域种植业生态效率空间分异的影响始终较为显著，说明人均农业生产总值和农业机械强度对该分区县域种植业生态效率空间格局的影响程度较大。X_{11} 的 q 值逐渐增强，说明在高原风沙区，区位因素对县域种植业生态效率空间格局的影响呈增强态势。X_1、X_6、X_8 的 q 值在下降，说明人均地区生产总值、种植业结构和劳动力规模对县域种植业生态效率空间格局的影响呈减弱趋势。X_3 的 q 值始终较低，说明农村居民人均纯收入对高原风沙区县域种植业生态效率空间分异格局并无显著影响。

3. 因子交互探测

为进一步探究不同驱动因子之间发生交互作用时对区域种植业生态效率空间格局解释力的变化情况，本书在单因子探测基础上进行因子间的交互探测，得出 2005 年、2010 年、2015 年和 2019 年因子交互探测结果。受篇幅所限，本书仅列出前 15 位交互因子的 q 值。结果发现，经济因素、结构因素、物质投入和自然因素对黄土高原县域种植业生态效率空间格局的影响并非相互独立，而是呈现非线性或双因子增强效应，各因子之间存在较为紧密的联系。选取的 11 个影响因子中任意 2 个因子经交互作用后得到的 q 值均表现出不同程度的提高，即双因子的综合作用会提高对黄土高原县域种植业生态效率空间分异格局的解释程度。从作用类型来看，几个主导因子间交互作用类型多呈非线性增强，少数为双因子增强，说明黄土高原县域种植业生态效率时空分异格局的形成与演化并不是由单一影响因子驱动的，而是多种因子交互作用的结果。

1）2005 年因子交互探测

从黄土高原地区整体看，2005 年人均农业生产总值和劳动力规模交互后因子 q 值最大为 0.295，显著大于人均农业生产总值因子的 q 值（0.187）与劳动力规模因子的 q 值（0.020）之和，说明人均农业生产总值和劳动力规模的协同作用对县域种植业生态效率空间格局具有积极的影响，较高的农村经济水平和专业的种植业从业人员为提高种植业生产效率奠定了良好基础（表 6.11）。从排前 10 位的双因子交互力看，多数为经济因子和结构因子的交互，q 值均高于 0.2，说明经济因素（人均地区生产总值、人均农业生产总值、农民人均纯收入）与结构因素（产业结构、种植业结构、种植业面积占比）交互作用对种植业生态效率空间格局的影响最强。农村经济发展水平提升有利于现代化农业生产技术的推广，促进生产要素投入和优化配置，进而提高种植业的生态效率，同时合理的种植业结构也有利于农业生产效率的最大化。

表 6.11 2005 年黄土高原种植业生态效率空间格局形成的影响因子交互探测结果

序号	全区 交互因子	q 值	黄土高原沟壑区 交互因子	q 值	黄土丘陵沟壑区 交互因子	q 值	河谷平原区 交互因子	q 值	灌溉农业区 交互因子	q 值	土石山区 交互因子	q 值	高原风沙区 交互因子	q 值
1	$X_2 \cap X_8$ (NE)	0.295	$X_6 \cap X_8$ (NE)	0.527	$X_3 \cap X_6$ (NE)	0.736	$X_3 \cap X_6$ (NE)	0.665	$X_4 \cap X_{11}$ (NE)	0.772	$X_2 \cap X_{11}$ (NE)	0.674	$X_2 \cap X_6$ (BE)	0.865
2	$X_2 \cap X_3$ (BE)	0.285	$X_2 \cap X_{11}$ (NE)	0.504	$X_2 \cap X_3$ (NE)	0.671	$X_1 \cap X_3$ (NE)	0.645	$X_2 \cap X_8$ (NE)	0.749	$X_2 \cap X_8$ (NE)	0.561	$X_8 \cap X_{11}$ (NE)	0.782
3	$X_2 \cap X_5$ (NE)	0.277	$X_2 \cap X_6$ (NE)	0.471	$X_2 \cap X_4$ (NE)	0.671	$X_3 \cap X_{11}$ (NE)	0.612	$X_6 \cap X_{10}$ (NE)	0.740	$X_2 \cap X_6$ (NE)	0.543	$X_4 \cap X_{11}$ (NE)	0.782
4	$X_2 \cap X_6$ (BE)	0.271	$X_2 \cap X_8$ (NE)	0.464	$X_2 \cap X_9$ (NE)	0.662	$X_2 \cap X_7$ (NE)	0.607	$X_7 \cap X_{11}$ (NE)	0.725	$X_2 \cap X_4$ (NE)	0.525	$X_1 \cap X_6$ (NE)	0.757
5	$X_1 \cap X_2$ (NE)	0.265	$X_6 \cap X_9$ (NE)	0.457	$X_4 \cap X_9$ (NE)	0.644	$X_2 \cap X_6$ (NE)	0.600	$X_2 \cap X_4$ (NE)	0.716	$X_1 \cap X_{11}$ (NE)	0.506	$X_3 \cap X_5$ (NE)	0.738
6	$X_2 \cap X_{10}$ (NE)	0.264	$X_2 \cap X_9$ (NE)	0.450	$X_1 \cap X_9$ (NE)	0.636	$X_2 \cap X_{11}$ (NE)	0.588	$X_2 \cap X_7$ (NE)	0.698	$X_2 \cap X_7$ (NE)	0.492	$X_3 \cap X_{10}$ (NE)	0.738
7	$X_3 \cap X_6$ (NE)	0.255	$X_6 \cap X_{11}$ (NE)	0.449	$X_1 \cap X_6$ (NE)	0.621	$X_2 \cap X_5$ (NE)	0.583	$X_8 \cap X_{11}$ (NE)	0.692	$X_6 \cap X_{10}$ (NE)	0.466	$X_2 \cap X_{11}$ (NE)	0.682
8	$X_2 \cap X_4$ (NE)	0.248	$X_9 \cap X_{11}$ (NE)	0.444	$X_4 \cap X_6$ (NE)	0.608	$X_2 \cap X_9$ (NE)	0.578	$X_6 \cap X_7$ (NE)	0.677	$X_2 \cap X_5$ (NE)	0.465	$X_1 \cap X_{11}$ (NE)	0.682
9	$X_2 \cap X_{11}$ (NE)	0.242	$X_2 \cap X_7$ (NE)	0.439	$X_1 \cap X_7$ (NE)	0.599	$X_2 \cap X_4$ (NE)	0.577	$X_1 \cap X_7$ (NE)	0.669	$X_2 \cap X_9$ (NE)	0.462	$X_1 \cap X_2$ (BE)	0.682
10	$X_2 \cap X_7$ (NE)	0.238	$X_2 \cap X_3$ (BE)	0.438	$X_2 \cap X_7$ (NE)	0.598	$X_2 \cap X_8$ (NE)	0.564	$X_3 \cap X_7$ (NE)	0.665	$X_1 \cap X_7$ (NE)	0.459	$X_6 \cap X_{10}$ (NE)	0.663
11	$X_2 \cap X_9$ (NE)	0.235	$X_6 \cap X_7$ (NE)	0.435	$X_2 \cap X_6$ (BE)	0.598	$X_2 \cap X_4$ (NE)	0.557	$X_7 \cap X_8$ (NE)	0.662	$X_2 \cap X_9$ (NE)	0.450	$X_5 \cap X_6$ (NE)	0.663
12	$X_3 \cap X_{11}$ (NE)	0.225	$X_1 \cap X_9$ (NE)	0.424	$X_2 \cap X_5$ (NE)	0.585	$X_2 \cap X_{10}$ (NE)	0.545	$X_6 \cap X_8$ (NE)	0.654	$X_3 \cap X_4$ (NE)	0.449	$X_2 \cap X_7$ (BE)	0.653
13	$X_1 \cap X_6$ (NE)	0.222	$X_3 \cap X_7$ (NE)	0.422	$X_2 \cap X_8$ (NE)	0.584	$X_2 \cap X_7$ (NE)	0.532	$X_8 \cap X_{11}$ (NE)	0.646	$X_5 \cap X_9$ (NE)	0.445	$X_2 \cap X_{11}$ (NE)	0.642
14	$X_3 \cap X_9$ (NE)	0.207	$X_1 \cap X_3$ (NE)	0.420	$X_2 \cap X_{10}$ (NE)	0.578	$X_2 \cap X_3$ (BE)	0.531	$X_5 \cap X_7$ (NE)	0.634	$X_3 \cap X_8$ (NE)	0.444	$X_2 \cap X_4$ (BE)	0.642
15	$X_3 \cap X_5$ (NE)	0.196	$X_5 \cap X_6$ (NE)	0.416	$X_3 \cap X_7$ (NE)	0.558	$X_4 \cap X_6$ (NE)	0.529	$X_1 \cap X_7$ (NE)	0.627	$X_8 \cap X_9$ (NE)	0.432	$X_8 \cap X_9$ (NE)	0.621

注：NE 为非线性增强（nonlinea enhance）；BE 为双因子增强（bi-factor enhance）。表 6.12～表 6.14 同。

从黄土高原六大分区看,不同分区影响因子之间形成了独特的相互作用模式,具体表现出显著的非线性增强或双因子增强效应,经济因素、结构因素、物质投入和自然因素共同影响黄土高原县域种植业生态效率的空间分异格局。其中,黄土高原沟壑区特殊的自然地理结构增强了县域种植业结构和劳动力规模对种植业生态效率的协同影响;黄土丘陵沟壑区和河谷平原区因子之间的交互作用较为复杂,经济因素和结构因素的交互作用对县域种植业生态效率空间分异的影响更为显著;灌溉农业区水土资源较为丰富,其县域种植业生态效率空间分异受城镇化率和区位因素的协同影响;土石山区具有多样化的自然地理结构,区位因素和人均农业生产总值的交互对县域种植业生态效率空间格局具有协同增强效应;高原风沙区自然地理条件较差,种植业生态效率空间分局深受人均农业生产总值和种植业结构的协同增强影响。

2)2010 年因子交互探测

从黄土高原地区全区看,2010 年人均农业生产总值和农业机械强度的交互对县域种植业生态效率的空间分异影响最强,因子交互探测的 q 值最高为 0.313,说明人均农业生产总值和农业机械强度协同影响县域种植业生态效率空间分异格局,农村经济的发展促进了农业机械的推广,提高了种植业技术水平,对生态效率提升产生积极影响(表 6.12)。排在前 10 位的双因子均为人均农业生产总值与其他因素的交互,这表明黄土高原县域种植业生态效率的改善离不开农村经济的发展,在一定的生产力水平和经济发展阶段,合理配置种植结构、优化农作物播种面积、合理投入劳动力资源,可以促进种植业生态效率的提升。这也进一步说明,经济因素对种植业生态效率的优化提升起着至关重要的作用。

表 6.12 2010 年黄土高原种植业生态效率空间格局形成的影响因子交互探测结果

序号	全区 交互因子	q 值	黄土高原沟壑区 交互因子	q 值	黄土丘陵沟壑区 交互因子	q 值	河谷平原区 交互因子	q 值	灌溉农业区 交互因子	q 值	土石山区 交互因子	q 值	高原风沙区 交互因子	q 值
1	$X_2 \cap X_9$ (NE)	0.313	$X_9 \cap X_{11}$ (NE)	0.467	$X_2 \cap X_6$ (NE)	0.688	$X_2 \cap X_7$ (NE)	0.731	$X_4 \cap X_{11}$ (NE)	0.903	$X_2 \cap X_5$ (NE)	0.648	$X_2 \cap X_4$ (BE)	0.923
2	$X_2 \cap X_7$ (NE)	0.285	$X_2 \cap X_5$ (NE)	0.465	$X_2 \cap X_7$ (NE)	0.687	$X_2 \cap X_6$ (NE)	0.696	$X_4 \cap X_9$ (NE)	0.886	$X_3 \cap X_7$ (NE)	0.592	$X_3 \cap X_4$ (BE)	0.916
3	$X_2 \cap X_{10}$ (NE)	0.283	$X_2 \cap X_3$ (NE)	0.463	$X_2 \cap X_3$ (NE)	0.663	$X_5 \cap X_{11}$ (NE)	0.673	$X_4 \cap X_6$ (NE)	0.875	$X_2 \cap X_4$ (NE)	0.579	$X_4 \cap X_7$ (BE)	0.908
4	$X_2 \cap X_6$ (NE)	0.279	$X_4 \cap X_9$ (NE)	0.451	$X_2 \cap X_{10}$ (NE)	0.648	$X_1 \cap X_2$ (NE)	0.626	$X_2 \cap X_5$ (NE)	0.833	$X_2 \cap X_6$ (NE)	0.575	$X_4 \cap X_8$ (BE)	0.908

续表

序号	全区 交互因子	q值	黄土高原沟壑区 交互因子	q值	黄土丘陵沟壑区 交互因子	q值	河谷平原区 交互因子	q值	灌溉农业区 交互因子	q值	土石山区 交互因子	q值	高原风沙区 交互因子	q值
5	$X_2 \cap X_8$ (NE)	0.273	$X_6 \cap X_9$ (NE)	0.447	$X_2 \cap X_9$ (NE)	0.644	$X_2 \cap X_5$ (NE)	0.616	$X_3 \cap X_4$ (NE)	0.817	$X_2 \cap X_8$ (NE)	0.573	$X_4 \cap X_{10}$ (BE)	0.905
6	$X_2 \cap X_{11}$ (NE)	0.270	$X_2 \cap X_4$ (NE)	0.426	$X_1 \cap X_7$ (NE)	0.627	$X_3 \cap X_6$ (NE)	0.611	$X_1 \cap X_4$ (NE)	0.811	$X_2 \cap X_{10}$ (NE)	0.557	$X_4 \cap X_5$ (BE)	0.900
7	$X_2 \cap X_3$ (BE)	0.262	$X_5 \cap X_9$ (NE)	0.414	$X_2 \cap X_8$ (NE)	0.614	$X_2 \cap X_9$ (NE)	0.609	$X_2 \cap X_9$ (NE)	0.804	$X_2 \cap X_9$ (NE)	0.550	$X_1 \cap X_4$ (BE)	0.900
8	$X_2 \cap X_4$ (NE)	0.252	$X_9 \cap X_{10}$ (NE)	0.414	$X_2 \cap X_4$ (NE)	0.602	$X_2 \cap X_{11}$ (NE)	0.593	$X_1 \cap X_{10}$ (NE)	0.790	$X_1 \cap X_{10}$ (NE)	0.545	$X_4 \cap X_9$ (BE)	0.900
9	$X_1 \cap X_2$ (NE)	0.252	$X_2 \cap X_{10}$ (NE)	0.409	$X_3 \cap X_4$ (NE)	0.592	$X_3 \cap X_4$ (NE)	0.574	$X_4 \cap X_{10}$ (NE)	0.783	$X_1 \cap X_2$ (NE)	0.545	$X_4 \cap X_{11}$ (BE)	0.864
10	$X_2 \cap X_5$ (NE)	0.251	$X_4 \cap X_{11}$ (NE)	0.401	$X_3 \cap X_6$ (NE)	0.588	$X_3 \cap X_5$ (NE)	0.552	$X_1 \cap X_2$ (NE)	0.774	$X_2 \cap X_7$ (NE)	0.534	$X_6 \cap X_{11}$ (NE)	0.864
11	$X_3 \cap X_6$ (NE)	0.215	$X_2 \cap X_9$ (NE)	0.390	$X_7 \cap X_8$ (NE)	0.586	$X_2 \cap X_8$ (NE)	0.545	$X_2 \cap X_{11}$ (NE)	0.766	$X_2 \cap X_3$ (BE)	0.529	$X_4 \cap X_6$ (BE)	0.864
12	$X_3 \cap X_5$ (NE)	0.206	$X_4 \cap X_7$ (NE)	0.379	$X_6 \cap X_8$ (NE)	0.576	$X_2 \cap X_{10}$ (NE)	0.534	$X_2 \cap X_3$ (NE)	0.751	$X_3 \cap X_9$ (NE)	0.524	$X_2 \cap X_3$ (BE)	0.793
13	$X_1 \cap X_6$ (NE)	0.191	$X_7 \cap X_{10}$ (NE)	0.370	$X_2 \cap X_5$ (NE)	0.571	$X_1 \cap X_{10}$ (NE)	0.525	$X_1 \cap X_7$ (NE)	0.747	$X_7 \cap X_{10}$ (NE)	0.522	$X_2 \cap X_5$ (NE)	0.779
14	$X_3 \cap X_9$ (NE)	0.188	$X_2 \cap X_{11}$ (NE)	0.369	$X_4 \cap X_7$ (NE)	0.571	$X_2 \cap X_3$ (BE)	0.513	$X_3 \cap X_7$ (NE)	0.731	$X_5 \cap X_7$ (NE)	0.505	$X_2 \cap X_9$ (NE)	0.779
15	$X_7 \cap X_9$ (NE)	0.186	$X_7 \cap X_9$ (NE)	0.359	$X_6 \cap X_7$ (NE)	0.570	$X_6 \cap X_{10}$ (NE)	0.511	$X_5 \cap X_6$ (NE)	0.682	$X_1 \cap X_3$ (NE)	0.503	$X_1 \cap X_2$ (BE)	0.779

从黄土高原六大分区看，黄土高原沟壑区由于特殊的自然地理结构，农业机械强度和区位因素的交互对县域种植业生态效率空间格局产生更为显著的影响；黄土丘陵沟壑区主要是受经济因素和结构因素交互对种植业生态效率产生的协同影响；河谷平原区是重要的粮食主产区，在人均农业生产总值和结构因素的协同作用下形成了当前种植业生态效率空间分异格局；灌溉农业区是重要的粮食生产区，种植业生态效率空间格局的形成和演化深受城镇化率和区位因素的协同作用；土石山区和高原风沙区特殊的自然地理条件不利于种植业的大规模发展，经济因素和结构因素的交互作用对县域种植业生态效率空间分异格局的形成和演化影响

强烈，种植业生态效率受其协同增强影响。

3）2015 年因子交互探测

从黄土高原地区整体看，2015 年人均农业生产总值和劳动力规模的交互对种植业生态效率空间分异格局的影响最为强烈，因子交互探测的 q 值最高为 0.256，相较 2005 年有所下降（表 6.13）。这表明农村经济发展水平和种植业从业人员数量对种植业生态效率空间分异始终具有较高的推动作用。相较于前 10 年，结构因素、物质投入和区位因素之间的交互作用对黄土高原县域种植业生态效率空间分异格局的协同效应更为显著。

表 6.13 2015 年黄土高原种植业生态效率空间格局形成的影响因子交互探测结果

序号	全区 交互因子	q 值	黄土高原沟壑区 交互因子	q 值	黄土丘陵沟壑区 交互因子	q 值	河谷平原区 交互因子	q 值	灌溉农业区 交互因子	q 值	土石山区 交互因子	q 值	高原风沙区 交互因子	q 值
1	$X_2 \cap X_8$ (NE)	0.256	$X_3 \cap X_9$ (NE)	0.498	$X_7 \cap X_{11}$ (NE)	0.725	$X_3 \cap X_{10}$ (NE)	0.675	$X_4 \cap X_6$ (NE)	0.825	$X_7 \cap X_{11}$ (NE)	0.610	$X_7 \cap X_{11}$ (NE)	0.889
2	$X_6 \cap X_9$ (NE)	0.243	$X_4 \cap X_6$ (NE)	0.487	$X_3 \cap X_7$ (NE)	0.683	$X_3 \cap X_{11}$ (BE)	0.661	$X_2 \cap X_3$ (NE)	0.804	$X_2 \cap X_8$ (NE)	0.543	$X_8 \cap X_{11}$ (NE)	0.889
3	$X_1 \cap X_{11}$ (NE)	0.235	$X_1 \cap X_9$ (NE)	0.486	$X_1 \cap X_7$ (NE)	0.646	$X_2 \cap X_{11}$ (NE)	0.641	$X_1 \cap X_2$ (NE)	0.804	$X_2 \cap X_{10}$ (NE)	0.542	$X_2 \cap X_{11}$ (NE)	0.765
4	$X_3 \cap X_{10}$ (NE)	0.230	$X_6 \cap X_8$ (NE)	0.461	$X_3 \cap X_5$ (NE)	0.622	$X_1 \cap X_9$ (NE)	0.623	$X_2 \cap X_{10}$ (NE)	0.791	$X_2 \cap X_7$ (NE)	0.525	$X_1 \cap X_{11}$ (NE)	0.701
5	$X_2 \cap X_4$ (NE)	0.221	$X_6 \cap X_9$ (NE)	0.455	$X_3 \cap X_{10}$ (NE)	0.612	$X_2 \cap X_3$ (NE)	0.620	$X_2 \cap X_{11}$ (NE)	0.789	$X_2 \cap X_9$ (NE)	0.498	$X_3 \cap X_{11}$ (NE)	0.701
6	$X_2 \cap X_{10}$ (NE)	0.216	$X_6 \cap X_{11}$ (NE)	0.444	$X_2 \cap X_3$ (NE)	0.607	$X_1 \cap X_2$ (NE)	0.609	$X_{10} \cap X_{11}$ (NE)	0.785	$X_2 \cap X_3$ (NE)	0.492	$X_1 \cap X_4$ (NE)	0.639
7	$X_2 \cap X_{11}$ (BE)	0.216	$X_4 \cap X_7$ (NE)	0.426	$X_3 \cap X_9$ (NE)	0.600	$X_7 \cap X_{11}$ (NE)	0.572	$X_3 \cap X_8$ (NE)	0.770	$X_2 \cap X_6$ (NE)	0.490	$X_3 \cap X_4$ (NE)	0.639
8	$X_1 \cap X_2$ (NE)	0.213	$X_2 \cap X_5$ (NE)	0.424	$X_2 \cap X_{11}$ (NE)	0.569	$X_6 \cap X_{11}$ (NE)	0.561	$X_2 \cap X_6$ (NE)	0.760	$X_2 \cap X_6$ (NE)	0.488	$X_1 \cap X_8$ (NE)	0.579
9	$X_1 \cap X_6$ (NE)	0.213	$X_9 \cap X_{11}$ (NE)	0.408	$X_2 \cap X_5$ (NE)	0.559	$X_5 \cap X_{11}$ (NE)	0.559	$X_3 \cap X_6$ (NE)	0.760	$X_5 \cap X_9$ (NE)	0.485	$X_3 \cap X_7$ (NE)	0.579
10	$X_3 \cap X_9$ (NE)	0.211	$X_4 \cap X_{10}$ (NE)	0.408	$X_2 \cap X_8$ (NE)	0.559	$X_8 \cap X_{11}$ (NE)	0.546	$X_4 \cap X_{10}$ (NE)	0.722	$X_2 \cap X_5$ (NE)	0.473	$X_1 \cap X_7$ (NE)	0.579
11	$X_6 \cap X_8$ (NE)	0.210	$X_4 \cap X_9$ (NE)	0.406	$X_3 \cap X_{11}$ (NE)	0.547	$X_1 \cap X_8$ (NE)	0.543	$X_4 \cap X_8$ (NE)	0.705	$X_5 \cap X_8$ (NE)	0.464	$X_3 \cap X_8$ (NE)	0.579

续表

序号	全区 交互因子	q值	黄土高原沟壑区 交互因子	q值	黄土丘陵沟壑区 交互因子	q值	河谷平原区 交互因子	q值	灌溉农业区 交互因子	q值	土石山区 交互因子	q值	高原风沙区 交互因子	q值
12	$X_2 \cap X_6$（BE）	0.210	$X_6 \cap X_{10}$（NE）	0.403	$X_1 \cap X_6$（NE）	0.547	$X_{10} \cap X_{11}$（BE）	0.540	$X_5 \cap X_9$（NE）	0.700	$X_6 \cap X_{10}$（NE）	0.461	$X_1 \cap X_{10}$（NE）	0.579
13	$X_3 \cap X_6$（NE）	0.209	$X_1 \cap X_{10}$（NE）	0.399	$X_6 \cap X_7$（NE）	0.541	$X_1 \cap X_{11}$（BE）	0.539	$X_4 \cap X_{11}$（NE）	0.683	$X_5 \cap X_7$（NE）	0.461	$X_3 \cap X_{10}$（NE）	0.579
14	$X_2 \cap X_3$（NE）	0.209	$X_2 \cap X_6$（NE）	0.396	$X_7 \cap X_8$（NE）	0.540	$X_4 \cap X_{11}$（NE）	0.533	$X_4 \cap X_9$（NE）	0.682	$X_6 \cap X_9$（NE）	0.460	$X_1 \cap X_5$（NE）	0.579
15	$X_6 \cap X_{11}$（BE）	0.206	$X_1 \cap X_{11}$（NE）	0.395	$X_3 \cap X_9$（NE）	0.527	$X_9 \cap X_{11}$（NE）	0.525	$X_6 \cap X_{10}$（NE）	0.672	$X_1 \cap X_2$（NE）	0.459	$X_3 \cap X_5$（NE）	0.579

从黄土高原六大分区看，2015年的因子交互结果较前10年有较大的变化。黄土高原沟壑区县域种植业生态效率空间分异格局深受农村居民人均纯收入和农业机械强度的协同增强影响；在黄土丘陵沟壑区，种植业面积占比和区位因素之间的交互作用对种植业生态效率空间分异格局的影响最为广泛；河谷平原区经济发展水平较高，农村居民人均纯收入和人均农作物播种面积的协同作用对种植业生态效率的空间格局影响较大；灌溉农业区结构因素之间的交互作用对种植业生态效率的空间分异格局的影响最为显著；土石山区和高原风沙区自然条件较差，一定程度上限制了种植业的发展，种植业面积占比和区位因素的交互作用对该分区县域种植业生态效率空间分异格局的协同作用强烈。

4）2019年因子交互探测

从黄土高原地区整体看，2019年人均农业生产总值和劳动力规模因子交互对县域种植业生态效率空间分异的影响最强，这与2005年和2015年的探测结果相一致，因子交互探测的 q 值最高为0.389，相较于2015年有所提升（表6.14）。农村经济发展水平和区位因素的综合作用是影响黄土高原县域种植业生态效率空间分异格局形成和演化的最主要因素。在一定经济发展水平基础上，种植业布局离中心城市越近，运输成本越低，农业集约化程度越高，对县域种植业生态效率的提升作用越显著。

表6.14 2019年黄土高原种植业生态效率空间格局形成的影响因子交互作用结果

序号	全区 交互因子	q值	黄土高原沟壑区 交互因子	q值	黄土丘陵沟壑区 交互因子	q值	河谷平原区 交互因子	q值	灌溉农业区 交互因子	q值	土石山区 交互因子	q值	高原风沙区 交互因子	q值
1	$X_2 \cap X_8$（NE）	0.389	$X_2 \cap X_{11}$（NE）	0.529	$X_2 \cap X_8$（NE）	0.715	$X_2 \cap X_6$（NE）	0.655	$X_3 \cap X_4$（NE）	0.814	$X_2 \cap X_6$（BE）	0.778	$X_2 \cap X_6$（NE）	0.891

续表

序号	全区 交互因子	q值	黄土高原沟壑区 交互因子	q值	黄土丘陵沟壑区 交互因子	q值	河谷平原区 交互因子	q值	灌溉农业区 交互因子	q值	土石山区 交互因子	q值	高原风沙区 交互因子	q值
2	$X_2 \cap X_{11}$ (NE)	0.380	$X_2 \cap X_8$ (NE)	0.513	$X_{10} \cap X_{11}$ (NE)	0.698	$X_2 \cap X_{11}$ (NE)	0.646	$X_2 \cap X_7$ (NE)	0.807	$X_6 \cap X_9$ (NE)	0.761	$X_2 \cap X_4$ (NE)	0.891
3	$X_2 \cap X_6$ (BE)	0.365	$X_1 \cap X_7$ (NE)	0.489	$X_4 \cap X_5$ (NE)	0.696	$X_2 \cap X_8$ (NE)	0.631	$X_1 \cap X_3$ (NE)	0.806	$X_6 \cap X_{11}$ (NE)	0.756	$X_2 \cap X_{10}$ (NE)	0.891
4	$X_6 \cap X_8$ (BE)	0.351	$X_2 \cap X_5$ (NE)	0.462	$X_4 \cap X_6$ (NE)	0.693	$X_2 \cap X_7$ (NE)	0.598	$X_1 \cap X_{10}$ (NE)	0.783	$X_6 \cap X_8$ (BE)	0.747	$X_2 \cap X_5$ (NE)	0.891
5	$X_3 \cap X_6$ (NE)	0.334	$X_1 \cap X_2$ (NE)	0.448	$X_7 \cap X_{11}$ (NE)	0.688	$X_1 \cap X_5$ (NE)	0.581	$X_2 \cap X_{10}$ (NE)	0.775	$X_6 \cap X_{10}$ (NE)	0.735	$X_6 \cap X_9$ (NE)	0.888
6	$X_6 \cap X_{11}$ (BE)	0.322	$X_2 \cap X_4$ (NE)	0.441	$X_1 \cap X_6$ (NE)	0.686	$X_2 \cap X_{10}$ (NE)	0.577	$X_8 \cap X_{10}$ (NE)	0.763	$X_4 \cap X_{10}$ (NE)	0.731	$X_5 \cap X_9$ (NE)	0.888
7	$X_6 \cap X_7$ (NE)	0.318	$X_3 \cap X_5$ (NE)	0.436	$X_2 \cap X_{11}$ (NE)	0.670	$X_1 \cap X_2$ (NE)	0.558	$X_1 \cap X_5$ (NE)	0.739	$X_5 \cap X_6$ (BE)	0.724	$X_9 \cap X_{10}$ (NE)	0.888
8	$X_1 \cap X_6$ (NE)	0.306	$X_6 \cap X_7$ (NE)	0.430	$X_4 \cap X_{11}$ (BE)	0.662	$X_2 \cap X_9$ (NE)	0.545	$X_3 \cap X_6$ (NE)	0.736	$X_6 \cap X_7$ (BE)	0.717	$X_4 \cap X_9$ (NE)	0.888
9	$X_6 \cap X_9$ (NE)	0.304	$X_4 \cap X_{11}$ (NE)	0.418	$X_1 \cap X_7$ (NE)	0.661	$X_7 \cap X_{11}$ (NE)	0.538	$X_3 \cap X_9$ (NE)	0.711	$X_1 \cap X_6$ (NE)	0.712	$X_2 \cap X_3$ (NE)	0.853
10	$X_4 \cap X_6$ (NE)	0.296	$X_8 \cap X_{11}$ (NE)	0.417	$X_4 \cap X_8$ (NE)	0.654	$X_2 \cap X_4$ (NE)	0.524	$X_1 \cap X_7$ (NE)	0.701	$X_3 \cap X_6$ (BE)	0.651	$X_1 \cap X_2$ (NE)	0.853
11	$X_8 \cap X_{11}$ (NE)	0.290	$X_6 \cap X_{11}$ (NE)	0.415	$X_8 \cap X_{11}$ (NE)	0.654	$X_3 \cap X_6$ (NE)	0.515	$X_1 \cap X_{11}$ (NE)	0.687	$X_2 \cap X_7$ (NE)	0.549	$X_3 \cap X_9$ (NE)	0.851
12	$X_6 \cap X_{10}$ (NE)	0.289	$X_2 \cap X_3$ (NE)	0.411	$X_2 \cap X_3$ (NE)	0.653	$X_6 \cap X_8$ (NE)	0.502	$X_3 \cap X_8$ (NE)	0.682	$X_3 \cap X_9$ (NE)	0.540	$X_1 \cap X_9$ (NE)	0.851
13	$X_1 \cap X_2$ (NE)	0.284	$X_2 \cap X_6$ (NE)	0.411	$X_2 \cap X_7$ (NE)	0.614	$X_2 \cap X_5$ (NE)	0.491	$X_2 \cap X_{11}$ (NE)	0.674	$X_2 \cap X_4$ (NE)	0.528	$X_2 \cap X_8$ (NE)	0.822
14	$X_5 \cap X_6$ (BE)	0.269	$X_3 \cap X_{11}$ (NE)	0.411	$X_2 \cap X_7$ (NE)	0.612	$X_6 \cap X_{11}$ (NE)	0.490	$X_2 \cap X_3$ (NE)	0.665	$X_5 \cap X_6$ (NE)	0.518	$X_8 \cap X_9$ (NE)	0.819
15	$X_2 \cap X_7$ (NE)	0.259	$X_5 \cap X_{11}$ (NE)	0.410	$X_9 \cap X_{11}$ (NE)	0.611	$X_4 \cap X_6$ (NE)	0.486	$X_4 \cap X_{10}$ (NE)	0.655	$X_2 \cap X_3$ (NE)	0.515	$X_2 \cap X_5$ (BE)	0.815

从黄土高原六大分区看，在黄土高原沟壑区，经济因素与其他影响因素交互作用产生的驱动力远高于其他组合，这说明包含经济因素的交互组合与黄土高原沟壑区种植业生态效率的空间格局具有较强的一致性；黄土丘陵沟壑区县域种植

业生态效率空间格局是由多种因素的交互作用形成的，结构因素之间的交互作用对县域种植业生态效率空间格局的影响最为广泛；河谷平原区是乡村人口和农业产业集聚区，社会经济发展水平较高，经济因素和其他三类因素的交互作用对种植业生态效率空间分异具有较高的解释力；灌溉农业区是重要的粮食生产区，水土资源条件组合较好，县域种植业生态效率空间分异格局主要受经济因素和结构因素的协同增强影响；土石山区自然地理结构和社会经济结构类型多样，各因子之间的相互作用较为复杂，种植业结构和其他因素的交互对县域种植业生态效率空间分异格局的解释力较高；高原风沙区水土资源匮乏，不适宜发展大规模的种植业，该分区县域种植业生态效率空间分异格局的形成与演化主要受人均农业生产总值和结构因素的交互作用。

6.3 种植业生态效率时空格局演变机制

种植业生态效率时空格局演变机制是种植业投入/产出系统中各要素之间的结构关系和运行方式的客观表达，该系统的演变是种植业生产中物质资料和非物质资料投入与经济产出和非经济产出交互耦合作用形成的复杂巨系统，具有多层次性、多尺度性和系统结构复杂性等特征。研究种植业生态效率的重点在于深入揭示种植业生态效率时空格局演变机制。前述分析表明，黄土高原地区种植业生态效率时空分异显著，空间关联密切，其在地理空间上的时空演变存在深刻的内在机制。因此，本节在深入理解黄土高原种植业生态效率演变问题的基础上，科学选择影响种植业生态效率时空格局的主要驱动因素，并全面分析各驱动因素的作用原理和影响方式，进而系统阐释多重因素作用下的黄土高原种植业生态效率时空格局演变机制。

6.3.1 种植业生态效率的影响因素

根据前述的研究结论，综合选取人均农业生产总值、农业机械强度、区位因素、种植业面积占比和种植业结构 5 个因子作为影响种植业生态效率时空格局演变的主要驱动因素。

1. 人均农业生产总值

人均农业生产总值和种植业生态效率为正相关关系。人均农业生产总值是根据农业生产总值与农业从业人员的比值计算所得。一个地区人均农业生产总值越高，说明该地区的农业发展水平也越高，人均农业生产总值在一定程度上能够反映农业经济发展水平，农业经济发展得越好，种植业从业人员的认知水平、技术水平和管理水平越高，资源要素的配置和投入更加合理，对应的生态效率也较高。

2. 农业机械强度

农业机械强度对生态效率有正向促进作用，表示使用农业机械强度越高，对应的种植业生态效率越高。农业机械强度可用来反映种植业中机械使用情况，同时也可反映区域种植业生产结构和技术水平。高机械投入强度意味着当地种植业技术水平更高，生产方式从手工生产向机械生产转型，能够在相同物质投入、污染排放的前提下，大幅提升该地区种植业产值，提高生态效率。因此，种植业发展需要不断改进生产方式，增加先进农业机械的使用，进而提高种植业生态效率。

3. 区位因素

引入虚拟变量将区位因素定量化，计算结果显示，区位因素对种植业生态效率有负向作用。由于区位因素数值从小到大，代表土壤肥力从优到劣，灌溉条件从优到劣，耕作难度从小到大等。区位因素与生态效率之间的负相关作用体现为：黄土高原沟壑区、河谷平原区种植业的生态效率更高，高原风沙区及土石山区生态效率较低，这也与前文的空间分异格局相一致。说明土壤肥力、灌溉条件等优越的地区，种植业物质资料投入越合理，将不易出现生产资料投入冗余、排放过度的现象，该地区种植业的生态效率更高；在不适宜作物生长的区域，不得不通过增加物质资料投入的方式来提高种植业产量，容易造成投入冗余、生态效率低下的问题。

4. 种植业面积占比与种植业结构

本书采用农作物播种面积与辖区面积的比值表示种植业面积占比，反映各县（区）种植业在其农业产业结构中的地位；种植业结构表示粮食作物种植面积与经济作物种植面积的比值。由于经济作物、粮食作物在生产中对资源要素的需求不同，产生的碳排放量和带来的产值也各不相同，因此种植业结构的差异也是引起种植业生态效率差异的重要因素。

6.3.2 种植业生态效率的演变机制

通过上述分析可以发现，黄土高原种植业生态效率时空格局演变是自然地理基础、社会经济发展水平、农业现代化水平与种植业结构变迁等因素综合作用的结果（图6.2）。其中，自然地理基础是种植业生态效率格局形成和演变的重要支撑，社会经济发展水平是种植业生态效率时空格局演变的核心驱动力，种植业结构变迁是种植业生态效率时空格局演变的关键影响力，农业现代化水平的提升尤其是生产资料投入的增加或减少，是种植业生态效率时空格局演变的重要调控力，自然地理基础因素与社会经济发展水平因素的交互作用，更加强化了黄土高原种植业生态效率的地域分异格局及其演变趋势。

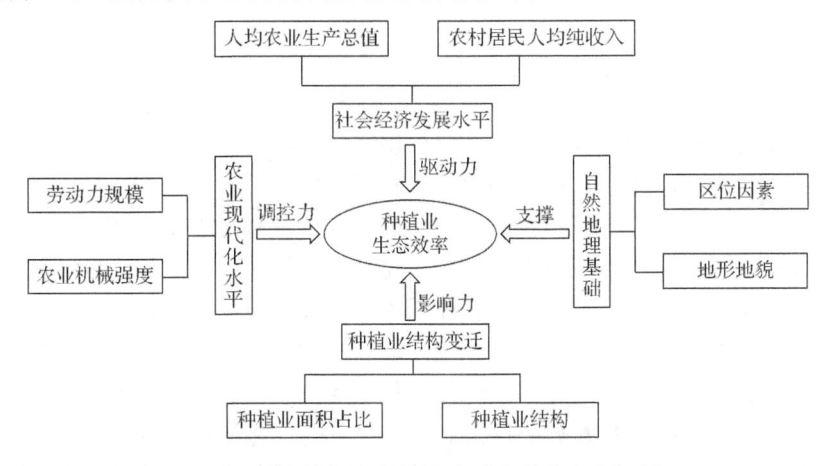

图 6.2　黄土高原种植业生态效率时空演变机制

1. 自然地理基础

种植业是自然地理基础依赖性大的产业，种植业的发展与自然地理基础密切联系。地形、地貌、气候、水资源和生物资源都深刻影响着种植业的空间布局与发展。良好的自然地理基础是种植业发展的基础，充分利用自然资源，根据光能、热量、水分、地形、土壤、生物等自然条件的性质、特点、相互关系及其动态变化趋势，合理安排种植业内部结构、生产发展与布局的关系，才能取得良好的经济、社会和环境效益。区位因素在一定程度上决定了部分种植业的空间布局，对于需要保鲜的农作物来说，靠近城镇、交通方便的地方是其布局的首选位置，同时区位因素也是影响商品农业布局的重要因素，发展该类种植业需要有快捷便利的交通或者距离中心城市较短的距离。

黄土高原地域辽阔，地貌复杂，具有水资源相对匮乏、季节性干旱、日照时间长等特点，各地貌分区种植业生态效率差异明显，自然禀赋条件和区位条件是影响黄土高原地区种植业生态效率的重要因素，也是黄土高原县域种植业生态效率时空演变的重要支撑。在黄土高原地区的不同分区，土壤肥力、灌溉条件等具有明显的地域差异性，资源禀赋和种植业发展经营模式也存在差异，造成种植业对投入和产出的要求也不同，分区类型在一定程度影响着种植业生态效率的提高。此外，地理区位因素反映了各县（区）到最近中心城市的距离，在一定程度上代表了交通便利度，距离中心城市越远，种植业产品运输成本越高，损耗率越高，在一定程度上制约了种植业生态效率的改善。距离中心城市越近，交通条件越便利，由此带来的"时空压缩"效应有利于拓宽种植业资源的交换半径，同时良好的交通条件可以通过网络效应和"时空压缩"效应推动种植业资源优化配置和生产效率的提高，有效驱动种植业生态效率的提升。

2. 社会经济发展水平

农业是社会经济发展的基础，同时社会经济发展也对农业发展起着重要作用。一方面，发达的社会经济水平和良好的市场环境可以带动农业产业结构的优化和农产品品质的提升，提高农业的期望产出和经济效益；另一方面，雄厚的经济积累可以为农田环境综合治理和农业生产技术研发提供充足的资金支持，有利于促进生态农业发展，提高种植业生态效率。随着社会经济发展水平不断提高，农民生活质量和观念均发生显著变化，农业绿色生产技术不断发展，政府和公众对碳排放等环境污染行为的重视程度越来越高，碳减排和低碳农业受到广泛关注。长期来看，经济发展水平提高能够促进传统种植业生产方式的改造升级，培育新型种植业生产模式，可以有效解决种植业发展带来的环境污染问题。

黄土高原地区经济发展水平相较于发达地区依然落后，水土流失与经济发展滞后对区域发展的双重限制短期内难以打破，水土资源短缺与资源浪费问题等都使黄土高原发展经济与保护生态的矛盾突出。对于种植业而言，经济发展滞后导致种植业长期处于粗放型发展状态，社会效益、经济效益与生态效益低。因此，社会经济发展水平的提高对提升黄土高原种植业生态效率尤为重要，是种植业生态效率时空格局演变的核心驱动力。黄土高原地区人均农业生产总值和农村居民人均纯收入是当地农村社会经济发展水平的客观反映，其对种植业生态效率具有显著影响。农村经济发展水平越高，对种植业生态效率空间分异的驱动作用越强。区域社会经济的快速发展，一方面促进了种植业从业人员专业化水平和管理水平的提升，另一方面对农产品的品质和种类提出了新需求，二者共同促进种植业由粗放型向集约生态型转变，这为提高种植业生态效率，促进种植业可持续发展提供了良好的外部环境。同时，经济越发达地区的地方政府可投入更多的资金治理生态破坏和环境污染，特别是财政支农等发挥了部分生态修复与保护作用，如惠农补贴多倾向于节水灌溉、退地减水、退耕还草、退牧还草等项目，有效降低了种植业的环境负外部性；通过扩大对绿色生态种植业的补贴额度，既增加了农民收入，引导减少农业生产中的化肥、农药、农膜等物质资料投入，又可有效提升种植业生态效率。

3. 种植业结构变迁

种植业结构由粮食作物种植面积与经济作物种植面积之比来表征，一方面种植业结构对于种植业生态效率的影响表现在种植业资源分配是否合理，即当地自然条件是否是最适合发展某种种植业类型；另一方面，同经济作物种植相比，粮食作物种植所需的化肥、农药等环境污染要素的投入相对较低，即在相同产出水平下，种植业非合意产出相对较少，面源污染物排放少，种植业对生态环境的负面影响小。因此，合理调整种植业结构，提高种植技术，可以促进种植业生态效率的优化提升。

黄土高原地区农业发展历史悠久，种植业长期占比较大，粮食作物种植面积普遍高于经济作物种植面积，说明粮食作物在当地种植业体系中依旧处于主导地位，并深刻影响着种植业的生态效率。因此，种植业结构变迁是黄土高原地区种植业生态效率时空格局演变的关键影响力。随着社会经济的快速发展，经济作物及相关产品的消费需求将逐渐增加，随之带来的经济效益将逐步优于粮食作物；此外，经济作物和粮食作物所需的物质投入和产出的差异性，导致种植业总产出存在明显差异，这将间接地影响种植业的生态效率，使其空间格局发生显著变化。特别是在新发展阶段，各级政府更加重视对农民增收具有重要支撑作用的经济作物生产与布局，种植业结构调整与变化对生态效率演变的作用更加突出。

4. 农业现代化水平

农业现代化水平由两方面体现，一是农业机械强度，二是劳动力规模。农业机械强度反映农业机械化程度，机械化程度的提高，代表农业机械数量多，农业机械作业面积大，能够有效提升农业劳动生产率，节约劳动力成本，但农业机械化是石化农业的重要特征，机械化的推广势必伴随着柴油等石化资源的大量消耗，造成种植业生产中非期望产出的增加，出现油料泄露和废气排放问题，同时农业机械在维修保养时使用的废柴油等对农业绿色可持续发展产生制约作用。因此，农业机械强度对种植业生态效率既有负面影响也有正面作用。劳动力规模由农业从业人员数量表示，投入的劳动力资源越多，说明该地区的农业现代化水平相对较低，单位农作物播种面积上的人力投入较大。虽然劳动力增加不会直接带来种植业生态环境的破坏，但会直接导致种植业生产效率的下降。种植业生态效率作为种植业生产效率和环境污染的函数，在种植业生产效率下降和种植业污染物排放不变的情况下，自然会导致种植业生态效率的下降，因此劳动力规模对种植业生态效率的提升有制约作用。

随着黄土高原种植业由粗放型向集约型发展模式的转变，农业机械化水平的提高和劳动力投入的增加成为必然趋势。因此，农业现代化水平成为黄土高原种植业生态效率时空格局演变的重要调控力。农业机械强度反映了种植业生产中农业机械的使用情况，是农业现代化水平的客观反映。其对种植业生态效率演变具有正向驱动作用。种植业机械强度越高，说明区域种植业基础设施越完善、生产技术水平越高。尽管农业机械的普及会以消耗能源为前提，但可以较大程度地提高种植业产值，支撑种植业扩大生产规模，整体上推动种植业生态效率的提高。

同时，劳动力规模对种植业生态效率具有正向支撑作用，在快速城市化背景下，从事种植业生产的专业化从业人员越多，越有助于种植业产值的提高和生态效率的提升。另外，劳动力规模与人均农业生产总值的协同作用对种植业生态效率影响显著，说明农村经济发展水平越高，种植业从业人员的认知水平、技术水平越好，区域种植业生态效率越高。

6.4 本章小结

本章采用定性分析与定量分析相结合的方法，解析了黄土高原种植业生态效率时空演变的影响因素，通过普通最小二乘法和多元线性回归方程筛选出与种植业生态效率具有相关关系的影响因素，通过地理探测器厘清了2005~2019年县域种植业生态效率时空格局形成的关键因子，揭示了县域种植业生态效率时空格局演变机制。主要得出以下结论：

（1）黄土高原地区种植业生态效率各影响因素的作用方向存在显著差异性。多元回归分析结果表明，人均农业生产总值、农业从业人员、农业机械强度、种植业面积占比和地形地貌对黄土高原种植业生态效率产生显著影响，其中人均农业生产总值、农业从业人员、农业机械强度对种植业生态效率具有明显的正向促进作用，而种植业面积占比和地形地貌对种植业生态效率具有显著的抑制作用。因此，黄土高原地区应优化种植业投入要素结构，促进要素资源的合理配置。首先，加大农业科技研发力度，培育现代化农业人才，推广现代耕作方式与规模化生产方式。其次，发挥经济与金融手段对种植业发展的协同促进作用，加快传统种植业的改造升级。最后，要合理安排种植业内部结构，充分考虑当地的自然地理条件和市场环境需求，鼓励种植业适度规模经营并开展多元化种植。

（2）黄土高原地区种植业生态效率各影响因素的作用强度存在明显差异性。地理探测结果显示，人均农业生产总值对黄土高原种植业生态效率的作用最为显著，种植业结构、区位因素和劳动力规模在种植业生态效率影响因素中的地位越来越突出，而农村居民人均纯收入和城镇化率对种植业生态效率的驱动作用逐渐减小。为促进黄土高原地区种植业生态效率的优化提升，首先，优化粮食主产区布局，积极推进粮食作物与经济作物、粮食作物与油料作物等不同作物的耕地轮作模式，应用作物轮作抑制病虫害和杂草且提高土地肥力的机理，实现种植业产值增加和生态化的双赢。其次，促进种植业集约化、规模化发展，合理配置人力、物力和资金等农业生产资源，引导资源向水土资源丰富的地区集聚，实现种植业规模经济，增加区域竞争优势，为种植业生产提供先进的技术设备，推动种植业转型升级。最后，加大种植业补贴力度，鼓励和引导农民返乡创业，重视农村劳动力流失对种植业发展的影响，积极响应国家乡村振兴战略，落实好农民返乡创业政策，促进种植业生态化发展。

（3）黄土高原县域种植业生态效率时空格局演变的驱动因素存在明显的区域差异性。其中，黄土高原沟壑区县域种植业生态效率空间分异的影响因素由受经济因素主导转变为区位因素作用，农业机械强度对县域种植业生态效率空间格局的影响呈减小趋势；黄土丘陵沟壑区县域种植业生态效率空间分异的影响因素城镇化率和区位因素的作用呈现增强趋势，而人均地区生产总值的影响逐渐减弱；河谷平原区县域种植业生态效率空间分异的影响因素人均地区生产总值的作用逐渐增强，而农村居民人均纯收入和人均农作物播种面积的影响逐渐减弱；城镇化率、人均农作物播种面积、区位因素对灌溉农业区县域种植业生态效率空间分异的影响呈增强趋势，而种植业结构、农业机械强度的影响程度呈减弱趋势；土石山区县域种植业生态效率空间格局的影响因素种植业结构的作用明显增强，而种植业面积占比的影响则呈减弱趋势；在高原风沙区，区位因素对县域种植业生态效率空间格局的影响呈增强态势，而人均地区生产总值、种植业结构和劳动力规模的影响则呈减弱趋势。为此，黄土高原各分区应结合区域资源禀赋及经济发展水平，制定差异化的种植业发展策略，同时要保持区域间的协调互动，学习发达地区种植业生产的先进经验，确保各地区种植业生态效率在提升中协调、在协调中提升。

（4）种植业生态效率空间格局的形成和演变是受多种因子协同作用的结果。众多因素共同构成黄土高原县域种植业生态效率空间格局演变的影响因素体系，体系内各种因素对种植业生态效率的作用力和作用方式不同，随着影响因素的变化，体系还呈现出动态变化特征。种植业生态效率时空演变过程，就是其促进因素的推动力不断增强，同时其制约因素的抑制力不断减弱的过程，在其发展过程中有些因素作用力存在此消彼长的关系，有些则呈现相互增强的关系，有些作用力随着时间的推移及制度体系的建设和完善而日渐消失。黄土高原县域种植业生态效率时空格局深受自然地理基础因素和社会经济发展水平因素交互耦合影响。自然地理基础是县域种植业生态效率空间格局演变的重要支撑，社会经济发展水平是县域种植业生态效率时空分异的核心驱动力，种植业结构变迁是县域种植业生态效率时空分异的关键影响力，农业现代化水平是县域种植业生态效率时空格局演变的重要调控力。自然地理基础因素与社会经济发展水平因素交互作用，对黄土高原县域种植业生态效率空间分异格局的形成和演化产生协同增强效应。

第7章 黄土高原种植业生态效率优化模式与调控策略

种植业的环境负荷与提供产品的增加值之间的关系是种植业生态效率的客观反映。其中，在保证农产品质量和数量的基础上，以尽可能低的资源消耗和环境污染换取最大限度的种植业产出是种植业生态效率调控的核心；厘清种植业生态效率演化过程的作用机制，进而提出与区域实际的种植业生产和社会经济发展阶段相适应的调控对策是优化种植业生态效率的关键。为此，本章将在解析种植业生态效率调控机制，明确种植业生态效率优化目标的基础上，设计针对黄土高原不同分区的种植业生态效率优化调控模式，重点从种植业生态效率优化调控机制、种植业生态效率优化框架构建和种植业生态效率优化调控策略三方面进行论述。首先，从生产要素投入、种植业结构调整、气候变化、生产技术革新和政策制度实施五个方面，分析黄土高原种植业生态效率优化调控的内在机理；其次，从种植业生态效率优化目标和种植业生态效率调控模式两个方面论述黄土高原种植业生态效率优化框架构建；第三，从减排路径探索、环境准入设置、资源要素配置、科技创新支撑、政策制度保障和绿色理念宣传六个层面设计黄土高原种植业生态效率优化调控策略。

7.1 种植业生态效率优化调控机制

种植业是我国农业中最重要的物质生产部门，也是人类社会得以生存和发展的基础。为了使种植业生态效率得到进一步优化，达到低碳、绿色、可持续发展的目标，本章结合前述研究结果，根据黄土高原地区种植业生产特点、农产品市场需求、绿色农业和绿色食品生产技术标准及生态环境保护要求等，从气候变化、生产要素投入、生产技术革新、种植结构调整、政策制度实施五个维度及其相互作用方面，解析区域种植业生态效率优化调控机制（图7.1）。对于黄土高原地区而言，种植业生态效率优化的关键在于提高种植业全要素生产效率（薛超等，2020；洪银兴等，2018），明确种植业生产全要素对种植业生态效率的作用过程，以及种植业生态效率对种植业生产全要素的互动反馈机制，从而调整各地区的农业投入要素，优化种植业生产投入要素配比，推广现代农业科学技术，完善农业政策制度等，建立种植业"全要素投入—生态效率"双向互动的分析框架。

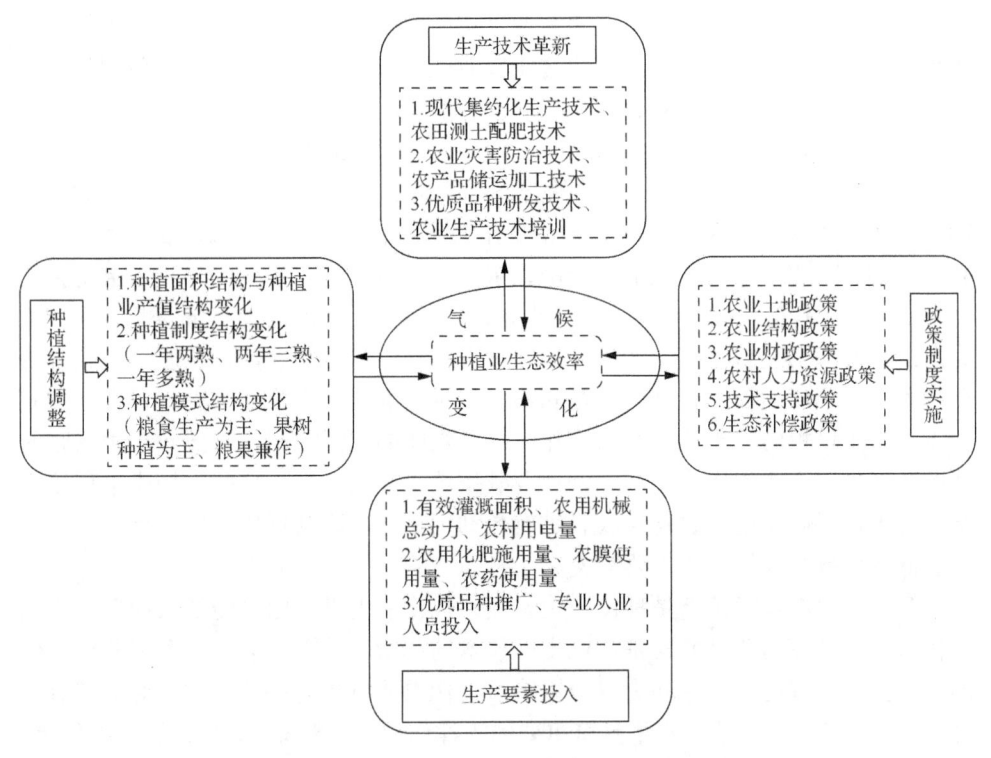

图 7.1 黄土高原种植业生态效率优化调控机制

第一，气候变化是影响种植业生产的首要因素，也是影响种植业生态效率的关键变量，更是开展种植业生态效率优化所要积极应对的现实问题。IPCC 第五次报告预测，全球气候将持续变暖。气候（气温、降水）变化直接影响水热变化，进而影响农作物的种植范围、边界和品质，更会对种植业生产要素投入与产出产生重要影响（曹大宇和朱红根，2017），这些均关系到区域粮食安全、社会经济安全和生态安全，已引起国际社会的广泛关注。研究表明，在全球气候变化作用下，一些农作物种植北界开始北移，使原来不适宜种植农作物的地区将因水热条件的变化而适宜种植，多熟制北移，复种指数提高，如黄土高原地区冬小麦种植区北移西延，农作物种植范围不断扩展。同时，全球气候变暖使干旱半干旱区降水量持续偏少，蒸发量增加，干旱事件频发，造成种植业病虫害增加，导致粮食产量降低，粮食价格波动呈扩大趋势（陈兆波等，2013）。为此，我国政府积极应对气候变化带来的影响，提出我国将在 2030 年前实现碳达峰、2060 年前实现碳中和的目标，在推动实现碳达峰碳中和目标背景下，需要通过固碳技术推广、绿色农业生产技术投入（信桂新等，2015；陈兆波等，2013；崔静等，2011），逐渐控制种植业引起的温室气体排放，减缓种植业发展对气候变化的影响，同时也满足种植业发展对气候变化的需求。

第二，生产要素合理投入是种植业生态效率优化的基础，也是推动种植业由传统向现代转型的重要抓手。加快传统农业改造升级，推动农业生产现代化，需要现代农业生产要素（化肥、农药、农膜、农业机械等）投入，提高农业生产的科技含量（信桂新等，2015；Schultz，1964）。截至2019年底，我国化肥、农药用量连续多年出现负增长，农产品的合格率稳定在97%以上。据农业农村部发布，2020年我国小麦、水稻、玉米三大粮食作物化肥利用率达40.2%，农药利用率达40.6%，其中高效低风险农药占比超过90%。但与发达国家相比，我国亩均化肥用量21.9kg，是美国的2.6倍，欧盟的2.5倍，高于亩均8kg的世界平均水平（王克，2017）。研究也发现，2005~2019年黄土高原地区的农药、化肥、农膜等物质投入上升幅度明显，化肥的过量和不当使用给农业带来收益的同时也使土壤肥力下降、土壤板结、土地生产力退化，加之农膜的广泛使用，导致农田中农膜的残留量增加，造成农作物减产，种植业碳排放量升高，严重威胁区域生态环境安全。可见，提高化肥、农药、农膜等有效利用率，对降低环境污染、促进种植业绿色低碳可持续发展具有重要意义。

第三，生产技术革新是种植业生态效率优化的关键。由"传统农业"向"现代化农业"转变的关键要素是农业生产技术的革新。随着社会经济发展和城市化的快速推进，农村农业劳动力日益短缺，现代农业机械化设备和技术对降低劳动力成本，提升农业产业化水平具有重要的支撑作用（曾琳琳等，2021；李中华等，2016）。研究发现，当低碳型农业技术水平高的时候，作物种植多样化和专业化均有利于农业面源污染防治、农业碳排放的减量和农业产值的增加。曹作华和谢一鸣（2006）认为，如果种植业生产技术指导和推广体系相对完善，种植业则会得到稳定发展，同时也会产生较大的社会、经济和环境效益，反之农民则会保留现有的种植模式甚至会倒退，不利于种植业发展。李伟娟（2019）研究发现，技术进步是山东省农业生态效率提高的主要因素，对农业生态效率提升的贡献最大，同时建议该省提高农业机械技术效率和推广应用清洁生产技术。本书研究认为，农业机械强度对生态效率有正向积极作用，即种植业生态效率随着农业机械投入强度的增高而增大。种植业技术水平的提高，是生产方式和生产技术更新的客观反映。换句话说，在相同物质投入、污染物排放的前提下，农业机械强度的增加将有助于提升种植业产值，进而提高种植业生态效率。因此，种植业发展需要改进生产方式，提高农用机械化水平，采用"以机代药"（如机械除草技术），实现减少农药使用、降低污染物排放量，缓解农药过度使用造成的碳排放增加和生态安全风险，优化种植业生态效率。本书还认为，黄土高原地区虽然从2005~2019年农业机械总动力投入明显增加，但碳排放量占比依然呈现稳步上升态势，故在节能减排背景下，推进区域种植业生产机械化离不开科技创新在其中发挥的作用，如依靠农业科技投入，提高农业创新能力，通过科技创新大力改造已有的机械设备,开展新产品、新技术等的研发,不断提高机械设备的能源利用率,提升农产品产量及品质。

第四,种植结构调整是种植业生态效率优化的客观要求和推动农村经济与环境可持续发展的必然选择,也是农业和农村经济工作的重要任务,是一项较复杂的长期的系统工程。2016年《全国种植业结构调整规划(2016—2020年)》指出,要坚持生态保护,促进持续发展,建立耕地轮作制度,综合考虑环境容量、资源承载力、发展基础和生态类型等多方面的因素,确定不同区域种植业的发展方向和重点。种植业结构调整实际上包括以市场为导向、以效益为中心的两个基本要素(徐效俊,2005)。正如王军(2021)提出,农业产业结构调整要与市场需求紧密对接,防止与市场需求脱节。陈卫洪和漆雁斌(2010)研究发现,农业产业结构优化调整可减缓农业源温室气体排放,促进低碳农业的发展。谢大海等(2000)通过比较分析江西省铅山县双季稻农田生态系统中的主要种植模式的经济效益和生态效益发现,从经济效益和生态效益看,马铃薯—早稻—荸荠轮作模式在当下环境是可行的,芋田套种竹荪种植模式也是最佳的。因此,根据市场需求和居民生活需求,结合区域自然生态环境和社会经济发展水平,以及环境保护与温室气体减排要求,调整种植业生产结构,选择与区域资源环境和社会经济发展阶段相适应的农作物,是优化种植业生态效率的必然选择。同时,要通过调整作物种植模式,充分利用全球气候变暖带来的农业生产带和作物熟制新变化,挖掘农业"一季变两季、一业改三业"的潜力,发展优质粮食、特色林果、小杂粮等绿色生态产业,提高种植业的产品供给能力和保障能力,提高农业生态效率(刘彦随等,2018)。因此,种植结构的不断调整和种植模式多元化,对于提高种植业经济产出、降低种植业发展的生态环境负效应,具有重要推动作用。

第五,政策制度实施是种植业生态效率时空变化的重要调控力。《第一次全国污染源普查公报》指出,我国农业污染超过了生活和工业污染,已经成为面源污染的第一大来源。2019年中央一号文件指出,要加强农业农村的污染防治及生态环境保护。因此,要想推动农业绿色发展,离不开农业发展政策的实施。农业农村政策制度的颁布和实施,对优化农业生产布局、提高农业生产地位和改善农业生产结构等具有重要的调节作用。例如,2005年国家开始大范围免除农业税,有效调动了农民从事农业生产的积极性,促进了种植业播种面积和产量的快速增加。2016年,财政部和农业部(现为农业农村部)联合出台的《建立以绿色生态为导向的农业补贴制度改革方案》提出,到2020年,基本建成以绿色生态为导向、促进农业资源合理利用与生态环境保护的农业补贴政策体系和激励约束机制。这为深入推进农业绿色发展、持续改善农业生态环境、促进种植业供给侧结构性改革、优化种植业生态效率产生了积极作用。从全球发展趋势看,绿色农业补贴政策是支持种植业迈向高质量发展的最直接有效的方式,它将种植业生产与生态环境保护结合起来，不仅有助于提高农作物产量和农户收入，更能促进生态环境保护和修复。陆杉和熊娇（2020）研究发现，生态文明先行示范区定位对提高农业绿色效应存在正向的显著影响，同时该政策具有一定的滞后期，作用强度会随时间的推移不断增强。李兆亮等（2017）通过将农业政策设置虚拟变量进行分析发现，农业政策对农业绿色生产效率有显著的推动作用。谭雯（2020）的研究也发现，绿色农业补贴政策对提高农业生产效率有正向的激励作用。此外，以绿色生态为导向的农业补贴政策，也能够驱动农业生产技术创新，提升农业现代化水平，提高农业生产资料（化肥、农药、农膜等）的综合利用效率（李明文等，2020；陈美球等，2014），降低污染物排放总量。可见，政策制度的调整与实施，不但能促进种植业产出水平的提升，还可以加快种植业高质量发展进程。

7.2 种植业生态效率优化框架构建

种植业作为重要的物质生产部门，种植业生态效率的优化调控是一个复杂系统工程，涉及种植业投入与产出多方面、多层次和多要素的优化调控与配置，其生态效率优化调控是综合目标导向下的多目标集成（图7.2）。黄土高原种植业生态效率变化深受自然地理条件、社会经济水平、种植业结构、农业现代化水平和区位因素等多种因素的交互影响。在农业快速转型发展背景下，黄土高原地区种植业规模日益增大，单位面积农业生产资料投入不断增加，由此引发的农业面源污染问题依然严峻，区域生态环境面临较大压力，种植业生态效率普遍较低。因此，应该将加快提高种植业现代化水平，合理控制种植业生产规模，加快农业科技创新推广和政策理念变革等作为种植业生态效率优化调控的重要方向，设计与黄土高原种植业发展阶段和国家生态文明及粮食安全战略需求相适应的调控框架。主导目标是制定种植业绿色生态高质量发展的调控模式与管控策略，在保障种植业产品数量和质量的前提下，以尽可能少的资源消耗和环境污染换取尽可能多的种植业产出，集中破解黄土高原种植业发展与生态环境保护矛盾，在新时代实现黄土高原种植业绿色低碳转型与高质量发展。

目前，黄土高原种植业生产已经迈向现代农业与可持续农业发展的新阶段。因此，面向新阶段种植业高质量发展的基本要求，结合黄土高原地区种植业投入产出及生产环境实际，围绕黄土高原种植业生态效率优化提升的关键问题，本书提出种植业生产模式转型、生产方式转变、生产重心转移和生产技术转化的四维目标，配套实施生态种植业模式、有机种植业模式、循环种植业模式和休闲种植业模式四种模式，促进区域种植业绿色低碳转型，带动区域种植业生态效率不断优化提升。

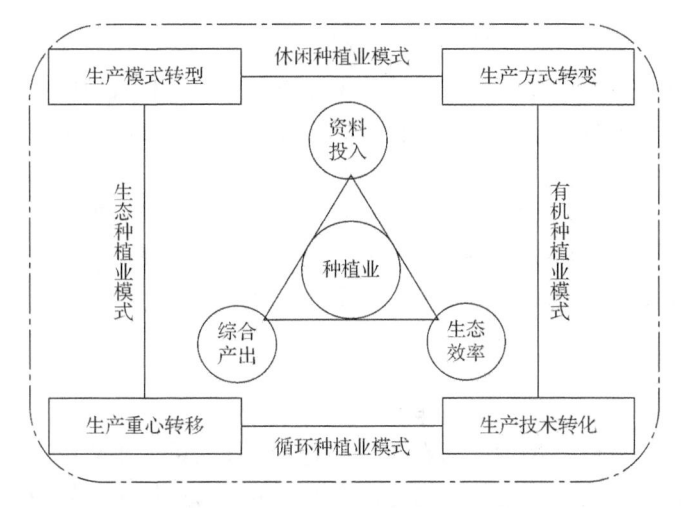

图 7.2 黄土高原种植业生态效率优化调控框架

7.2.1 种植业生态效率优化目标

1. 生产模式转型

绿色发展是在扬弃传统经济发展模式基础上的一种新型发展模式,该模式建立在生态环境容量和资源环境承载力约束条件下,将生态环境保护作为高质量发展支撑的新型发展模式。绿色发展强调"三低"(低消耗、低排放、低污染)和"三高"(高效率、高效益、高循环),即社会经济发展的"高效生态"。因此,种植业的绿色发展与高效生态种植业的含义应该是统一的,高效生态是绿色发展的本质特征(朱玉林,2014)。在种植业绿色发展中,"种植业"是主体,"发展"是核心,"绿色"是方式和目标(焦翔,2019)。实现种植业绿色发展目标的前提是确保粮食安全和生态安全。因此,不仅需要农民、消费者、企业、政府等多方共同参与,还需要借助多种政策的支持,调整改变传统粗放型的种植业发展模式,借助现代种植业生产技术和管理方式,创新种植业生产模式,向智能化、精准化、设施化转型。此外,目前黄土高原地区种植业基本以家庭为单位,缺乏组织性且规模较小,从种植业发展趋势看,家庭制的种植业发展模式已不适应现代化农业生产形势,需要与社会化的农场主和合作社等生产主体相结合。因此,当前更加需要通过推进规模化、产业化、科技化等多维度生产模式转型升级,提高种植业的生产效率,建立生态化的种植业生产模式,最终实现种植业的绿色高效可持续发展。

黄土高原县域种植业生态效率形成了"中间高两侧低"的空间格局,相对高效区和有效区围绕关中平原集中连片分布。这与黄土高原地区自然地理环境、社会经济发展阶段、农业生产技术水平等密切相关。正是自然地理要素与社会经济要素的地域差异性,决定了种植业生产类型、生产模式和资源利用方式的差异性,进而作用于种植业投入产出系统中，使得在自然地理条件相对优越、社会经济发展水平较高的关中平原地区形成种植业生态效率高效区和有效区集中连片分布的新格局，而在自然地理条件较差、种植业发展基础薄弱的陇东黄土高原、太行山和吕梁山区等地区，则形成了种植业生态效率的相对低效区。因此，按照绿色高效农业发展要求和标准，加快转变黄土高原地区种植业发展模式，实现由过去的"低生产效率"向"高生产效率"，由单一的种植业向"绿色生态农业"转型，是黄土高原种植业生态效率优化调控的首要目标。

2. 生产方式转变

在种植业生产过程中，农民作为理性经济主体，往往会以经济利益最大化选择使用农业生产资料，如为提高农产品产量，选择大量使用化肥、农药、农用柴油等，导致碳排放量大幅增加。同时，农民也是种植业低碳化转型的重要主体，如果在推进农业生产的高效率、低排放、低污染过程中，农民生活水平得到提高，农村环境不断改善，农村居民福祉明显扩大，那么农民必然会积极转变种植业生产方式。发展高效生态种植业是黄土高原地区种植业增产、农民增收的必然选择，同时也是种植业实现高质量发展的必由之路，对推动地区生态文明建设和实现农业现代化具有重要意义。本书研究发现，2005~2019年黄土高原地区种植业总产值稳步上升，与农民人均纯收入增长趋势基本一致；种植业劳动力规模波动下降，农作物播种面积波动上升，但化肥、农药、农膜等生产资料投入量大，长期高于发达国家设置的农业生态安全上限，农业机械总动力总体上升幅度大。但物质投入增加与播种面积上升的不协调，给种植业生产带来了诸多潜在风险，如大量使用农药、化肥、农膜等，造成农业环境污染加剧，生态系统退化，种植业生态效率降低，由此引发的生态环境问题不断显现出来，转变种植业生产方式成为区域种植业生产亟待解决的现实问题。

通过创新有效的资源整合机制，以特色优势种植业为重点推进种植业生产方式转变。打破行政区划和部门分割的藩篱，有效整合涉农项目和资金，协同推进与种植业发展密切相关的基础设施（如水网、路网、林网等）的综合建设。推进种植业全产业链融合发展，提升种植业综合效益。围绕区域特色优势产业延伸农业产业链条，发展农产品精深加工，提高种植业产品附加值。推行"畜—果—草—畜""沼—果—畜—沼"的生态循环种养模式，破解"土地越种越差、农药越用越多、产品越来越不放心、效益越来越低"的恶性循环生产方式。加强农业科技知识推广普及力度，让农民根据自身种植经验结合专业指导，对生产资料进行科学合理的配置，减少高碳排放量生产资料的投入，让资源效用发挥最大，从而实现种植业的低碳发展、绿色发展和循环发展等。

3. 生产重心转移

传统种植业主要是面向保障粮食等农产品供给安全需要，通过扩大种植面积、增加生产资料投入等方式，提高粮食供给能力。随着社会经济发展和居民收入增加，我国社会主要矛盾已经转化为人民日益增加的美好生活需要同不平衡不充分发展之间的矛盾。人民日益增长的美好生活需要对农产品的类型和品质提出了更高的要求，应对不平衡不充分发展问题对种植业产出及其社会经济效益也提出了新需求。因此，适时调整种植业生产重心，将传统的单一粮食种植为主导的种植业转移到以粮食作物与经济作物兼顾为重点的种植业显得尤为重要。种植业生产重心的转移包括种植面积重心转移、种植作物产量与产值重心转移、粮食作物与经济作物土地生产率重心转移等，不仅可以推动优势农作物的规模化生产，营造健康稳定的种植业发展环境，还为种植业专业化水平由初级向高级阶段发展提供有利条件。

黄土高原地区农业在长期发展过程中，形成了以小麦、玉米、马铃薯等粮食作物为重点的种植业生产体系。随着我国社会主要矛盾的转化和农业生产技术推广，面向市场需求和农民增收的目标要求，发挥区域资源环境优势，优化生产空间布局，发展种植业特色优势产业，成为新时代黄土高原地区种植业发展的重点。因此，更应关注农业生产变迁规律，进一步优化农业生产布局，正确把握生产重心转移过程及趋势，才能对种植业产业发展进行科学规划。各地区应该立足区域地形地貌、气候条件、土壤环境和产业基础及市场需求，转变种植业生产重心，优化种植业空间布局，发展现代农业园区，打造集增收富民、休闲观光、生态保育等功能于一体的现代田园，逐步摆脱黄土高原地区种植业生产中普遍存在的"小、散、乱"的发展桎梏，逐步结合种植特点形成规范的、刚性的环境准入制度，推动种植业生产重心合理转移。强化农民内生发展动力，构建以农民充分参与和分享为核心的种植业内生动力机制。同时，以地方特色优势产业为依托，发展"种植业+生态+文化+旅游"四位一体乡村田园风光观光旅游，围绕种植业的基本类型，发展多功能种植业，生产更多能够满足居民需求、市场需要和环保标准的种植业产品，不断提高种植业生产的社会经济效益。

4. 生产技术转化

农业高质量发展是满足广大人民群众不断升级的消费需求，改变农业经营模式的根本要求，也是推进乡村经济高质量发展和全面振兴的重要抓手（尹琴等，2021；刘彦随等，2020）。随着我国经济由高速增长阶段转向高质量发展阶段，加快新的生产技术的推广和普及，是提高全要素生产效率，增强经济发展和增加内生动力的关键。"十四五"时期是全面推进农业高质量发展，提高粮食产业的创新力、竞争力和可持续发展能力的战略机遇期。种植业高质量发展的基本要义是产品质量好、产业效益好、产业素质高，其次是有完备的生产经营体系、高素质的职业农民、较强的国际竞争力（张社梅等，2020；韩长赋，2018）。因此，加强种植业生产技术创新和转化、完善种植业生产科技信息网络化服务等技术，提高种植业生产技术转化效率，使农业提速发展、农民增收获益。

科技进步作为当前种植业发展的主要支撑。在资源、环境矛盾日益加剧的背景下，农业在作物遗传育种、作物生物技术、作物生产技术、作物栽培技术和作物信息技术等方面已经取得较好的成果，保障了农产品的供给和质量，同时也改善了生态环境。当然，上述种植业生产技术之间存在互补性和替代性，每一种技术都需要与其他相关技术协作完成。因此，种植业生产技术转化过程也需要重视示范应用环节和中间试验。研究发现，农业全要素生产效率的提高主要源于技术效率和技术进步的改善（薛超等，2020），其中，农业机械化过程就是通过把农业科技引入农业生产中，促进了农业生产技术和农业现代化水平的提高，带来了种植业生态效率改善和生产技术进步；种植业的标准化也是通过种植业多年的经验积累与科技成果相结合，制定成技术标准给农民推广，最终使农产品产量增加，农民收入逐渐增长，并使环境得到很好的保护。

种植业生产技术相对滞后是黄土高原种植业生态效率不高的关键限制性因素。因此，推进黄土高原地区农业高质量发展，实现"农业增效、农民增收、农村增绿"，亟须加快种植业生产技术创新，将新兴生产技术转化为改造传统农业、实现经济高质量发展的新动力和支撑力。通过持续推进秸秆还田，推广化肥、农药、农膜的减量和替代技术，引导种植业生产使用农家肥替代化肥，用生物农药、生物治虫替代化学农药，用可降解农膜替代不可降解农膜，推进农药、化肥等减量增效，提高种植业的科技含量和绿色发展水平，助力我国实现由农业大国转变为农业强国的目标。

7.2.2 种植业生态效率调控模式

我国种植业发展主要经历四个阶段：扩大复种提高土地利用率（20世纪50~60年代）、高产高效的实践（80年代）、种植业结构的调整与优化（90年代）、现代化与可持续发展农业（21世纪以来）（武兰芳等，2002），种植业生产已经迈向现代农业与可持续农业发展的新阶段。因此，结合黄土高原地区水土资源环境的地域差异与种植业生态效率的空间模式，创新种植业发展模式，从投入与产出视角优化调控种植业生态效率，是气候变化背景下推进农业绿色低碳转型和可持续发展的基础。

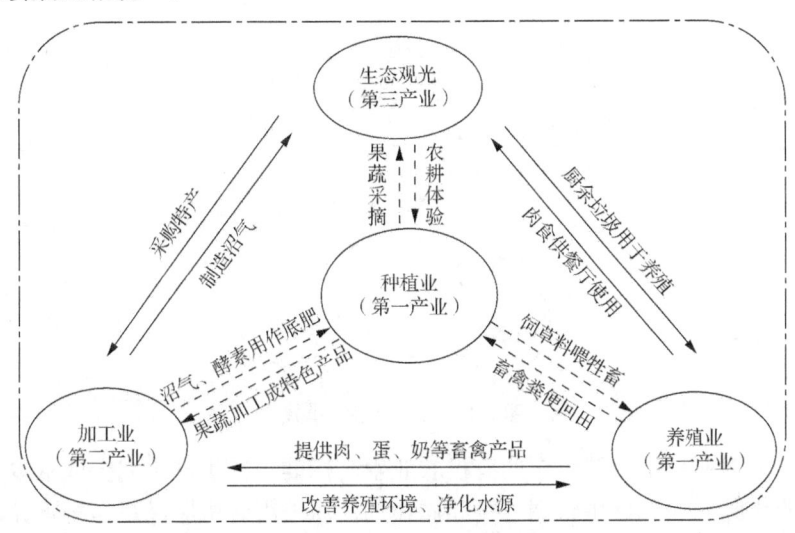

1. 生态种植业模式

生态种植业模式是遵循自然生态系统演化规律和社会经济运行规律，基于自然地理格局，适应气候变化趋势，因地制宜，设计、调整和管理种植业生产和农村经济的系统工程，实现了生态与经济的良性循环与有机统一（图7.3）。具体地，应该坚持水土资源保育与生态种植业发展相结合，通过有序退耕还林（草）和生态防护林带建设，巩固建设成果，建立土壤水库，为发展生态种植业奠定环境基础。从生态农业的基本特点出发，结合黄土高原地区独特的自然地理与人文经济地域特征，因地制宜，选择与当地发展阶段相适应的生态种植业发展模式。通过农牧结合、林牧结合、农林复合和农林牧复合的方式，提升产业间的生态联结度，配套农副产品加工体系，构建完善的生态种植业生产体系，实现种植业经济、生态和社会效益相统一。

图 7.3 生态种植业模式

河谷平原区可充分利用水土资源丰富、地势平坦的地理优势，以建立农田林网和培肥地力为重点，通过农作物间作、套作和轮作等实现生态种植，获取作物高产。高原风沙区应把沙地治理与生态农业结合起来，加快建设农田林网，进行防风固沙，重视节水保水技术的推广应用，保护农田，保障农作物高产稳产。黄土丘陵沟壑区应以水土资源保育、种植业生态环境改善为重点，推进植被恢复与重建，建设高标准农田和淤地坝，发展集雨节灌农业，建设水土保持生态农业体系。黄土高原沟壑区应以保护天然森林资源，巩固退耕还林（草）成果，构建农田林网及淤地坝，发展管灌、滴灌、喷灌、窖灌农业和林果牧复合型高效综合生态农业。土石山区应注重混交林建设，坚持林草上山、粮食下川，发展立体农业，采用乔灌草结合方式,鼓励发展林下经济,发展经济林和特色养殖业,保护林草地资源。

2. 有机种植业模式

在现代种植业生产过程中,过度使用农药会导致土壤微生物和害虫天敌减少、土壤和水的污染以及农产品中农药的残留,过多施用化肥会导致土壤酸性化、盐类积聚、地表水富营养化等。因此,消费者越来越关心种植业生产产品的安全性和可靠性问题,以遵循自然规律和生态学原理为特点的有机种植业便在此背景下应运而生。有机种植业模式的发展为解决现代农业生产过程中出现的土地质量下降、环境污染、能源消耗、物种多样性锐减等问题提供了应对方案,也为提高农产品品质和市场影响力,增加农民收入,实现乡村振兴提供了科学支撑(图7.4)。

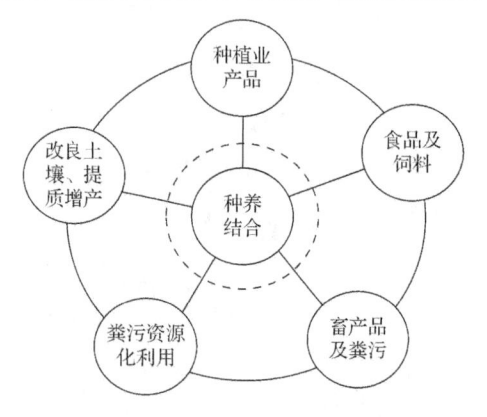

图 7.4 有机种植业模式

有机种植业是指按照一定的有机农业生产标准,在生产中完全或基本不用人工合成的化肥、农药、生长调节剂和添加剂,而采用有机肥满足作物营养需求,协调种植业和养殖业的营养物质平衡,采用系列可持续发展的作物种植技术以维持种植业生产体系持续稳定的一种种植业生产方式(尹立成,2010)。黄土高原地区种植业和畜牧业发展历史悠久,部分地区地处农牧交错地带,具有发展种植业和畜牧业的良好基础。因此,黄土高原地区种植业在生产过程中,第一,应该遵循有机种植业生产的基本原则:①遵循自然规律和生态学基本原理;②实施有机种植业生产体系内的物质资源循环利用;③依靠有机生产体系中的肥料(如畜禽粪便、植物秸秆等)维持土壤肥力;④保护生态系统与自然环境,开展种植业和养殖业的多种经营;⑤根据土地资源综合承载能力,种植作物和饲养畜禽;⑥充分发挥自然生态系统的自组织调节机制。第二,注重科技创新,加快有机农产品生产技术的普及和应用,努力实现由"自然农业"向"科技农业"的转变。第三,建立健全有机农业生产、加工、销售服务体系,鼓励非农企业向有机农业种植加工业转移，引进和发展有机农产品精深加工项目。例如，充分利用高原风沙区丰富的光热资源和无污染的沙土资源，开展有机葡萄和蔬菜种植，发展葡萄酒产业和有机蔬菜产业；在灌溉农业区（河套平原）围绕"山、水、林、田、湖、草、沙"七大生态要素，建设绿色有机高端农产品生产加工基地，构建区域化、规模化、多样化的现代有机种植业发展新格局。

3. 循环种植业模式

循环种植业是循环农业的重要一环。循环农业是以农学、经济学、生态学、能源科学、环境科学、资源科学和社会学等学科为基础理论，涉及农村能源问题、生态建设、社区环境卫生和农业废弃物资源化利用的系统工程（冯永忠等，2007）。循环农业的实质是农业废弃物（畜禽粪便、农作物秸秆等）的资源化利用。发展循环种植业是缓解资源环境压力、实现农业高质量发展的关键举措。

黄土高原地区生态环境脆弱，水土资源短缺，近年来极端天气频发、干旱趋势加剧，社会经济发展相对滞后，农业面源污染问题突出。因此，基于减量化（reducing）、再利用（reusing）和再循环（recycling）的"3R"原则的循环经济理论，结合农业生态系统工程的物质多级多层次利用、物质循环及再生、能量流动与转换的生物链和生物种群相互作用原理，针对黄土高原不同地区自然地理基础与种植业及其相关产业发展现实，探索以区域种植业为核心的循环种植业模式（图7.5），是提高黄土高原地区水土资源开发利用效率、降低种植业生产成本、促进农作物秸秆和畜禽粪便等农业生物质有效利用，增加种植业综合产出的重要路径。

按照循环农业的发展理论和原则，首先，应立足区域实际，以种植业为抓手，构建"农林牧游复合型""农工商复合型"和"林业循环经济"等多种循环经济产业链条，促进产业之间的物质循环与能量流动，实现种植业生产废弃物零排放，形成种植业生产废弃物处理资源化、产业链接循环化与三产融合化发展格局。其次，发挥农业生态系统的自组织能力，以区域种植业为基础，以农林牧循环经济为重点，充分利用种植业产生的农作物秸秆和畜禽粪便，以及第三产业所产生的厨余垃圾，在第二产业加工成有机肥，供给种植业生产需要的肥料和基料，利用产生的沼气、生物质发电作为新能源，形成饲料、肥料、能源和基料，构建多层次的农业生态系统链条，实现生态环境的良性循环，增强种植业生态系统的综合效益。最后，优化种植业和农牧业的比例结构，在黄土高原地区建立以粮食生产为基础，以经济作物为重点，以饲料作物为辅助，有机配合、耦合发展的粮-经-草（饲）协调发展结构。同时，合理配置肥料投入比例，控制化肥施用量，增施有机肥，或通过秸秆还田、粮草轮作和间作等方式培肥土壤，减少生态系统和环境污染压力。

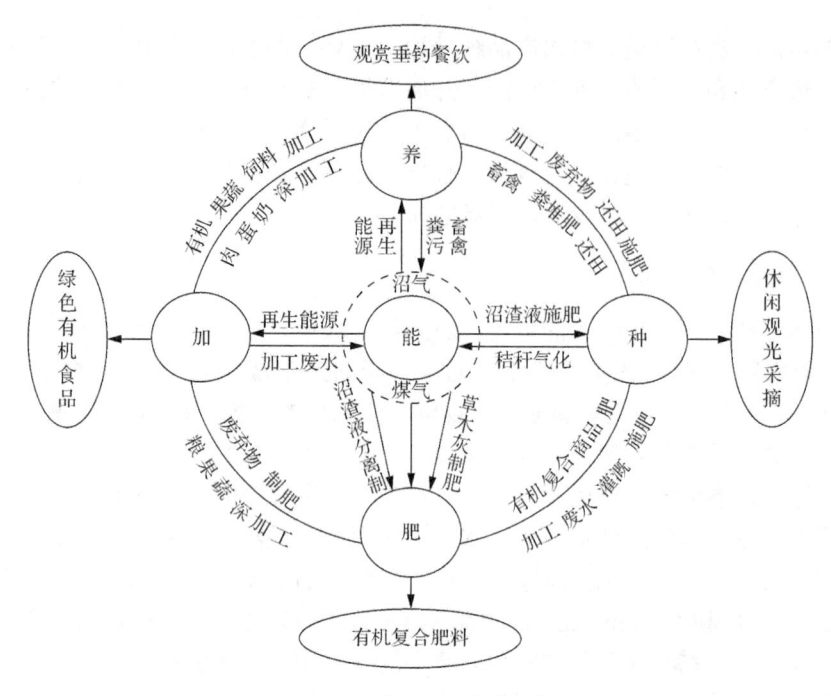

图 7.5 循环种植业模式①

4. 休闲种植业模式

休闲种植业是利用种植业景观资源和种植业生产条件，发展观光、休闲、旅游的一种新型农业生产经营形态（李海涛，2021）。这种农业生产模式以传统农业为基础，与旅游、生产、消费的有机结合，形成第一产业与第三产业融合发展的新型业态。发展休闲种植业是深度开发种植业资源潜力、优化种植业结构、改善种植业生产环境、增加农村居民收入、助力乡村振兴的新途径（图 7.6）。种植业作为农业的重要组成部分，是发展生态休闲产业的重要载体。在黄土高原地区发展休闲种植业，是面向居民日益增长的美好生活需求和生态环境保护需要，优化调整种植业生产结构，促进种植业及其相关产业健康可持续发展，提高种植业生态效率的重要途径。

第一，坚持以黄土高原地区丰富的农耕文化和游牧文化资源为依托，以生态农业为基础，以特色村庄为载体，结合区域自然风光和人文旅游资源，按照融自然生态、农业生产和多元文化为一体的建设思路，打造独具特色的乡村农业资源与自然生态景观，积极发展小杂粮、苗木、花卉等特色种植业，开展休闲观光、科普教育、研学旅行等体验活动，促进三个产业融合发展。第二，围绕乡村振兴战略目标，选择资源环境与发展基础好的村庄，打造特色生态农牧型美丽乡村，

---

① 根据图片改绘，原始图片来源：https://www.toutiao.com/article/6464717503405752845/。

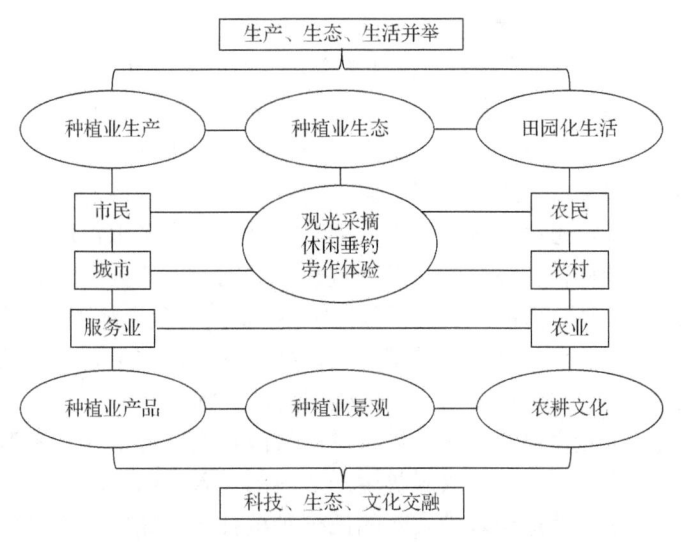

图 7.6　休闲种植业模式

通过发展有机种植业、农产品加工业、电商物流业、创意文旅业和互联网金融业等产业，推广现代农业生产的新技术和新工艺，提高种植业生产技术水平，带动周边区域发展，形成具有品牌影响力的特色休闲村镇，增加种植业及其相关产业产值。第三，加强生态环境保育和建设，推进农业面源污染与农村生活环境综合整治，通过人工干预和治理，有序恢复生态系统，建设与区域自然生态环境相协调的种植业景观环境，塑造种植业多功能景观，吸引更多的城乡居民观光休闲，参与体验乡村生活，从而实现种植业生态效益、经济效益和社会效益相统一。

7.3　种植业生态效率优化调控策略

基于黄土高原种植业生态效率优化调控方向和目标，结合种植业生态效率优化调控的主要模式，从减排路径探索、环境准入设置、资源要素配置、科技创新支撑、政策制度保障和绿色理念宣传等六个方面提出黄土高原地区种植业生态效率优化调控策略。

1. 减排路径探索

黄土高原各地区种植业碳减排路径不应千篇一律，需要尊重区域差异，加强区域合作，探索差异化的种植业碳减排路径。研究发现，黄土高原种植业碳排放与生态效率具有明显的地域差异性，其中地貌差异是影响黄土高原种植业生态效率提升的关键因素。因此，需要因地制宜，探索种植业投入产出改进方法和生态效率提升策略。第一，各县（区）需根据本地种植业生产物质投入实际进行改进，如通过发展循环种植业，提高种植业的资源利用效率等。第二，各县（区）应根据区域资源禀赋条件，建立区域性的生态效率优化方案，如通过发展休闲种植业，增加种植业及其相关产业的综合产出。对于不适宜发展种植业的地区，应该推进退耕还林（草）和生态修复工程，增强区域生态系统服务功能，提高生态产品供给能力，为区域生态安全提供保障。第三，各县（区）经济发展程度不一，对经济发展较好的区域，可循序渐进落实低碳减排措施，如多承担资本密集型减排项目，积极开展低碳种植业技术的研发与试验，并向其他县区推广低碳生产技术，使种植业生态效率高效区的经验向低效区扩散，最终实现全域碳减排能力的提升。第四，各县（区）应加快种植业转型升级，建立跨区域碳生态补偿机制，提升区域间的合作能力，实现区域种植业协同碳减排的目标。

区域种植业碳减排路径探索是以减排增效降耗为发展目标，在确保粮食安全的条件下，减少化肥、农药、农膜等生产资料的投入使用。利用发达地区碳减排技术的同时，积极寻找适合本地实际的低碳种植技术，如采用速腐堆肥技术将农作物秸秆生化腐熟进行还田，或者通过化学手段，将秸秆加工成有机肥、复合肥等快速还田。持续推动粗放型种植业发展模式向集约型发展模式转变，推广高效生态农业发展模式，提高种植业绿色低碳生产水平。

2. 环境准入设置

环境准入是指以生态系统保护和环境功能区质量达标为目标，根据环境承载力和资源环境禀赋，将环境保护目标和经济发展规划有机结合起来，对区域排污总量控制、产业发展及产业结构优化等提出明确可操作性的要求和规定（邱倩和江河，2016）。对种植业而言，土壤是种植业生产的基础，应严格实施环境准入标准，如严格执行高残留、高毒农药使用的管理规定，严控污染源，鼓励使用可降解农膜或者建立农膜示范点等，加快建立农业规划环境影响评价与项目环境影响评价联动机制。一方面，限制或禁止对生态有不利影响的种植业生产方式和生产模式，提出种植业发展条件与底线约束；另一方面，制定配套政策和深化制度建设，集中解决种植业生产引发的生态环境问题，鼓励形成生态种植业。在种植业环境准入实践中，因各县（区）所处环境管控单元的不同，需要实施差别化的生态环境准入制度，具体可从产业空间布局约束、资源利用效率、污染物排放管控和环境风险防控等多维度细化生态环境准入标准，发展生态友好型种植业，保障农作物产品质量安全和碳排放减量。

黄土高原地区种植业生态环境管控之所以存在困难，是因为对种植业生态环境监测和准入制度关注不足，特别是在乡村振兴与资本下乡背景下，大量农村耕地流转给企业或者农村合作社，在经济利益的驱动下，企业通过大规模高强度开发土地和过度使用化肥、农药、农膜，发展与当地资源环境不相适应的农作物种植，造成了严重的环境污染和耕地生产力下降，严重威胁到区域生态安全和粮食安全。因此，需要建立种植业环境准入负面清单、耕地休耕轮作、畜禽粪污资源化利用等制度，健全种植业生态环境监管机制；对重点区域、重点县（区）加强管控，大力开展区域种植业生产环境污染集中整治；推动建立工业和城镇污染向农业转移防控机制，加强农村环境整治和农业环境突出问题治理。推动中央资金投入向农业农村领域倾斜，推动农业农村污染第三方治理。将种植业生产环境质量（土壤环境、大气环境、水环境等）纳入地方政府绩效考核体系，补齐种植业发展的生态环境短板，推进种植业绿色低碳发展，营造健康可持续的种植业发展环境。

3. 资源要素配置

优化要素投入结构，合理配置自然资源、资本和劳动力等传统生产要素，提升种植业生产效率，对种植业经济发展起着举足轻重的作用。具体可根据各区域生产要素冗余程度不同以及冗余形成的原因，采取各差别化的调控对策。例如，在劳动力冗余度较高的县（区）可考虑优化产业结构、延伸产业链、扩大就业机会等，逐步释放冗余劳动力；在地势平坦、水土资源丰富地区，应该不断提高农业机械化水平，提升农机使用效率；在农业生产资料粗放投入普遍存在的背景下，应大力推进化肥零增长行动，积极鼓励农民用有机肥替代化肥。在农田水利设施不完善的地区，应加大农田水利设施资金投入力度，升级改造老旧灌溉设施，提高灌溉用水效率。

黄土高原地区农作物播种面积逐年增加，但种植业规模效率不升反降，说明仅通过扩大种植业生产规模并不能带来区域种植业生态效率的有效提高。相反，一味增加种植业生产物质资料的投入，还会造成环境污染、生态破坏，以及碳排放量的增加，从而限制种植业绿色低碳化发展。因此，对黄土高原地区种植业生产条件不足，资源要素相对匮乏的地区，通过物质资料投入的合理配置和生产技术的改进应用，可以实现种植业产值的增加和生态效率的优化。具体可根据黄土高原各地区种植业生产实际，结合土壤条件、气候状况和灌溉用水供应条件，以及农作物品种，科学配置有机复合肥，推广测土配方施肥技术，提高肥料的利用效率，探索实施高效生态农业发展新模式，推动区域种植业高质量发展。

4. 科技创新支撑

种植业生产科技水平低是黄土高原种植业生态效率提升的重要障碍。因此，需要围绕种植业生产技术创新和推广应用，开展种植业技术支撑体系建设，助力黄土高原种植业高质量发展。首先，应增加农业科技创新投入力度，研发适用于山区、平原区和丘陵区的机械设备，促进农机设备转型升级，提高种植业生产的机械化水平；其次，要对标绿色有机农业标准，在生物技术、信息技术、节水灌溉、动植物品种选育、农业资源高效利用、现代集约化种养技术、农业灾害防治、农产品储运加工等领域进行重点突破，建设一批农业高新技术产业群；再次，加强产学研一体化建设，推进与农业高校、科研单位，特别是与地方农业科研院（所）的联合与合作，构建新型、高效、畅通的农业科技研发与推广体系；最后，农民是种植业发展的主体，应通过短期培训班和现场指导等方式，加强农民的种植业生产技术培训，满足农民最迫切的种植业生产技术需求，形成由农业科技创新投入、农业科技创新需求、农业科技创新组织制度和农业科技创新推广"四位一体"的种植业科技创新服务新体系。

5. 政策制度保障

种植业生产过程中的碳排放是无法避免的，但在生产过程中应积极引导达到碳减排的效果。因此，需完善制度保障，构建生态效率提升奖励机制。黄土高原地区种植业生态效率的改善，可通过集中奖励在种植业发展过程中具有突出贡献的地区/个人，如给具有突出贡献的地区给予更多的财政支持或者农业补贴，给具有突出贡献的个人发放相应的奖励，激发种植户对生态效率的重视，从而降低或规避农田垃圾污染、农药化肥污染及土壤退化等问题，提高种植业生态效率。

加强政策引导，优化调整种植业生产结构。黄土高原地区种植业绿色低碳发展，离不开多方面的政策支持。为此，应面向粮食安全和乡村振兴战略需求，加大种植业财政扶持力度，完善购买农机设备补贴政策和农机报废更新补贴政策，推进种植业机械化。同时，加大农业基础设施的投入，完善种植业结构调整补贴政策，制定以绿色发展为导向的种植业补贴政策，为种植业可持续发展创造有利条件。

制定法律法规，促进种植业生产绿色化。黄土高原地区实现种植业的可持续发展还需根据区域种植业生产实际情况，制定法规和规章。具体可借鉴德国的《肥料使用法》《种子和物种保护法》《垃圾处理法》，以及美国的《土壤保护法》等，制定区域绿色种植业发展法律法规，对违反规定使用农药、化肥、农膜等生产要素造成环境污染和生态破坏的责任主体，给予处罚。

健全绿色无公害农产品认证运行机制。引导农民或农业合作社对具有发展前景的特色农产品及时注册商标，使农产品的经营模式走向品牌化，不断提高市场占有份额，进而增加农民收入，提高种植业的经济效益。通过经济收入的提升，激励农民更加注重化肥、农药等减量化使用和绿色农产品的生产，从而改善种植业生态效率，实现种植业碳减排。

6. 绿色理念宣传

农民作为种植业发展的主体，是推动种植业绿色发展的主要贡献者和获益者。如何激发农民对良好生产环境的重视，让农民意识到种植业绿色发展所带来的效益，则需要通过宣传、示范和学习等多种途径来促进种植业生产的绿色低碳化。

第一，应积极向农民宣传种植业绿色发展的基本知识，如通过电视、电影等媒体讲解过去不合理的农业生产给环境带来破坏与污染，引起农民对种植业绿色发展的重视；通过广播宣传绿色发展的政策和种植业绿色发展产生的生态效应和经济效益，调动农民从事绿色生产的积极性。目前，手机是农民获取及时信息的有效来源，也是农业农情信息传递的重要工具。可通过微信公众号、微信群、抖音短视频等多渠道发布绿色有机农产品的种植技术、市场需求和经济生态效益，激发农民生产绿色农产品的积极性。

第二，引导农民全方位了解生态种植业的概念、内涵和原理，通过农业专业科技人员的讲解，结合对农民的专业化指导或农民带头人先学习后指导其他农民等形式，加快农民对绿色种植业的再认识，逐步改变传统种植业生产理念，鼓励并督促农民使用有机肥，促进种植业能够得到可持续发展。

第三，示范效应是绿色发展最有效的方式之一，专业人员可结合黄土高原种植业发展实际和水土光热资源组合状况，在不同地理分区内设立典型生态、有机、循环和休闲种植业示范田，将种植业绿色发展的成功案例在不同地区进行重点宣传示范，引导农民学习、考察和效仿，进而逐步扩大绿色低碳种植业发展规模。

第四，黄土高原地区碳排放强度下降明显的县（区），以及生态效率处于有效区的县（区）多数处于市辖区和距离中心城市较近的地区，这说明经济相对发达地区种植业生产的绿色低碳化趋势开始显现，绿色低碳理念逐步受到居民认可。在距离中心城市较远的地区，种植业生产主要以传统粗放型模式为主，绿色低碳理念薄弱，导致区域种植业生态效率低下。为此，需要加大生态文明政策思想和绿色低碳理念宣传，推广节能减排的生产生活方式；充分利用新媒体广泛开展政策宣传，普及绿色低碳发展理念，推广绿色生态种植业发展模式，逐步改变传统种植业生产方式和组织模式。

7.4 本章小结

本章首先从理论层面解析了黄土高原种植业生态效率优化调控的内在机制，然后构建了区域种植业生态效率优化调控的基本框架，并设计了区域种植业生态效率优化调控的四维目标，进而有针对性地设计了黄土高原种植业生态效率的多元优化模式和具体调控策略。主要得出以下结论：

（1）种植业生态效率是种植业提供的产品的增加值与环境负荷之间关系的客观反映。种植业生态效率优化调控的核心是在确保农产品数量与质量的基础上，尽量减少环境污染和资源消耗换取尽可能多的种植业产出，种植业生态效率优化调控的关键在于厘清种植业生态效率演化机制。种植业生态效率时空演变实际上是受气候变化、生产技术革新、生产要素投入、种植结构调整、政策制度实施等因素相互影响、相互作用的结果。

（2）种植业生态效率的优化调控是一个复杂的系统工程，涉及种植业投入与产出多方面、多层次和多要素的优化调控与配置，其生态效率优化调控是综合目标导向下的多目标集成。可通过生产模式转型、生产方式转变、生产重心转移和生产技术转化四维目标的落实，集中缓解区域种植业发展与生态环境保护矛盾，达到种植业生态效率的优化提升，实现黄土高原种植业绿色低碳转型与高质量发展。

（3）面向新阶段黄土高原地区种植业转型升级与高质量发展的现实要求，结合黄土高原地区种植业生产环境与投入产出实际，因地制宜，实施生态种植业模式、有机种植业模式、循环种植业模式和休闲种植业模式，是有效利用区域资源环境优势，优化种植业生态效率的重要途径。需要指出的是，这些模式具有不同的区域特征和适用条件，适宜的区域和优化调控的重点具有较大的差异性。但对于受多种因素综合影响的黄土高原种植业投入产出系统而言，在具体区域种植业生态效率优化调控过程中，可选择多种适宜模式互动融合驱动，共同促进区域种植业生态效率的优化提升。

（4）黄土高原种植业生态效率演进受到多种因素的交互影响。为了促进种植业生态效率的优化提升，可通过探索差异化的减排路径、设置严格的环境准入制度、优化资源要素投入、构建科技创新体系、完善政策制度保障、加强绿色低碳理念宣传等方式，实现种植业高质量发展和生态环境的有效保护。

第8章 主要结论与展望

8.1 主 要 结 论

本书从农业地理学综合性视角出发,在生态经济理论、绿色发展理论、低碳经济理论和人地关系理论的指导下,阐释了区域种植业生态效率评价的基本原理,构建了种植业生态效率评价与分析方法,选择黄土高原地区为案例地,在评估2005～2019年黄土高原种植业碳排放量和碳排放强度的基础上,核算了黄土高原地区种植业生态效率,探究了种植业生态效率时空演变规律及其损失的主要原因,揭示了种植业生态效率地域分异格局的演变机制,设计了种植业生态效率优化模式,提出了促进种植业生态效率提升的具体策略。主要结论如下:

(1) 种植业是重要的农业物质生产部门之一。种植业生产过程中因人类生产活动而直接或间接导致的温室气体碳排放深刻影响着种植业的生态效率。在种植业生产实践中,通过较少的资源投入谋求种植业经济产出最大化、环境污染和生态破坏的最小化,是区域种植业生态效率优化提升的重点所在。精准核算种植业碳排放量是研究区域种植业生态效率时空变化规律的基本前提,也是科学认知区域农业生态化发展水平及其地域差异性的重要环节。黄土高原地区作为中国农耕文明的主要发祥地和农业生产的重要集中区,种植业生产历史悠久,种植业生产规模在农业产业体系中长期占据较大比例。随着农业生产技术的更新和农业现代化水平的提升,区域种植业规模显著增加,从业人员数波动下降,农业现代化水平显著提高,有力支撑了区域工业化和城镇化进程,为新时代实现种植业绿色低碳转型奠定了基础。与此同时,种植业发展在产生较大的社会经济效益的过程中,也带来明显的环境负外部性问题。在推进生态文明建设、实现"双碳"目标发展背景下,如何在保障区域粮食安全的前提下,逐步减少种植业生产中的污染物排放量,不断降低种植业发展带来的环境负荷,优化提升区域种植业生态效率,是实现黄土高原地区种植业绿色低碳化发展亟须解决的科学问题。

(2) 2005～2019年黄土高原种植业碳排放量总体呈先上升后下降的变化趋势,全区种植业碳排放构成体系相对稳定,施用化肥引起的碳排放在区域种植业碳排放构成体系中占据主导地位。各排放因子的贡献率表现为化肥>农膜>耕作能耗>灌溉能耗>农药>农业机械总动力的分异格局。随着种植业结构的调整和农业现代化水平的提升,化肥、农膜、灌溉能耗、翻耕能耗的碳排放量占种植业碳排放总量的比例呈现波动上升趋势,而农药和农业机械总动力的碳排放量占比呈现波动下降趋势。在省域单元上，种植业碳排放量省际差异显著，除山西外，各省（自治区）的碳排放总量均呈上升态势，碳排放结构与黄土高原整体相似。七个省（自治区）种植业碳排放强度包括三种类型，其中高速增长型仅有甘肃，低速增长型包括内蒙古、河南和青海，波动下降型包括山西、陕西和宁夏。种植业万元GDP碳排放量呈现明显下降趋势，总体呈现陕西>宁夏>青海>河南>山西>甘肃>内蒙古的分布格局，各省（自治区）各碳排放因子贡献率总体表现为化肥>农膜>耕作能耗>灌溉能耗>农药>农业机械总动力的分布态势。值得注意的是，甘肃排放量构成体系有别于其他省（自治区），具体表现为农膜使用引起的碳排放量在区域种植业碳排放总量中占比持续上升，并在整个碳排放构成体系中占据主导地位。区域种植业绿色低碳化发展水平依然很低。

（3）黄土高原种植业碳排放强度空间格局变化显著，碳排放强度重心表现出由北向南移动的变化趋势。2005～2019年黄土高原种植业碳排放高值区表现出从黄土高原东北地区向西南地区、从边缘地区向中部地带扩展的变化趋势。2005年碳排放强度高值区集中分布在忻定盆地及河套平原，2010年转移至关中平原地区，2015年碳排放强度上升趋势明显增强，关中平原地区县域碳排放强度进一步提升，2019年种植业高碳排放区继续向南扩展。区域种植业碳排放强度重心与黄土高原几何中心的距离经历了由近及远再到近的变化过程，不同区域之间种植业碳排放强度的差异性经历了由逐步扩大到日益缩小的变化过程。其中，2005～2010年种植业碳排放强度重心向黄土高原西南方向移动；2010～2015年种植业碳排放强度重心向黄土高原东南方向移动；2015～2019年种植业碳排放强度重心向黄土高原西北方向移动，最终在黄土高原地区形成以关中平原为主要核心，宁夏平原、河套平原及陇中地区为次级核心的高强度碳排放区空间分布格局。另外，种植业碳排放强度集聚程度经历先增强后减弱的变化过程。2005～2019年县域种植业碳排放强度高-高集聚区保持着块状密集分布的特点，具体由黄土高原西部的兰州盆地、河套平原转移至南部的关中平原、豫西土石山区，并逐步缩小到黄土高原西南部地区，而县域种植业碳排放强度低-低集聚区呈片状集中、线状延伸于黄土高原西南—东北方向，并呈现由黄土高原西南方向向东北方向转移的变化趋势。

（4）黄土高原种植业生态效率整体较低且呈下降趋势，在空间上存在稳定增长型（陕西）、波动平稳型（内蒙古、青海及宁夏）和整体下降型（山西、河南和甘肃）三种类型，并在不同空间尺度上表现出明显的差异性。在全区尺度，种植业生态效率由以相对中效区和相对高效区为主向以相对低效区和相对中效区为主转变，全区种植业生态效率普遍偏低，有效区的县（区）数在波动中保持稳定态势，种植业生态效率提升空间较大；在省域尺度，仅陕西的种植业生态效率呈上升趋势，有效区的县（区）数明显上升，内蒙古、青海及宁夏的种植业生态效率较为平稳，总体变化幅度较小，山西、河南和甘肃的种植业生态效率明显下降，相对高效区或有效区的县（区）数不断减少；在县域尺度，种植业生态效率总体呈现"中间高两侧低"的空间格局，相对高效区和有效区围绕陕北地区、鄂尔多斯高原、宁夏平原和关中平原等地区呈集中连片分布态势，相对中效区数量较多，在各省（自治区）广泛分布，相对低效区在山西省境内高度集聚。

（5）黄土高原种植业生态效率存在明显的空间正相关性，空间集聚特征明显且集聚程度逐渐增强。县域种植业生态效率相对高效区和有效区从忻定盆地、鄂尔多斯高原逐渐向关中平原地区转移，相对高效区和有效区围绕关中平原呈集中连片分布的空间格局。2005年县域种植业生态效率高-高集聚区主要分布在陕北地区、关中平原、汾河河谷平原、河湟谷地和河南部分区县，低-低集聚区集中在临汾盆地和忻定盆地及其周围区域；2010年陕北地区和关中平原县域种植业生态效率高-高集聚区面积扩大，宁夏平原出现新的高-高集聚区，河湟谷地周围的县区不再处于高-高集聚区，低-低集聚区主要分布在山西边缘县区；2015年黄土高原县域种植业生态效率形成了以关中平原为主要核心，宁夏平原和黄土高原西南地区为次核心的高-高集聚区，临汾盆地和忻定盆地及其周边地区为低-低集聚区的空间分布模式；2019年黄土高原县域种植业生态效率高-高集聚区进一步向关中平原和青海河湟谷地地区集聚，陕西与内蒙古交界处及内蒙古北部地区成为新的高-高集聚区，山西形成了"环状"低-低集聚区，在地理空间上形成沿黄土高原中心南北对称的空间集聚模式。

（6）2005~2019年种植业投入要素和非期望产出的冗余是黄土高原地区种植业生态效率损失的主要原因。在全区尺度，土地、农业机械总动力、农药和农膜等资源投入过多和碳排放非期望产出过量是种植业生态效率低下的主要原因。在省域尺度，各省（自治区）种植业生态效率损失的原因有所不同。造成山西种植业生态效率损失的因素依次为农药、土地和农业机械总动力；内蒙古种植业生态效率损失的因素依次为碳排放、农业机械总动力和农膜；陕西种植业生态效率损失的因素依次为土地、碳排放和化肥；甘肃种植业生态效率损失的因素依次为农膜、农药和土地；青海种植业生态效率损失的因素依次为农业机械总动力、农药和土地，农业机械总动力、农药和土地冗余率均明显增加；宁夏种植业生态效率损失的因素依次为农业机械总动力、土地和农膜。为此，要立足区域种植业发展实际，因地制宜，针对不同地区造成种植业生态效率损失的主导因子，制定切实可行的调控对策，有序平衡种植业发展与生态环境保护之间的关系，在维持基本生态效益的前提下，优化种植业生产资料配置，提高种植业全要素生产率，实现种植业绿色、低碳、高质量发展。

（7）黄土高原县域种植业生态效率时空格局的形成与演变有着深刻的自然和社会经济基础。自然地理基础是区域种植业生态效率地域分异格局演变的重要支撑，社会经济发展水平是区域种植业生态效率地域分异格局演变的核心驱动力，种植业结构变迁是区域种植业生态效率地域分异格局演变的关键影响力,农业现代化水平的提升是区域种植业生态效率地域分异格局演变的重要调控力,自然地理基础因素与社会经济发展水平因素的交互耦合作用,增强了黄土高原县域种植业生态效率的地域分异格局形成和演变趋势。2005~2019年黄土高原各分区种植业生态效率的影响因素发生了明显变化。其中,黄土高原沟壑区县域种植业生态效率空间分异由受经济因素影响转变为受区位因素作用,农业机械强度对区域种植业生态效率空间格局的影响呈减小趋势;城镇化率和区位因素在黄土丘陵沟壑区县域种植业生态效率空间格局影响因素中的地位呈现增强趋势,而人均地区生产总值的影响程度越来越小;人均地区生产总值对河谷平原区县域种植业生态效率空间格局的影响逐渐增强,而农村居民人均纯收入和人均农作物播种面积的影响逐渐减小;城镇化率、人均农作物播种面积、区位因素对灌溉农业区县域种植业生态效率空间分异的影响呈增强趋势,而产业结构、农业机械强度的影响程度呈减弱趋势;种植业结构对土石山区县域种植业生态效率空间格局的影响明显增强,而种植业面积占比的影响程度趋于减弱;在高原风沙区,区位因素对县域种植业生态效率空间格局的影响呈增强态势,而人均地区生产总值、种植业结构和劳动力规模的影响则呈减弱趋势。

(8) 黄土高原种植业生态效率优化调控的核心是在保证农产品数量与质量的前提下,以尽可能少的资源消耗和环境污染换取尽可能多的种植业产出。黄土高原种植业生态效率时空演变是气候环境变化、生产要素投入、生产技术革新、种植结构调整、政策制度实施等因素相互影响、相互作用的结果。为此,可面向实现碳达峰碳中和目标背景下,种植业生产模式转型、生产方式转变、生产重心转移、生产技术转化的调控目标,因地制宜,通过有序实施生态种植业模式、有机种植业模式、循环种植业模式和休闲种植业模式,探索差异化的碳减排路径、设置严格的环境准入制度、优化资源要素投入、构建科技创新体系、完善政策制度保障、加强绿色低碳理念宣传等方式,不断优化种植业生态效率,实现种植业绿色低碳发展和生态环境有效保护。同时也应注意,黄土高原各地理分区种植业生态效率的时空格局形成与演变不是单一因素作用的结果,而是受到多种因素的共同驱动。因此,黄土高原各地理分区县域种植业生态效率优化模式选择应结合区域实际,针对不同地区种植业投入产出系统存在的核心问题,选择多种适宜模式互动融合驱动,发挥不同模式对区域种植业生态效率调控的优势,协同促进区域种植业生态效率的优化提升与绿色高质量发展。

8.2 展 望

(1) 本书基于地理学、生态学、计量经济学理论在解析种植业碳排放与生态效率基本原理基础上，构建了种植业生态效率综合评价方法技术体系，研究了黄土高原种植业碳排放与生态效率时空格局，揭示了种植业生态效率时空格局演化机制，设计了种植业生态效率优化模式与调控策略，具有重要的理论和实践价值。但是，种植业碳排放与生态效率系统具有复杂性、综合性和动态变化性特征，本书选择的投入和产出评估指标及影响因素指标均为易得、可量化的指标，对区域种植业碳排放与生态效率有重要影响的政策法规、种植业生产技术、劳动力受教育水平等均未纳入评估体系中。同时，采用的生态效率评估模型是一种相对评价方法，评价基准仅限于黄土高原地区，与全国及其他区域的种植业碳排放和生态效率相比，黄土高原地区种植业的生态效率评价方法体系还需在实践中进一步发展和完善，研究内容和结论有待进一步深化和拓展。

（2）生态经济是国内外学术界和政府部门关注的重点领域，生态环境对人类生活的重要性不断凸显，对生态效率的研究将得到越来越多的关注。改革开放以来，我国种植业在快速发展的同时也付出了巨大的资源和生态环境代价。耕地资源过度利用、土壤板结及肥力下降、地下水超采、化肥农药过量施用等问题不断出现，种植业生产的资源环境承载能力不足，已成为我国种植业可持续发展的瓶颈，种植业生产亟待通过"转方式、调结构"实现可持续发展。在气候变化背景下，如何实现种植业生产方式转变和结构转型，是亟待回答的科学命题。本书结合黄土高原地区种植业发展所处阶段，提出通过走生态种植业、有机种植业、循环种植业和休闲种植业发展模式，实现种植业的转型升级，但是如何因地制宜科学实施各种植业发展模式，并评估各模式的生态效益、经济效益和社会效益，是需要学术界继续深入探索的重要内容。

（3）农业是国民经济的基础，种植业是农业的重要支撑。长期以来，黄土高原地区农业（种植业）在三次产业结构中的占比不断下降，但这并不意味着种植业基础地位的降低，相反，在生态文明建设、乡村振兴和城乡融合发展等新发展背景下，种植业在保障区域乃至国家农产品供给安全的基础性作用更加凸显，特别是在落实黄河流域生态保护和高质量发展战略背景下，黄土高原地区种植业基础性支撑作用显得尤为重要，而种植业基础作用巩固的关键在于种植业（农业）转型升级。为此，立足黄土高原资源环境与社会经济基础，在地理学综合性视角下，开展黄土高原种植业转型升级及其社会经济生态环境效应与调控研究，探求与区域资源环境承载能力相适应、与社会经济发展需求相协调的种植业生产结构与空间布局模式，是黄土高原乃至黄河流域种植业高质量发展和生态环境可持续管理的客观需要，也是未来研究的重要方向。

（4）碳排放是引起全球变暖和气候变化的重要原因，而全球气候变化加剧了自然灾害的发生频率，对人类社会经济发展产生不利影响，势必波及区域乃至全球生态系统和资源环境。实现碳达峰碳中和目标愿景，是我国政府应对气候变化、推动绿色发展，构建人类命运共同体和实现可持续发展的重大决策部署（中华人民共和国国务院新闻办公室，2021）。黄土高原地区在自然因素和人类活动因素的长期交互耦合作用下，生态系统具有典型脆弱性特征，是全球气候变化的敏感区。长期以来，该区域在国家宏观安全战略格局中占有重要地位，生态安全、粮食安全和能源安全地位突出。面向国家生态文明建设、乡村振兴、黄河流域生态保护和高质量发展等战略需求，从投入产出视角研究国家在实现碳达峰碳中和目标过程中，黄土高原种植业绿色低碳转型发展面临的重大科学问题，揭示种植业碳排放与生态效率演变的动力机制、调控机制和市场交易机制，阐明种植业碳源与碳汇系统的协调机制，提出区域种植业固碳增汇的科学路径，是指导黄土高原地区种植业（农业）绿色低碳转型的现实需要，也是服务于国家生态安全、粮食安全和能源安全的战略需求，更是应对全球气候变化的科学支撑，具有非常重要的研究价值，值得学术界继续研究和探讨。

参 考 文 献

曹大宇, 朱红根, 2017. 气候变化对我国种植业化肥投入的影响[J]. 西部论坛, 27(1): 107-114.

曹俊文, 曾康, 2019. 低碳视角下长江经济带农业生态效率及影响因素研究[J]. 生态经济, 35(8): 115-119, 127.

曹作华, 谢一鸣, 2006. 新农村建设需要一支高素质的种植业队伍[C]. 武汉市第二届学术年会, 武汉: 266-270.

陈红, 王浩坤, 秦帅, 2019. 农业碳排放的脱钩效应及驱动因素分析——以黑龙江省为例[J]. 科技管理研究, 39(17): 247-252.

陈菁泉, 信猛, 马晓君, 等, 2020. 中国农业生态效率测度与驱动因素[J]. 中国环境科学, 40(7): 3216-3227.

陈美球, 钟太洋, 吴月红, 2014. 农业补贴政策对农户耕地保护行为的影响研究[J]. 农林经济管理学报, 13(1):14-23.

陈炜, 殷田园, 李红兵, 2019. 1997—2015年中国种植业碳排放时空特征及与农业发展的关系[J]. 干旱区资源与环境, 33(2): 37-44.

陈卫洪, 漆雁斌, 2010. 农业产业结构调整对发展低碳农业的影响分析——以畜牧业与种植业为例[J]. 农村经济, (8): 51-55.

陈兴鹏, 许新宇, 逯承鹏, 等, 2012. 基于DEA交叉模型的西部地区生态效率时空变化[J]. 兰州大学学报(自然科学版), 48(2): 24-28.

陈银娥, 陈薇, 2018. 农业机械化、产业升级与农业碳排放关系研究——基于动态面板数据模型的经验分析[J]. 农业技术, (5): 122-133.

陈兆波, 董文, 霍治国, 等, 2013. 中国农业应对气候变化关键技术研究进展及发展方向[J]. 中国农业科学, 46(15):3097-3104.

程翠云, 任景明, 王如松, 2014. 我国农业生态效率的时空差异[J]. 生态学报, 34(1): 142-148.

程琳琳, 张俊飚, 何可, 2018. 农业产业集聚对碳效率的影响研究: 机理、空间效应与分群差异[J]. 中国农业大学学报, 23(9): 218-230.

程琳琳, 张俊飚, 田云, 等, 2016. 中国省域农业碳生产率的空间分异特征及依赖效应[J]. 资源科学, 38(2):276-289.

崔静, 王秀清, 辛贤, 等, 2011. 生长期气候变化对中国主要粮食作物单产的影响[J]. 中国农村经济, (9): 13-22.

大卫·皮尔斯, 等, 1996. 绿色经济的蓝图[M]. 初兆丰, 张绪军, 译. 北京: 北京师范大学出版社.

戴小文, 杨雨欣, 2020. 2007—2016年中国省域种植业碳排放测算、驱动效应与时空特征[J]. 四川农业大学学报, 38(2): 241-250.

德内拉·梅多斯, 乔根·兰德斯, 丹尼斯·梅多斯, 2013. 增长的极限[M]. 李涛, 王智勇, 译. 北京: 机械工业出版社.

邓宗兵, 封永刚, 张俊亮, 等, 2013. 中国种植业地理集聚的时空特征、演进趋势及效应分析[J].中国农业科学, 37(22): 4816-4828.

丁宝根, 赵玉, 邓俊红, 2022. 中国种植业碳排放的测度、脱钩特征及驱动因素研究[J]. 中国农业资源与区划, 43(5): 1-11.

董明涛, 2016. 我国农业碳排放与产业结构的关联研究[J]. 干旱区资源与环境, 30(10): 7-12.

杜江, 王锐, 王新华, 2016. 环境全要素生产率与农业增长: 基于DEA-GML指数与面板Tobit模型的两阶段分析[J]. 中国农村经济, (3): 65-81.

段华平, 张悦, 赵建波, 等, 2011. 中国农田生态系统的碳足迹分析[J]. 水土保持学报, 25(5): 203-208.

樊杰, 2018. "人地关系地域系统"是综合研究地理格局形成与演变规律的理论基石[J]. 地理学报, 73(4): 597-607.

方大春, 张敏新, 2011. 低碳经济的理论基础及其经济学价值[J]. 中国人口·资源与环境, 21(7): 91-95.

方精云, 朱江玲, 王少鹏, 等, 2011. 全球变暖、碳排放及不确定性[J]. 中国科学(地球科学), 41(10): 1385-1395.

冯永忠, 杨改河, 毛玉如, 等, 2007. 农业循环经济与农作制建设[J]. 农业现代化研究, (1): 65-68.

高鸣, 宋洪远, 2015. 中国农业碳排放绩效的空间收敛与分异——基于Malmquist-luenberger指数与空间计量的实证分析[J]. 经济地理, 35(4): 142-148, 185.

高志强, 王闰平, 2001. 黄土高原农业可持续发展研究[M]. 北京: 气象出版社.

葛全胜, 方创琳, 江东, 2020. 美丽中国建设的地理学使命与人地系统耦合路径[J]. 地理学报, 75(6): 1109-1119.

郭四代, 钱昱冰, 赵锐, 2018. 西部地区农业碳排放效率及收敛性分析——基于SBM-Undesirable模型[J]. 农村经济, (11): 80-87.

郭晓佳, 周荣, 李京忠, 2021. 黄河流域农业资源环境效率时空演化特征及影响因素[J]. 生态与农村环境学报, 37(3): 332-340.

郭永国, 2009. 国务院常务会议研究决定我国控制温室气体排放目标[EB/OL]. 国务院办公厅, http://www.gov.cn/ldhd/2009-11/26/content_1474016.htm.

国家发展和改革委员会, 水利部, 农业部, 等, 2010. 黄土高原地区综合治理规划大纲(2010—2030年)[R].

国家发展和改革委员会应对气候变化司, 2013. 中华人民共和国气候变化第二次国家信息通报[M]. 北京: 中国经济出版社.

国家统计局, 2020. 中国统计年鉴[M]. 北京: 中国统计出版社.

韩长赋, 2018. 大力推进质量兴农绿色兴农加快实现农业高质量发展[N]. 农民日报, 2018-02-27(1).

何艳秋, 陈柔, 吴昊玥, 等, 2018. 中国农业碳排放空间格局及影响因素动态研究[J]. 中国生态农业学报, 26(9): 1269-1282.

何艳秋, 戴小文, 2016. 中国农业碳排放驱动因素的时空特征研究[J]. 资源科学, 38(9): 1780-1790.

洪开荣, 陈诚, 丰超, 等, 2016. 黄健柏农业生态效率的时空差异及影响因素[J]. 华南农业大学学报(社会科学版), 15(2): 31-41.

洪银兴, 刘伟, 高培勇, 等, 2018. "习近平新时代中国特色社会主义经济思想"笔谈[J]. 中国社会科学, 2018(9): 4-73, 204-205.

侯孟阳, 邓元杰, 姚顺波, 2021. 农村劳动力转移、化肥施用强度与农业生态效率: 交互影响与空间溢出[J]. 农业技术经济, 2021(10): 79-94.

侯孟阳, 姚顺波, 2018. 1978—2016年中国农业生态效率时空演变及趋势预测[J]. 地理学报, 73(11): 2168-2183.

侯孟阳, 姚顺波, 2019. 空间视角下中国农业生态效率的收敛性与分异特征[J]. 中国人口·资源与环境, 29(4):116-126.

胡鞍钢, 周绍杰, 2014. 绿色发展: 功能界定、机制分析与发展战略[J]. 中国人口·资源与环境, 24(1):14-20.

胡婉玲, 张金鑫, 王红玲, 2020. 中国种植业碳排放时空分异研究[J]. 统计与决策, 36(15): 92-95.

黄晓慧, 杨飞, 2022. 碳达峰背景下中国农业碳排放测算及其时空动态演变[J]. 江苏农业科学, 50(14): 232-239.

黄祖辉, 米松华, 2011. 农业碳足迹研究——以浙江省为例[J]. 农业经济问题, 32(11): 40-47, 111.

计蕊, 段鹏年, 许强, 等, 1981. 宁南山区作物的降水生产潜力与农业生态效率的研究初探[J]. 宁夏农学院学报, (2):

32-42.

《纪念吴传钧先生 100 周年文集》编辑组, 2018. 人文与经济地理学的创新发展[M]. 北京: 商务印书馆.

江军, 2018. 黄土高原地区农业面源污染时空特征及与经济发展关系研究[D]. 西安: 陕西师范大学.

姜翔程, 赵鑫, 2021. 长江经济带农业生态效率评价及其影响因素研究[J]. 资源与产业, 23(5): 41-50.

焦翔, 2019. 我国农业绿色发展现状、问题及对策[J]. 农业经济, (7):3-5.

莱斯特·R·布朗, 2006. B 模式 2.0: 拯救地球 延续文明[M]. 林自新, 暴永宁, 等, 译. 北京: 东方出版社.

雷锦霞, 韩伟宏, 2016. 山西沼气模式链区域适宜性分析[J]. 中国农业资源与区划, 37(6): 115-120.

李波, 张俊飚, 李海鹏, 2011. 中国农业碳排放时空特征及影响因素分解[J]. 中国人口.资源与环境, 21(8): 80-86.

李博, 张文忠, 余建辉, 2016. 碳排放约束下的中国农业生产效率地区差异分解与影响因素[J]. 经济地理, 36(9): 150-157.

李成宇, 张士强, 张伟, 2019. 中国省际工业生态效率空间分布及影响因素研究[J]. 地理科学, 38(12): 1-9.

李二玲, 朱纪广, 李小建, 2012. 2008 年中国种植业地理集聚与专业化格局[J]. 地理科学进展, 31(8): 1063-1070.

李海涛, 2021. 全域休闲农业规划方法论[J]. 河南农业, (30): 48-49.

李劼, 徐晋涛, 2022. 我国农业低碳技术的减排潜力分析[J]. 农业经济问题, (3): 117-135.

李立, 周灿, 李二玲, 等, 2013. 基于投入视角的黄淮海平原农业碳排放与经济发展脱钩研究[J]. 生态与农村环境学报, 29(5): 551-558.

李明文, 王振华, 张广胜, 2020. 农业政策对粮食生产技术选择影响及空间溢出效应[J]. 农林经济管理学报, 19(2): 151-160.

李秋萍, 李长健, 肖小勇, 等, 2017. 中国农业碳排放的空间效应研究[J]. 干旱区资源与环境, 29(4): 30-36.

李团胜, 郑亚云, 汪晗, 等, 2014. 2005—2011 年宝鸡地区种植业生产过程中碳排放时空格局[J]. 湖北农业科学, 53(7): 1546-1550.

李伟娟, 2019. 山东省农业生态效率评价及其提升对策[J]. 贵州农业科学, 47(11): 168-172.

李颖, 葛颜祥, 梁勇, 2013. 农业碳排放与农业产出关系分析[J]. 中国农业资源与区划, 34(3): 60- 65, 72.

李永红, 高照良, 2011. 黄土高原地区水土流失的特点、危害及治理[J]. 生态经济, (8): 148-153.

李远玲, 王金龙, 杨伶, 2022. 基于县域尺度的湖南省农业碳排放时空特征分析[J]. 中国农业资源与区划, 43(4): 75-84.

李兆亮, 罗小锋, 薛龙飞, 等, 2017. 中国农业绿色生产效率的区域差异及其影响因素分析[J]. 中国农业大学学报, 22(10): 203-212.

李中华, 张跃峰, 丁小明, 2016. 全国设施农业装备发展重点研究[J]. 中国农机化学报, 37(11): 47-52.

厉以宁, 朱善利, 罗来军, 等, 2017. 低碳发展作为宏观经济目标的理论探讨——基于中国情形[J]. 管理世界, (6): 1-8.

梁耀文, 王宝海, 2021. 环渤海地区农业生态效率时空演化及影响因素研究[J]. 生态经济, 37(6): 109-116.

梁潇月, 李兰英, 2022. 农业碳排放的 EKC 检验及影响因素研究——以长三角地区为例[J]. 福建农业科技, 53(1): 72-80.

刘冬, 余侃华, 师小燕, 等, 2021. 陕西省种植业结构变化及时空演变分析[J]. 中国农业资源与区划, 42(9): 251-261.

刘广全, 2005. 黄土高原植被构建效应[M]. 北京: 中国科学技术出版社.

刘虹, 薛东前, 马蓓蓓, 2012. 基于ESDA分析的关中城市群县域经济空间分异研究[J]. 干旱区资源与环境, 26(4): 58-63.

刘华军, 石印, 2020. 中国农业生态效率的空间分异与提升潜力[J]. 广东财经大学学报, (6):51-64.

刘景纯, 2005. 清代黄土高原地区城镇地理研究[M]. 北京: 中华书局.

刘军, 问鼎, 童昀, 等, 2019. 基于碳排放核算的中国区域旅游业生态效率测度及比较研究[J]. 生态学报, 39(6): 1-13.

刘明明, 2012. 论温室气体排放管制的经济学根据[J]. 理论学刊, (6): 61-64.

刘彦随, 冯巍仑, 李裕瑞, 2020.现代农业地理工程与农业高质量发展——以黄土丘陵沟壑区为例[J].地理学报,75(10): 2029-2046.

刘彦随, 张紫雯, 王介勇, 2018. 中国农业地域分异与现代农业区划方案[J]. 地理学报, 73(2): 203-218.

刘彦随, 周扬, 李玉恒, 2019.中国乡村地域系统与乡村振兴战略[J]. 地理学报, 74(12): 2511-2528.

刘杨, 刘鸿斌, 2022. 山东省农业碳排放特征、影响因素及达峰分析[J]. 中国生态农业学报(中英文), 30 (4): 558-569.

刘应元, 冯中朝, 李鹏, 等, 2014. 中国生态农业绩效评价与区域差异[J]. 经济地理, 34(3):24-29.

刘玉洁, 吕硕, 陈洁, 等, 2022. 青藏高原农业现代化时空分异及其驱动机制[J]. 地理学报, 77(1): 214-227.

刘月仙, 2013. 全球农业碳排放趋势及中国的应对措施[J]. 世界农业, (1): 81-84.

柳艳超, 2017. 基于SBM-undesirable模型的西安都市农业生态效率时空演变分析[J]. 上海农业学报, 33(3): 130-135.

卢丽文, 宋德勇, 李小帆, 2016. 长江经济带城市发展绿色效率研究[J]. 中国人口·资源与环境, 26(6): 35-42.

卢宗凡, 1997. 中国黄土高原生态农业[M]. 西安: 陕西科学技术出版社.

陆杉, 熊娇, 2020. 生态文明先行示范区的设立能否提高农业绿色效率？——基于湖南省的经验数据[J].中南大学学报(社会科学版), 26(3): 90-101.

骆世明, 2021. 系统论、信息论和控制论与我国农业生态学的发展[J]. 中国生态农业学报(中英文), 29(2): 340-344.

骆世明, 2022. 基于控制论的农业低碳发展方略[J]. 中国生态农业学报, 30(4): 495-499.

马蓓蓓, 党星, 袁水妹, 等, 2022. 欠发达地区污染企业的区位选择与空间正义[J]. 地理学报, 77(4): 1009-1027.

马蓓蓓, 孙媛媛, 2020. 1990—2015年黄土高原地区农村社会经济发展及新农村建设数据集[DB/OL]. [2020-05-09]. http://www.geodata.cn/data/datadetails.html?Dataguid=653604128-09836&docId=2041.

马龙, 吴敬禄, 2010. 近50年来内蒙古河套平原气候及湖泊环境演变[J]. 干旱区研究, 27(6): 871-877.

米文宝, 2009. 生态恢复与重建评估的理论与实践——以宁夏南部山区退耕还林还草工程为例[M]. 北京: 中国环境科学出版社.

聂弯, 于法稳, 2017. 农业生态效率研究进展分析[J]. 中国生态农业学报, 25(9): 1371-1380.

潘丹, 应瑞瑶, 2013. 中国农业生态效率评价方法与实证——基于非期望产出的SBM模型分析[J]. 生态学报, 33(12): 3837-3845.

潘家华, 庄贵阳, 郑艳, 等, 2010. 低碳经济的概念辨识及核心要素分析[J]. 国际经济评论, (4): 88-101, 5.

庞丽, 2014. 我国农业碳排放的区域差异与影响因素分析[J]. 干旱区资源与环境, (12): 1-7.

秦天, 彭珏, 邓宗兵, 等, 2021. 环境分权、环境规制对农业面源污染的影响[J]. 中国人口·资源与环境, 31(2): 61-70.

邱倩, 江河, 2016. 论重点生态功能区产业准入负面清单制度的建立[J].环境保护, 44(14): 41-44.

全国主体功能区规划编制工作领导小组, 2010. 全国主体功能区规划——构建高效、协调、可持续的国土空间开发格局[R].

冉光和, 王建洪, 王定祥, 2011. 我国现代农业生产的碳排放变动趋势研究[J]. 农业经济问题, 32(2): 32-38, 110-111.

任嘉敏, 马延吉, 2020. 地理学视角下绿色发展研究进展与展望[J]. 地理科学进展, 39(7): 1196-1209.

任培贵, 2014. 黄土高原区不同时间尺度干旱演变及其对植被的影响[D]. 兰州: 西北师范大学.

任志远, 李晶, 周忠学, 等, 2013. 黄土高原南部土地利用变化效应测评与影响因素分析研究[M]. 北京: 科学出版社.

上官周平, 彭珂珊, 彭琳, 等, 1999. 黄土高原粮食生产与持续发展研究[M]. 西安: 陕西人民出版社.

上官周平, 王飞, 昝林森, 等, 2020. 生态农业在黄土高原生态保护和农业高质量协同发展中的作用及其发展途径[J]. 水土保持通报, 40(4): 335-339.

尚杰, 吉雪强, 陈玺名, 2020. 中国城镇化对农业生态效率的影响——基于中国13个粮食主产区2009—2018年面板数据[J]. 中国生态农业学报(中英文), 28(8): 1265-1276.

尚杰, 吉雪强, 石锐, 等, 2022. 中国农业碳排放效率空间关联网络结构及驱动因素研究[J]. 中国生态农业学报, 30(4): 543-557.

尚杰, 杨滨键, 2019. 种植业碳源、碳汇测算与净碳汇影响因素动态分析:山东例证[J]. 改革, (6): 123-134.

石忆邵, 李木秀, 2006. 上海市住房价格梯度及其影响因素分析[J]. 地理学报, 61(6): 604-612.

石玉琼, 李团胜, 2013. 陕西省种植业生产过程中碳排放的估算[J]. 贵州农业科学, 41(12): 194-198.

宋永永, 2019. 黄土高原城镇化过程及其生态环境响应[D]. 西安: 陕西师范大学.

宋永永, 2021. 黄土高原城镇化时空过程与生态环境响应机理[M]. 北京: 中国环境科学出版社.

谭雯, 2020. 绿色农业补贴对农户异质性生产行为的激励效应研究[D]. 蚌埠: 安徽财经大学.

汤茂玥, 李宜真, 2022. "双碳"愿景提出的时代背景与价值意义[J]. 佳木斯职业学院学报, 38(4): 38-40.

田伟, 杨璐嘉, 姜静, 2014. 低碳视角下中国农业环境效率的测算与分析——基于非期望产出的SBM模型[J]. 中国农村观察, 119(5): 59-71, 95.

田云, 王梦晨, 2020. 湖北省农业碳排放效率时空差异及影响因素[J]. 中国农业科学, 53(24): 5063-5072.

田云, 尹忞昊, 2022. 中国农业碳排放再测算：基本现状、动态演进及空间溢出效应[J].中国农村经济, (3): 104-127.

田云, 张俊飚, 丰军辉, 等, 2014. 中国种植业碳排放与其产业发展关系的研究[J]. 长江流域资源与环境, 23(6): 781-791.

佟金萍, 马剑锋, 王圣, 等, 2015. 长江流域农业用水效率研究：基于超效率DEA和Tobit模型[J]. 长江流域资源与环境, 24(4): 603-608.

万斯斯, 2019. 基于DEA模型的黄土高原种植业生态效率的时空分异及影响因素[D]. 西安: 陕西师范大学.

汪亚琴, 姚顺波, 侯孟阳, 等, 2021. 基于地理探测器的中国农业生态效率时空分异及其影响因素[J]. 应用生态学报, 32(11): 4039-4049.

汪艳涛, 张娅娅, 2020. 生态效率区域差异及其与产业结构升级交互空间溢出效应[J]. 地理科学, 40(8): 1276-1284.

王宝义, 张卫国, 2016. 中国农业生态效率测度及时空差异研究[J]. 中国人口·资源与环境, 26(6): 11-19.

王宝义, 张卫国, 2018. 中国农业生态效率的省际差异和影响因素——基于1996~2015年31个省份的面板数据分析[J]. 中国农村经济, (1) :46-62.

王斌, 李玉娥, 蔡岸冬, 等, 2022. 碳中和视下全球农业减排固碳政策措施及对中国的启示[J]. 气候变化研究进展, 18(1): 110-118.

王超, 甄霖, 杜秉贞, 孙传谆, 2014. 黄土高原典型区退耕还林还草工程实施效果实证分析[J]. 中国生态农业学报, 22(7): 850-858.

王春荣, 吴磊, 2021. 基于供给侧改革的安徽省低碳农业发展思路[J]. 山西能源学院学报, 34(4): 57-59.

王迪, 王明新, 钱中平, 等, 2017. 基于超效率SBM和BRT的农业生态文明建设效率分析[J]. 中国农业资源与区划, 38(11): 94-101.

王海飞, 2020. 基于SSBM-ESDA模型的安徽省县域农业效率时空演变[J]. 经济地理, 40(4): 175-183, 222.

王剑, 2019. 蒙西农牧交错带乡村地域系统碳排放研究——以伊金霍洛旗和杭锦后旗为例[D]. 西安: 陕西师范大学.

王劲峰, 徐成东, 2017. 地理探测器:原理与展望[J]. 地理学报, 72(1):116-134.

王军, 2009. 理解低碳经济[J]. 鄱阳湖学刊, (1): 69-77.

王军, 2021. 湖北农业产业结构调整现状及未来关注重点探析[J]. 黄冈职业技术学院学报, 23(1): 63-65.

王克, 2017.农资市场期待"大户"时代[J].中国经济周刊, (34):70-71.

王娜, 2018. 河南省低碳农业发展水平及其评价[J]. 中国农业资源与区划, 39(2): 123-127.

王圣云, 林玉娟, 2021. 中国区域农业生态效率空间演化及其驱动因素——水足迹与灰水足迹视角[J]. 地理科学, 41(2): 290-301.

王万山, 2001. 生态经济理论与生态经济发展走势探讨[J]. 生态经济, (5): 14-16.

王一鸣, 2021. 中国碳达峰碳中和目标下的绿色低碳转型: 战略与路径[J]. 全球化, (6): 5-18, 133.

韦沁, 曲建升, 白静, 等, 2018. 我国农业碳排放的影响因素和南北区域差异分析[J]. 生态与农村环境学报, 34(4): 318-325.

邬彩霞, 2021. 中国低碳经济发展的协同效应研究[J]. 管理世界, 37(8): 105-117.

吴超超, 高小叶, 侯扶江, 2017. 黄土高原—青藏高原过渡带农户生产系统的碳平衡[J]. 应用生态学报, 28(10): 3341-3350.

吴传钧, 1991. 论地理学的研究核心——人地关系地域系统[J]. 经济地理, 11(3): 1-6.

吴昊玥, 黄瀚蛟, 何宇, 等, 2021. 中国农业碳排放效率测度、空间溢出与影响因素[J]. 中国生态农业学报, 29(10): 1762-1773.

吴金凤, 王秀红, 2015. 1995-2012年宁夏盐池县种植业碳足迹变化特征[J]. 资源科学, 37(8): 1677-1684.

吴贤荣, 张俊飚, 田云, 2014. 中国省域农业碳排放: 测算、效率变动及影响因素研究——基于DEA-Malmquist指数分解方法与Tobit模型运用[J]. 资源科学, 36(1): 129-138.

吴小庆, 王亚平, 何丽梅, 等, 2012. 基于AHP和DEA模型的农业生态效率评价——以无锡市为例[J].长江流域资源与环境, 21(6): 714-719.

吴振华, 雷琳, 2018. 基于三阶段DEA模型的农业土地生态效率研究——以河南省为例[J]. 生态经济, 34(10): 76-80.

武兰芳, 陈阜, 欧阳竹, 2002. 种植制度演变与研究进展[J]. 耕作与栽培, (3): 1-6.

伍国勇, 孙小钧, 于福波, 等, 2020. 中国种植业碳生产率空间关联格局及影响因素分析[J]. 中国人口·资源与环境, 30(5): 46-57.

参考文献

习近平, 2020. 在第七十五届联合国大会一般性辩论上的讲话[N/OL].人民网, [2020-09-23]. http://hb.people.com.cn/n2/2020/0923/c194063-34310438.html.

夏四友, 赵媛, 许昕, 等, 2019. 1997—2016 年中国农业碳排放率的时空动态与驱动因素[J]. 生态学报, 39(21): 7854-7865.

谢大海, 戚昌瀚, 唐建军, 等, 2000. 双季稻农田生态系统的经济效益与生态效率分析及模型研究[J]. 江西农业大学学报, 22(5): 1-9.

信桂新, 魏朝富, 杨朝现, 等, 2015. 1978-2011 年重庆市种植业变化及其政策启示[J]. 资源科学, 37(9): 1834-1847.

徐效俊, 2005. 农业结构调整与技术推广对农业生态系统的影响[J]. 农业环境与发展, (1): 37.

许新桥, 2014. 生态经济理论阐述及其内涵、体系创新研究[J]. 林业经济, 36(8): 48-51.

许燕琳, 李子君, 2021. 基于 DEA 和 STIRPAT 模型的山东省农业生态效率评价[J]. 水土保持研究, 28(4): 293-299.

薛超, 史雪阳, 周宏, 2020. 农业机械化对种植业全要素生产率提升的影响路径研究[J]. 农业技术经济, (10): 87-102.

闫晓冉, 王媛媛, 丁继国, 等, 2014. 基于 DEA 模型的黄冈市农业生产效率评价[J]. 湖北农业科学, 53(4): 981-983.

颜廷武, 田云, 张俊飚, 等, 2014. 中国农业碳排放拐点变动及时空分异研究[J]. 中国人口·资源与环境, 24(11):1-8.

杨果, 尚杰, 2014. 农地利用碳排放的特征及趋势[J]. 经济纵横, (12): 108-111.

杨龙, 徐明庆, 蒲健美, 等, 2020. 农业碳排放效率及影响因素研究[J]. 中国经贸导刊, (6): 101-105.

姚成胜, 钱双双, 毛跃华, 等, 2017. 中国畜牧业碳排放量变化的影响因素分解及空间分异[J]. 农业工程学报, 33(12): 10-19.

尹立成, 2010. 有机农业发展新模式:"整建制"建设有机农产品区[J]. 农业开发与装备, (5):43-46.

尹琴, 郑瑞强, 戴志强, 2021. 推进农业高质量发展 接续脱贫攻坚与乡村振兴——第三届乡村振兴论坛综述[J]. 农林经济管理学报, 20(1): 138-144.

尹岩, 郗凤明, 邴龙飞, 等, 2021. 我国设施农业碳排放核算及碳减排路径[J]. 应用生态学报, 32(11): 3856-3864.

于法稳, 2021. 中国生态经济研究:历史脉络、理论梳理及未来展望[J]. 生态经济, 37(8): 13-20, 27.

于法稳, 林珊, 2022. 碳达峰、碳中和目标下农业绿色发展的理论阐释及实现路径[J]. 广东社会科学, (2):24-32.

于婷, 郝信波, 2018. 粮食主产区农业生态效率时空特征及改善路径研究[J]. 生态经济, 34(9): 104-110.

袁和第, 信忠保, 侯健, 等, 2021. 黄土高原丘陵沟壑区典型小流域水土流失治理模式[J]. 生态学报, 41(16): 6398-6416.

岳丽雯, 2021. 贵州省农业生态效率及影响因素研究[D]. 贵阳: 贵州财经大学.

曾繁荣, 吴蓓蓓, 2018. 基于扩展杜邦分析法的碳效率分析——以我国四大航空企业为例[J]. 财会月刊, (21): 69-76.

曾琳琳, 李晓云, 孙倩, 2021. 作物种植专业化程度对农业生态效率的影响[J]. 中国农业资源与区划, 43(8): 10-21.

曾庆泳, 陈忠暖, 2007. 基于 GIS 空间分析法的广东省经济发展区域差异[J]. 经济地理, 27(4): 558-561, 574.

张广胜, 王珊珊, 2014. 中国农业碳排放的结构、效率及其决定机制[J]. 农业经济问题, 35(7): 18-26, 110.

张平, 王树华, 2011. 江苏绿色增长的政策实践与前景展望[J]. 现代管理科学, (11): 30-31, 79.

张社梅, 陈锐, 罗娅, 2020. 公证嵌入下农业高质量发展的路径探讨——基于新型农业生产经营主体微观视角[J]. 农业经济问题, (6): 66-74.

张文秀, 苏鸿婷, 2021. 西部地区农业碳排放效率的研究[J]. 化工管理, (20): 91-92.

张小平, 王龙飞, 2014. 甘肃省农业碳排放变化及影响因素分析[J]. 干旱区地理, 37(5): 1029-1035.

张鑫, 李磊, 甄志磊, 等, 2019. 时空与效率视角下汾河流域农业灰水足迹分析[J]. 中国环境科学, 39(4): 1502-1510.

张新民, 2013. 农业碳减排的生态补偿机制[J]. 生态经济, (10): 107-110.

张雄, 2003. 黄土高原小杂粮生产可持续发展研究[D]. 杨陵: 西北农林科技大学.

张毅瑜, 2015. 福建省种植业碳排放与产出关系研究[J]. 福建农林大学学报(哲学社会科学版), 18(4): 70-75.

张荧楠, 张兰婷, 韩立民, 2021. 农业生态效率评价及提升路径研究——基于山东省17个地级市的实证分析[J]. 生态经济, 37(4): 118-124, 131.

张志高, 袁征, 李贝歌, 等, 2017. 基于投入视角的河南省农业碳排放时空演化特征及影响因素分解[J]. 中国农业资源与区划, 38(10): 152-161.

张中祥, 2021. 碳达峰、碳中和目标下的中国与世界——绿色低碳转型、绿色金融、碳市场与碳边境调节机制[J]. 人民论坛·学术前沿, (14):69-79.

张子龙, 鹿晨昱, 陈兴鹏, 等, 2014. 陇东黄土高原农业生态效率的时空演变分析——以庆阳市为例[J]. 地理科学, 34(4): 472-478.

赵雪雁, 马平易, 李文青, 等, 2021. 黄土高原生态系统服务供需关系的时空变化[J]. 地理学报, 76(11): 2780-2796.

赵紫华, 2016. 从害虫"综合治理"到"生态调控"[J]. 科学通报, 61(18): 2027-2034.

赵宗慈, 罗勇, 黄建斌, 2021. 人类影响引起全球变暖的证据[J]. 科技导报, 39(19): 18-23.

郑德凤, 郝帅, 孙才志, 2018. 基于DEA-ESDA的农业生态效率评价及时空分异研究[J]. 地理科学, 38(3): 419-427.

郑德凤, 郝帅, 孙才志, 等, 2018. 中国大陆生态效率时空演化分析及其趋势预测[J]. 地理研究, 37(5): 1034-1046.

郑二伟, 周海生, 吕翠美, 等, 2020. 考虑面源污染的河南省农业生态系统能值评价[J]. 农业资源与环境学报, 37(5): 689-694.

中华人民共和国国家统计局, 2017. 中国环境统计年鉴 (2017) [M]. 北京: 中国统计出版社.

中华人民共和国国务院新闻办公室, 2021. 中国应对气候变化的政策与行动[N]. 人民日报, 2021-10-28(14).

钟林生, 曾瑜皙, 2016. 绿色发展理念给我国旅游业带来的新论题[J]. 旅游学刊, 31(10): 1-3.

周波涛, 2021. 全球气候变暖: 浅谈从AR5到AR6的认知进展[J]. 大气科学学报, 44(5): 667-671.

周亮, 徐建刚, 张明斗, 等, 2013. 粮食增产背景下淮河流域农业生产效率时空变化分析[J]. 地理科学, 33(12): 1476-1483.

周鹏飞, 卢泽雨, 2018. 基于SPSS多元线性回归模型在城市用水量的预测[J]. 水利科技与经济, 24(5): 6-10.

周思宇, 郗凤明, 尹岩, 等, 2021. 东北地区耕地利用碳排放核算及驱动因素[J]. 应用生态学报, 32(11): 3865-3871.

周一凡, 李彬, 张润清, 2022. 县域尺度下河北省农业碳排放时空演变与影响因素研究[J]. 中国生态农业学报, 30(4): 570-581.

朱显谟, 1991. 黄土高原的形成与整治对策[J]. 水土保持通报, 11(1): 1-8, 17.

朱玉林, 2014. 环洞庭湖区农业生态效率研究[M]. 北京: 知识产权出版社.

朱玉林, 周杰, 李莎, 等, 2011. 基于能值理论的湖南农业生态经济系统生态效率分析[J]. 湖南科技大学学报(社会科学版), 14(6): 86-89.

邹年根, 罗伟祥, 1997. 黄土高原造林学[M]. 北京:中国林业出版社.

ALI B, ULLAH A, KLAN D, 2021, Does the prevailing Indian agricultural ecosystem cause carbon dioxide emission?A consent towards risk reduction[J]. Environmental Science and Pollution Research, 28(4):4691-4703.

ANSELIN L, 1995. Local indicator of spatial association-LISA[J]. Geographical Analysis, 27: 91-115.

ASUMADU-SARKODIE S, OWUSU P A, 2017. The causal nexus between carbon dioxide emissions and agricultural ecosystem:An econometric approach[J]. Environmental Science and Pollution Research, 24:1608-1618.

BEGUM K, KUHNERT M, YELURIPATI J, et al., 2018. Model based regional estimates of soil organic carbon sequestration and greenhouse gas mitigation potentials from rice croplands in Bangladesh[J]. Land, 7(3): 82.

BOULDING K E, 1966. The Economics of The Coming Spaceship Earth[M]. Baltimore: Johns Hopkins University Press, 1966.

BURNEY J A, DAVIS S J, LOBELL D B, 2010. Greenhouse gas mitigation by agricultural intensification[J]. PNAS, 107(26):12052-12057.

CECCHINI L, VENANZI S, PIERRI A, et al., 2018. Environmental efficiency analysis and estimation of CO_2 abatement costs in dairy cattle farms in Umbria (Italy): A SBM-DEA model with undesirable output[J]. Journal of Cleaner Production, 197: 895-907.

CHARNES A, COOPER W W, RHODES E, 1978. Measuring the efficiency of decision making units[J]. Journal of Operational Research, 2(6): 429- 444.

CHEN Y H, WEN X W, WANG B, et al., 2017. Agricultural pollution and regulation: How to subsidize agriculture?[J]. Journal of Cleaner Production, 164(15): 258-264.

CHEN Y P, WANG K B, LIN Y S, et al., 2015. Balancing green and grain trade[J]. Nature Geoscience, (8): 739-741.

CHUNG Y H, FARE R, GROSSKOPF S, 1997. Productivity and undesirable outputs: A directional distance function approach[J]. Journal of Environmental Management, 51(3): 229-240.

CRIPPA M, SOLAZZO E, GUIZZARDI D, et al., 2021. Food systems are responsible for a third of global anthropogenic GHG emissions[J]. Nature Food, 2(3):198-209.

DUBEY A, LAL R, 2009. Carbon footprint and sustainability of agricultural production systems in Punjab, India, and Ohio, USA[J]. Journal of Crop Improvement, 23(4): 332-350.

DU H B, CHEN Z N, MAO G Z, et al., 2018. A spatio-temporal analysis of low carbon development in China's 30 provinces: A perspective on the maximum flux principle[J]. Ecological Indicators, 90: 54-64.

FISCHER G, WINIWARTER W, ERMOLIEVA T, et al., 2010. Integrated modeling framework for assessment and mitigation of nitrogen pollution from agriculture: Concept and case study for China[J]. Agriculture Ecosystems & Environment, 136(1): 116-124.

FAO (Food and Agriculture Organization of the United Nations), 2016. The State of Food and Agriculture 2016: Climate Change, Agriculture and Food Security[R]. Roman: FAO.

FRIEDLINGSTEIN P, O'SULLIVAN M, JONES M W, et al., 2020. Global carbon budget 2020[J]. Earth System Science Data,12(4): 3269-3340.

FU L, MAO X, MAO X, et al., 2022. Evaluation of agricultural sustainable development based on resource use efficiency: Empirical evidence from Zhejiang Province, China[J]. Frontiers in Environmental Science, 10: 1-13.

GÓMEZ T, GÉMAR G, MOLINOS-SENANTE M, et al., 2018. Measuring the eco-efficiency of wastewater treatment plants under data uncertainty[J]. Journal of Environmental Management, 226: 484-492.

GOMIERO T, PAOLETTI M G, PIMENTEL D, 2008. Energy and environmental issues in organic and conventional agriculture[J].Critical Reviews in Plant Sciences, 27(4): 239-254.

HAN H, DING T, NIE L, et al., 2020. Agricultural eco-efficiency loss under technology heterogeneity given regional differences in China[J]. Journal of Cleaner Production, 250(4): 19-51.

HUANG J, HU R, CAO J, et al., 2008. Training programs and in-the-field guidance to reduce China's overuse of fertilizer without hurting profitability[J]. Journal of Soil & Water Conservation, 63(5): 165-167.

HUPPES G, ISHIKAWA M, 2005. A framework for quantified eco-efficiency analysis[J]. Journal of Industrial Ecology, 9(4) : 25-41.

HU W, GUO Y, TIAN J, et al., 2019. Eco-efficiency of centralized wastewater treatment plants in industrial parks: A slack-based data envelopment analysis[J]. Resources, Conservation & Recycling, 141: 176-186.

ICSU (International Council for Science Unions), 2010. Statement by ICSU on the Controversy Around the 4th IPCC Assessment[R]. New York: Intergovernmental Panel on Climate Change.

International Energy Agency, 2017. CO_2 Emissions From Fuel Combustion: Overview (2017 edition)[R]. Paris: IEA.

IPCC (Intergovernmental Panel on Climate Change), 2021. Climate Change 2021:The Physical Science Basis[R]. New York: World Meteorological Organization and United Nations Environment Programme.

JOHNSON J M F, FRANZLUEBBERS A J, WEYERS L, 2007. Agricultural opportunities to mitigate greenhouse gas emissions[J]. Environmental Pollution, 150(1):107-124.

KENNE G J, KLOOT R W, 2019. The carbon sequestration potential of regenerative farming practices in South Carolina, USA[J].American Journal of Climate Change, 8(2):157-172.

LI Y H, WESTLUND H, LIU Y S, 2019. Why some rural areas decline while some others not: An overview of rural evolution in the world[J]. Journal of Rural Studies, 68: 135-143.

LIU X, GUO P, GUO S, 2019. Assessing the eco-efficiency of a circular economy system in China's coal mining areas: Energy and data envelopment analysis[J]. Journal of Cleaner Production, 206: 1101-1109.

LIU Y, LI W, ZHANG R, 2021. Study on China's agricultural ecological efficiency based on super efficiency EBM-ML model[J]. International Journal of Computational and Engineering, 6(3): 12-16.

MAIA R, SILVA C, COSTA E, 2016. Eco-efficiency assessment in the agricultural sector: The monte novo irrigation perimeter, Portugal[J]. Journal of Cleaner Production, 138(2): 217-228.

NJIKAM O, ALHADJI H A, 2017 . Technical efficiency among smallholder rice farmers: A comparative analysis of three agro-ecological zones in Cameroon[J]. African Development Review, 29(1): 28-43.

NORSE D, 2012. Low carbon agriculture: Objectives and policy pathways[J]. Environmental Development, 1(1): 25 -39.

NOTARNICOLA B, SALA S, ANTON A, et al., 2017. The role of life cycle assessment in supporting sustainable agri-food systems: A review of the challenges[J]. Journal of Cleaner Production, 140: 399-409.

OECD(Organization for Economic Co-operation and Development), 1998. Eco-efficiency[R]. Paris, Franch: Organization for Economic Co-operation and Development.

OREA L, WALL A, 2017. A parametric approach to estimating eco-efficiency[J]. Journal of Agricultural Economics, 68(3): 901-907.

PICAZO-TADEO A J, BELTRÁN-ESTEVE M G, 2012. Assessing eco-efficiency with directional distance functions[J]. European Journal of Operational Research, 220(3): 798-809.

PICAZO-TADEO A J, GÓMEZ-LIMÓN J A, REIG-MARTÍNEZ E, 2011. Assessing farming eco-efficiency: A data envelopment analysis approach[J]. Journal of Environmental Management, 92(4): 1154-1164.

SCHALTEGGER S, STURM A, 1990. Okologische rationalitat: Ansatzpunktezur ausgestaltung von ökologieorientierten management instrumenten[J]. Die Unternrhmung, 44(4): 273-290.

SCHULTZ T W, 1964. Transforming Traditional Agriculture[M]. New Haven: Yale University Press.

SEIFORD L M, ZHU J, 2002. Modeling undesirable factors in efficiency evaluation[J]. European Journal of Operational Research, 142(1):16-20.

SERGIO J, REY&BRETT D, MONTOURI, 1999. US regional income convergence: A spatial econometric perspective[J]. Regional Studies, 33(2): 143-156.

STERN N, 2007. Stern Review: The Economics of Climate Change[M]. Cambridge: Cambridge University Press.

SUN C X, TONG Y L, ZOU W, 2018. The evolution and a temporal-spatial difference analysis of green development in China[J]. Sustainable Cities and Society, 41: 52-61.

TONE K, 2001. A slacks-based measure of efficiency in data envelopment analysis[J]. European Journal of Operational Research, 130: 498-509.

URDIALES M P, LANSINK A O, WALL A, 2016. Eco-efficiency among dairy farmers: The importance of socio-economic characteristics and farmer attitudes[J]. Environmental and Resource Economics, 64(4): 559-574.

USEPA(Unite States Environmental Protection Agency), 2006. Global anthropogenic non-CO_2 greenhouse gas emissions: 1990-2020 [R/OL]. Washington D C: Unite States Environmental Protection Agency. https://nepis.epa.gov/Exe/ZyPURL.cgi?Dockey=2000ZL5G.txt.

WANG G, MI L, HU J, et al., 2022. Spatial analysis of agricultural eco-efficiency and high-quality development in China[J]. Frontiers in Environmental Science, 10:1-11.

WBCSD (World Business Council for Sustainable Development), 1996.Eco-efficient Leadership for Improved Economic and Environmental Performance[R]. Geneva: WBCSD.

WEST T O, MARLAND G, 2002. A synthesis of carbon sequestration, carbon emissions, and net carbon flux in agriculture: Comparing tillage practices in the United States[J]. Agriculture, Ecosystems and Environment, 91(1-3):217-232.

XIE H, ZHANG Y, CHOI Y, 2018. Measuring the cultivated land use efficiency of the main grain-producing areas in China under the constraints of carbon emissions and agricultural nonpoint source pollution[J]. Sustainability, 10(6): 1932.

YANG H, WANG X X, PENG B, 2022. Agriculture carbon-emission reduction and changing factors behind agricultural eco-efficiency growth in China[J]. Journal of Cleaner Production, 334: 130193.

ZHANG L, PANG J, CHEN X, et al., 2019. Carbon emissions, energy consumption and economic growth: Evidence from the agricultural sector of China's main grain-producing areas[J]. Science of The Total Environment, 665: 1017-1025.